数字化转型中的中国

信息社会 50 人论坛　编

电子工业出版社.

Publishing House of Electronics Industry

北京·BEIJING

内 容 简 介

信息经济不断发展，智能+和数字化转型成为当下各界极为关注和实践极强劲的方向，为此，信息社会 50 人论坛从智能科技、工业互联网、数字化转型、智慧城市和科技向善等方面深入思考并将相关成果汇集成本书，希望能向社会各界分享不同角度的思考和研究成果，促动更多的思想碰撞和前沿实践。

本书可供各界关注和研究信息社会的机构、个人参考。

图书在版编目（CIP）数据

数字化转型中的中国/信息社会 50 人论坛编. —北京：电子工业出版社，2020.1
ISBN 978-7-121-38103-4

Ⅰ. ①数… Ⅱ. ①信… Ⅲ. ①信息经济－研究－中国 Ⅳ. ①F492

中国版本图书馆 CIP 数据核字（2019）第 267854 号

责任编辑：米俊萍
印　　刷：涿州市京南印刷厂
装　　订：涿州市京南印刷厂
出版发行：电子工业出版社
　　　　　北京市海淀区万寿路 173 信箱　邮编：100036
开　　本：720×1 000　1/16　印张：18.75　字数：300 千字
版　　次：2020 年 1 月第 1 版
印　　次：2020 年 1 月第 1 次印刷
定　　价：88.00 元

凡所购买电子工业出版社图书有缺损问题，请向购买书店调换。若书店售缺，请与本社发行部联系，联系及邮购电话：（010）88254888，88258888。

质量投诉请发邮件至 zlts@phei.com.cn，盗版侵权举报请发邮件至 dbqq@phei.com.cn。

本书咨询联系方式：（010）88254759。

序言/Foreword

求真务实——经济科学的社会责任

陈禹，信息社会 50 人论坛理事，中国人民大学信息学院教授、博士生导师，中国信息经济学会前理事长。

本书是信息社会 50 人论坛（以下简称论坛）的成员近一年来的研究成果。论坛是 2011 年 9 月在电子商务的氛围中于杭州诞生的。其起因是基于这样的共识：电子商务不只是一个商业模式，它更是人类社会正在进入一种全新的社会形态——信息时代的重要标志之一，我们需要从整个社会着眼，多角度、多层次地去认识和理解这场伟大的社会变革。这一点在论坛发起时的"共识"中已经说得很清楚。八年来，大家围绕这个主题进行研究与讨论，取得了可喜的进展，并在社会上发出了我们的声音。出版文集或其他形式的研究成果，就是这种发声的形式之一。据不完全统计，现在的这本书已经是论坛出版的第十本书了。

对于经济关系的理解应该是理解社会的基础。为经济和社会的和谐与可持续发展提供理念基础，应该是经济科学责无旁贷的社会责任。所以，我在各种场合一再强调：学术界应该担负起责任，要针对当今社会，特别是经济进行求真务实的考察和研究。

科学就是追求真理，即"求真"。当今的经济科学似乎并没有能够承担起这样的责任。我们经常听到的是对于经济学的批评。每当危机发生的时候，人们常常埋怨经济理论脱离实际,没有能够预测危机的到来,没有提供应对的良策。问题究竟出在哪里?最简明的回答就是:当今的主流经济学囿于陈旧的思维模式,追求"一成不变"的、所谓永恒的经济规律。用有的经济学家的话说,那就是"亚当·斯密已经把该说的道理说完了"。这样一来,经济科学基本上就只能停留在两个基本假设——理性经济人假设和信息完全假设——所圈定的绝对化的、僵化的框框里,这严重地限制了其对于丰富多彩的现实的研究和理解。这是当今经济科学面临的困境的根源所在。所以,出路在于在把"求真"和"务实"结合起来。这个"实"不只是实事求是的实,更是面对当今现实的"实"。如果我们真正承认世界是在不断进步的,新的事物、新的现象、新的规律是在不断涌现的,今天的经济和250年前,乃至70年前的经济都是有质的区别的,那么,我们的研究和教学就不能再停留在"两个基本假设"的框框中,而应该切实地投身于当今现实之中,体验和领会层出不穷的新鲜事物。简单地说,就是要"求真务实"。

这样的理解,正如本书的五大部分的标题所反映的:技术飞速进步—产业不断升级—经济迅速发展—社会不断变革—理念急需更新,这就是当今人类社会(包括中国)正在经历着的大变革。这些变革正在我们身边发生。

大爆炸——技术的进步日新月异,令人目不暇接。信息技术,包括信息处理的每个环节,处处都在变革和更新。它已成为名副其实的领头兵和催化剂,带动能源、材料、环境、交通、航天等诸多领域升级。人类利用资源、改造环境、创造福利、探索宇宙的能力成百上千倍地增长着,远远超出了一百年前最大胆的科学幻想。人工智能的再次兴起就是这个浪潮的最新一波。

大引擎——科学技术的进步已经成为产业升级的强大引擎。从农业到制造业,从运输业到服务业,没有一个行业不受到新技术的强烈影响和巨大推动。现代社会的任何人,恐怕没有谁能够在自己的工作、生活、行业或社会活动中不用手机和计算机。

大推进——产业升级创造了成千上万倍的社会财富,使得全球经济在量和质上都日新月异。最突出的就是生产效率的极大提高和分工链的空前细化。

大繁荣——物质财富的飞速增长使今天的中国和世界完全变了,人们的生活状态发生了翻天覆地的变化。从宏观的国际关系、城乡关系,到百姓的日常生活、文化教育、娱乐旅游,这些无不处于巨大的变革之中。人们的生活可以说是极度丰富多彩,甚至到了令人眼花缭乱、光怪陆离、无所适从的程度。

大抉择——以上所有变革和它们所带来的问题，使人们，包括各个层次的管理者（政府和企业家）及所有的社会成员都面临诸多根本性的抉择。

经济学的本意就是"经世济民"，就是为社会的和谐、稳定和可持续发展提供基础性的共识，为正确地做出抉择提供解决方案。这里包括两方面的任务："求真"即理论研究，"务实"即政策设计，二者既有联系，又有分工，合在一起就是我们应该做的事情。可惜的是，这两者常常被割裂开来，甚至对立起来。

客观地说，这种割裂和对立不是今天才有的。在中国乃至世界学术界，这种倾向都有着深刻的根源和背景。赫伯特·西蒙在《基于实践的微观经济学》一书中曾明确地指出："现有的经济学理论不足以应对国家和整个世界所面临的一些复杂问题的情况是可悲的。我们在提高和改进那方面的理论上应该不懈努力。在具有战略意义的学科如经济学上，哪怕稍稍取得一些进展，对整个世界的公共事务和私人事务都将带来巨大的价值。"近年来，"理论无用"的倾向又有所滋长。正如历史经验早已表明了的，忽视理论研究的后果是给最荒谬的理论的泛滥打开大门。可以说，这种现象是对于经济学脱离信息时代、对现实议题软弱无力的惩罚。然而，承受这种惩罚的将是全社会、全人类！当"一切向钱看""有钱能使鬼推磨"之类的突破底线的荒谬理念成为流行病的时候，没有哪个国家、哪个社会的群体可以置身事外、独善其身。

回到我们的这本书上来，这一年来，论坛的朋友们围绕信息社会的方方面面进行了大量的研究与实践，成果十分丰硕。然而，如上所述，我们面对的社会大变动实在是太深刻、太丰富了，迄今为止我们所做的一切，只是研究信息社会的开始，更多的新事物、新现象、新规律在等待我们去探索。对于科学和人类的前途，我们是乐观主义者。我们坚信，前面的风景一定会更加丰富多彩、引人入胜。愿今后有更多的朋友，集结在论坛的平台上，担负起应负的社会责任，求真务实，做出我们的贡献。

陈　禹

于多伦多

2019 年 8 月 5 日

目录/Contents

大爆炸 智能科技

解构与重组：开启智能经济新时代

一、下一个 10 年：智能经济的浮现

人工智能的概念已经提出来 60 多年了，但它真正能够在商业上有所作为，能够高效化、规模化、普遍化地展现它的社会经济潜力，则受益于过去 10 多年来计算力（云计算）、数据量（大数据）和算法（深度学习等）的巨大进步。

在微观层面上，曾鸣教授曾以蚂蚁小贷为案例，全面系统地介绍了它的运行机制，并由此提出了对智能商业的理解。蚂蚁小贷的贷款额度之小、贷款客户数量之多、反应速度之快、资金使用效率之高、员工人数之少等很多方面，都达到了传统机构无法企及的高度，从而实现了爆炸性成长。它通过基于"大数据"和"算法"的"机器学习"，让商业变得"智能"，提供了传统机构无法想象的小微贷款服务。曾鸣教授由此提出了对智能商业的理解：数据化、算法和产品在反馈闭环中完成了"三位一体"的运行，如图 1 所示。

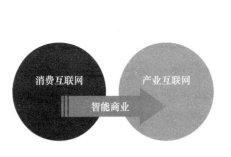 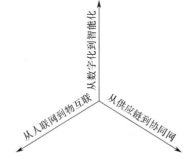

(a) 当前智能商业正在由消费端扩散到产业端　　(b) 未来三大因素将推动智能商业持续扩散

图 1　智能商业运行逻辑

资料来源：阿里研究院。

智能商业在微观层面上强有力的运行机制和内在逻辑，正在经由"万物互联

的在线化、智能化应用的深化，以及社会化的大协同"三大动力，开始扩散到中观产业层面和宏观经济的运行之中，并有望成为智能经济体系下最为坚实的微观内核。

从领域来看，智能商业正在从消费端扩展到产业端。过去 20 多年是消费互联网壮丽成长的时段，智能商业在这一领域中得到了孕育和成长。近年来，以阿里云等为代表所推动的工业互联网已经加速开启了智能化之路。产业端（企业）的数字化曾一度远远落后于消费端（个人）的数字化，而今这一不平衡的局面已经开始有所改观。马云先生曾在写给股东的信中对这一宏大进程做出过来自阿里的"注脚"："9 年前（注：2009 年）阿里巴巴已经转型为一家技术公司，阿里巴巴在大数据、云计算、人工智能、物联网上的全面布局和准备……过去两年，阿里巴巴已经用技术为零售业（注：个人端、消费端的新零售）创造了巨大价值，未来这一价值将在制造业（注：产业端的新制造）、金融业进一步显现。"

我们可以把智能经济理解为使用"数据+算法+算力"的决策机制去应对不确定性的一种经济形态。这与依赖价格信号的市场机制，以及依赖人为协调的企业机制有着显著差异。

浮现中的智能经济将具有以下三方面的特征。

第一，以数据为关键生产要素。智能经济作为数字经济发展的高级阶段，"数据+算法+算力"的智能化决策、智能化运行，将更加依赖于数据的获取和处理。

第二，以人机协同为主要生产和服务方式。虽然人工智能不可能代替人类，但人类在一定程度上的"机器化"、机器在一定程度上的"人类化"，仍将同时进行，并使人机协同的生产方式越来越主流化。这与工业时代"工人附属于机器"的情况截然不同。

第三，以满足海量消费者的个性化需求为经济价值的追求方向。今天在部分行业和企业中出现的智能商业，已经展示出了低成本实时服务海量用户个性化需求的能力，未来这种能力将成为每个经济组织的基本能力。

事实上，围绕智能化技术能否带来经济增长，甚至能否带动经济增长越过"经济奇点",以及是否会加剧贫富分化等,一直以来都存在多种争议。但无论如何,智能化技术是目前为止人类试图突破知识增长瓶颈的最主要的方向。而蚂蚁小贷、谷歌广告等微观智能商业案例在过去一段时间里所展现出来的高效率、低成本、普惠化,也让未来的智能经济更加值得期待。

二、从万物互联到万物智能

以 5G 为代表的新一代网络技术、以无人车为代表的智能终端和以虚拟现实为代表的创新应用浪潮纷至沓来。在未来 3~5 年,新一轮三浪叠加必将到来,从而掀起新一轮新经济的热潮。

目前的网络技术基本满足了人与人的互联互通,但其传输速率还无法满足机器与机器的互联互通。2015 年,ITU(国际电信联盟)定义了 5G 的能力指标,相比于现在的 4G 网络,5G 可以让用户的体验速率增长 100 倍,最高达到 10Gbit/s。除此之外,5G 还将实现千亿级别的连接及低至 1ms 的时延,使超大规模数据采集与处理、精确远程同步成为可能。

5G 的出现将为整个科技产业带来本质性的改变,随着数据传输速率的突破、连接承载量的上升,以及网络可靠性的提升,很多原来不可能实现的应用将得以落地。《5G 经济社会影响白皮书》的数据表明,2020 年 5G 正式商用,当年将带动直接产出约 4840 亿元;到 2030 年,5G 将带动我国直接经济产出达 6.3 万亿元,年均复合增长率为 29%。

智能世界源于万物感知被唤醒和千亿连接的升级。伴随着感知、连接能力全面提升,人与物将在数据构筑的智能环境中进行交互,这是一切进入智能世界的前提。

1. 十年内智能家居占领客厅

智能家庭将类似于人类中枢神经系统,中心平台或"大脑"将是核心,如图 2 所示。具有不同计算能力的个人(homebot)将从这个平台辐射出去并执行各种任务,包括监督其他 bot。homebot 根据它们的角色不同而多种多样:大的、小的、不可见的(如运行系统或产品的软件)、共享的、个人的。有些 homebot 成为同伴或助手，有些作为财富规划师和会计师，还有些能作为交通工具、洗窗户及家务管理，它们会遍及我们的家。这种水平的家庭改善为已经成为我们家庭生活

部分的家电和设备提供了重大的机会，也提供了威胁和变化。新家居将建立在平台和生态系统的基础上，其生产者将需要与客户建立新的信任级别。根据华为的预测，2025 年个人智能终端数量将达 400 亿个，个人智能助理普及率将达 90%，智能服务机器人将步入 12% 的家庭，个人潜能将在终端感知、双向交流和主动服务的支持下大幅度释放。

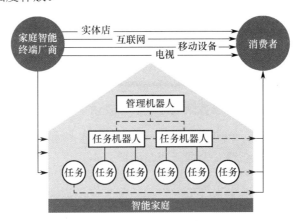

图 2　智能家居占领客厅

资料来源：麦肯锡。

2. 十年内无人车将占领高速公路

麦肯锡预测，2025—2027 年将是自动驾驶的拐点，基于对自动驾驶底层技术成本曲线的估算，此时将是自动驾驶与人力驾驶的经济平价点。换句话说，自动驾驶每千米的总成本将与司机驾驶传统汽车每千米的成本大致持平。在此拐点之后，市场对自动驾驶的需求将稳步上升。自动驾驶若能在中国落地生根，自动驾驶占乘客总里程的比例到 2030 年将达约 13%，到 2040 年将达约 66%；自动驾驶乘用车到 2030 年将达约 800 万辆，到 2040 年将达约 1350 万辆；自动驾驶汽车总销售额到 2030 年将达约 2300 亿美元，到 2040 年将达约 3600 亿美元；基于自动驾驶的出行服务订单金额到 2030 年将达约 2600 亿美元，到 2040 年将达约 9400 亿美元。无人车可能首先接管高速公路，之后逐步向

城市道路渗透。

3. 十年内智能设备将占领工厂

在商业和社会层面，2025 年，全球 1000 亿连接将广泛存在于公用事业、交通、制造、医疗、农业和金融等各个领域，推动数字化转型。届时企业应用云化率将达 85%，AI 利用率将达 86%，数据利用率将剧增至 80%，每年 1.8×10^{12} TB 的新增数据将源源不断地创造智能和价值。

三、从标签人生到微粒人生

人类伊始，部落形成，在 150 人的规模时达到稳定。直到今天，人所能记住的熟人名字也大致在 150 个，这个数称为邓巴数。每个具体的人，是社会的基本组成部分，此时的社会可以称为微粒社会。随着农业和工业技术的发展，人类聚居的规模越来越大，标签成为每个个体的首要特征。随着智能经济的出现，每个个体被进一步结构，从标签人生重新回归微粒人生。

农业革命以后，得益于生产力的发展，部落规模扩大，多个部落聚集在一起生活，这个大团体的数量超过了邓巴数。为了保证社会正常运转，不同的文明发明了不同的解决办法。东方发明了儒家思想，把血缘伦理关系扩展到家族以外。西方发明了宗教，虽然大家来自不同的家族，但大家都信同一尊神，遵守同一套道德和价值规范。

工业革命以后，专业化分工和层级式管理使得标签化进一步普及。一方面，由于社会分工进一步细化，复杂的产业体系超越了每个人脑容量的认知极限；另一方面，泰勒制规模化思维成为主流，如普鲁士的统一义务教育制度、美国福特公司的工厂流水线制度。为了降低识别一个人的成本，人们开始使用更为简化的模型——组织聚类，如学生、老师、博士、医生、律师、程序员、公司高管等。

随着技术的不断进步，智能经济将推动社会向微粒化的初始状态回归，如图 3 所示。在技术能力不足的条件下，为了降低交易成本，可使用标签简化现实。在智能经济的技术条件下，万物互联，万物智能，交易成本大幅度下降，逆标签化的进程将会出现，每个人的标签将从几个变为几百个甚至上千个，每个人将是一个独特的个体，每个人将成为组成这个世界的具体微粒，而不是作为一个标签代表的群体。

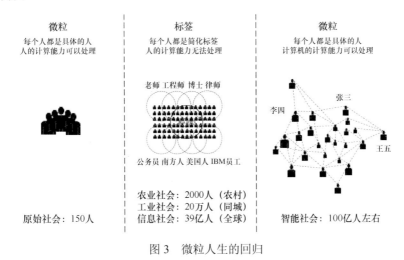

微粒
每个人都是具体的人
人的计算能力可以处理

标签
每个人都是简化标签
人的计算能力无法处理

老师 工程师 博士 律师

公务员 南方人 美国人 IBM员工

农业社会：2000人（农村）
工业社会：20万人（同城）
信息社会：39亿人（全球）

微粒
每个人都是具体的人
计算机的计算能力可以处理

张三
李四
王五

原始社会：150人

智能社会：100亿人左右

图 3　微粒人生的回归

资料来源：阿里研究院。

1. 模糊化的职业

十年前，单位是一个人最重要的标签。现在，全国过千万网约车司机，可能并没有单位，他们白天开网约车，晚上开淘宝店，闲时拍拍抖音，给淘宝店引流。U 盘式就业已经成为一种重要的就业形式。全国有近千万个淘系商家、1.5 亿个抖音用户，他们可能没有固定单位，实行多平台就业，但其收入并不比"固定职业"人群低。平台的存在在某种意义上颠覆了专业分工门槛，凸显了个人市场价值。平台一方面解决了专业市场、销售、管理、物流这些专业服务问题，另一方面解决了找消费者的问题，个体只需要专心生产高质量的内容，就能够实现过去大公司、大明星才能实现的经济价值。

2. 碎片化的时间

在人的一生中，大脑能够处理大约 173GB 的信息，而人们每天在网络上处理的信息量至少有 5GB。照此推算，现代人每月从网络接受的信息量接近过去人一生可以处理的信息量的总和。信息来源的多样化与丰富化，使人的注意力分散到各个来源，而且使人关注的时间日益缩短。在平面媒体时代，消费者的关注时间为 24s；在电视媒体时代，消费者的关注时间为 15s；而在互联网时代，消费者的关注时间不超过 8s。社科院的数据显示，73%的青年 15min 要看一次微信。动辄几小时的电视节目人气每况愈下，而 10s 的网络短视频的观看时长增长超过了 300%；大型计算机网络游戏（如魔兽世界）衰落，而一局只有 10min 的手游（如王者荣耀）迅速兴起。

3. 微粒化的需求

借助信息技术，每个人的独特需求可以被感知、量化、匹配。以围巾为例，淘宝有数千款围巾，买家可以按价格、款式、颜色、销量、材质、产地、发货地等条件进行筛选，对比成本极低，匹配精确度很高。淘工厂开启了为品牌商匹配工厂产能的先河。过去的衣柜都是固定的几个款式，现在模块化制造则可以解决很多个性化需求的匹配问题。在餐饮业，只要有手机和外卖软件，消费者就可以随时下单。搜索引擎模式也开始向算法推送模式过渡。在智能经济时代，个体实时的、个性化的、碎片化的需求能够被传递到生产端，计算能力的充裕可以让这些具体的颗粒状需求得到充分满足，然后使产业链根据需求进行生产，实现精准的供需匹配。

四、从刚性组织到液态组织

"公司"这种组织方式依赖于看得见的金字塔组织——科层制。在科层制组织中，作业是根据工作类型和目的进行划分的，具有很清楚的职责范围。各个成员将接受组织分配的活动任务，并按分工原则组成类似金字塔结构的专精于自己岗位职责的工作体系。科层制能为组织带来高效率，它在严密性、合理性、稳定性和适用性等方面都优于其他任何形式。但是，"公司"组织的效率提升是以增加组织协调成本为代价的。每个人要实现跨部门协同都需要付出很大的努力，组织本身的复杂性最终将一点点地压垮个体的协作意愿。因此，大型组织带给个体的往往是一种无力感，以及一种被螺丝钉化之后的乏味感。

互联网让跨越企业边界的大规模协作成为可能。当越来越多的业务流程在网上运行起来时，互联网让企业组织内部的管理成本和外部市场的交易、协同成本都有所下降，但后者的下降速度却远快于前者。这种速度上的不一致所带来的结果就是，"公司"这种组织方式的效率已经大打折扣了，"公司"的边界也因此而松动了。公司中很多商业流程正在大量地向市场外移。从价值链的视角看，研发、设计、制造等很多个商业环节都出现了一种突破企业封闭的边界的趋势。

平台的出现，进一步破除了企业内部和外部的边界，使组织液态化，"自由组合、自由流动"。在液态组织里，由企业家指挥的生产变少了，市场交易活动变多了，但协调、控制等组织功能依然存在。液态组织仍然存在部门，但部门的边界已不清晰，组织成员长期处于"共同创业"状态，随时随着组织目标的变化而变化。

从外部看，平台的所有权与使用权实现了分离，企业之间那种界限分明、基于资产专用性的组织边界正在出现很大的松动。大量的商业流程被流动的数据所驱动，并在企业之间进行灵活组合，新的组织边界呈现为一种网状交融的格局，企业组织由此将进一步走向开放化、社区化。

从内部看，平台呈现倒金字塔形，形成"大平台+海量小前端"的结构。以海尔为例，其8万多名员工转变为自动自发的2000多个自主经营体，并使每个经营体就像一家自主经营的公司，使每个人都成为自己的CEO。前端平台首先连成一条条线，最终变成一个可以灵敏感知和响应用户需求的网状平台。这里的"连线"包括了承诺和契约，承诺又包括了资源互换、包销定制、目标承接等。原来的中间层级在新的结构中变成了资源支持的平台。在实际运作中，一线的经营体会倒逼后端的支持平台提供资源。如张瑞敏所述："企业的最高领导从原来的发号施令，变成在最下端为一线经理提供资源。所有的部门，在这当中都为一线经理和客户提供资源，从发号施令者变成资源提供者。"

"公司"之所以被发明出来，是因为市场交易成本太高，所以有必要把某一部分市场功能内化为企业内部的流程以降低成本。企业之所以能够存在，就是因为其内化以后的某些功能的成本会低于市场。"类蜂群"液态组织的边际成本为零，因此就不需要"公司"了。未来，液态组织、企业、市场仍将并存。但是在数字世界里，可能有一套新规则来治理越来越数字化的经济，也就是自组织的液态组织。

五、从产业链到协同生态

大自然鬼斧神工，生物群落与环境构成自然界众多壮丽奇妙的生态系统，池塘生态系统就是一个典型的建立在碳元素上的生态系统，我们称之为"碳基生态系统"。我们把镜头从自然界拉回到现代商业社会的美国硅谷，一个世纪之前，这里只是一片果园，《硅谷生态圈》一书中提出了硅谷独特的"雨林现象"，阐述了硅谷协作模式类似于自然界热带雨林生态系统的见解。硅谷最早是研究和生产以硅为基础的半导体芯片的摇篮，是当今电子工业和计算机业的王国。伴随互联网技术发展到第 2 个三十年，其进入发展期，影响与效能开始向各个行业渗透，其在中国目前正与复杂度最高的实体商业展开深度融合，越来越多建立在硅基基础上的多企业协作网络组织、类产业集群，甚至可以说是生态系统，逐步走进公众视野，如图 4 所示。

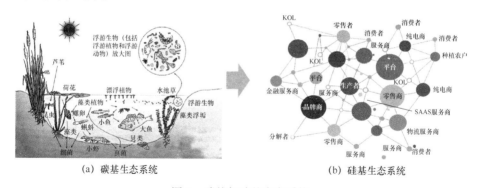

(a) 碳基生态系统　　　　　　　　(b) 硅基生态系统

图 4　碳基与硅基生态系统

资料来源：百度百科、阿里研究院。

从资源配置的效率出发，在节省个体信息成本支出的条件下，借助外部更为经济的资源优势，企业如何实现内外资源的最优配置呢？我们惊讶地发现，在数字经济下，市场定价的成本与企业的组织成本之间的平衡关系再次被打破，有些交易通过市场完成更加合理有效，而另一些交易在企业内完成更有助于提升企业整体的运营效率。与此同时，越来越多的互联网平台型企业，如谷歌、脸书、亚马逊等发挥了自己在互联网领域的先发优势和规模效应。具体到商业领域，以阿里巴巴和亚马逊为代表的企业，以互联网技术为基础，提炼出商业与技术融合的知识精华，进一步将商业服务模块化、集约化、智能化，提供新一代产品供个体企业使用。如阿里巴巴集团首席执行官张勇近期提出，"阿里巴巴商业操作系统，不仅能够直接面对消费者，触达消费者，服务消费者，同时能够全方位服务一个企业，从产品设计、生产、制造到供应链、销售、营销、用户运营，从各个环节为企业提供服务"。

淘宝网发展了 10 余年，初步支撑起了一个在线大市场，上千万店铺同时在线服务数亿消费者。从参与协同网的角色类型看，不同角色的持续涌现体现了生态系统的健康度，不断涌现和聚合出的大量全新的商业角色，帮助产销双方围绕个性化需求进行实时的沟通与匹配，使得网状协作更具灵活性。最新出现的是帮助卖家管理供应链的小微服务商。一些企业设计能力很强，但不擅长市场营销和生产管理，因此在营销、发货、拍摄环节最新出现了准专业化服务商，这些服务商"小而美"，不断锤炼自己的技能优势，向专业方向发展。如辛巴达供应链，其致力于为年销售额超过 1000 万元的中小型淘宝服装卖家提供服装供应链管理与服务，如大厂质量保证、小批量柔性化生产、3 天快速补货追单、50 万～500 万元的资金支持等。又如淘宝购物 KOL，其通过对群体消费语言的感知和理解，代表相对小众的群体表达消费主张，自身成长为商家和客户之间的中介，成为生态系统中最为细小的颗粒。这些大大小小的服务商不断出现，使得淘宝卖家更加专注于自己擅长的领域，将不擅长的领域通过"外挂"模式由专业服务商完成，从而取得较高的投入产出比。

研究发现，服务商生态系统特征主要表现在两个方面：一是服务商的自然分工和协作模式，要求种类繁多、功能齐全、配合默契；二是服务生态自适应性和自我进化的功能，在许多产业变革中，服务生态完成了自我的平衡和进化，后者正是生态系统健康的度量，也是创新活力的源头。

六、从物理世界到孪生世界

数字孪生的起源，可以追溯到人们在工业领域用软件来模仿和增强人的行为方式，例如，绘图软件最早模仿的就是人在纸面上作画的行为。发展到人机交互技术比较成熟的阶段后，人们开始用 CAD、CAE、CAM、CAPP、CAT 等软件模仿产品的设计、使用测量/测试过程等。2010 年，美国国防高级研究计划局

（DARPA）发起了自适应运载器制造（AVM）计划，提出"重新发明（Reinvent）制造"，目标是通过彻底变革和重塑装备制造业，将武器装备研制周期缩短为现在的 1/5。AVM 计划的核心思想就是颠覆"设计—制造—测试—再设计"的流程，通过将产品的设计、仿真、试验、工艺、制造等活动全部在数字空间完成，重建制造新体系。

数字孪生技术对物理世界的重建已经应用于许多领域，如图 5 所示。数字孪生技术在制造、医疗、建筑、城市等领域的赛博世界探索建立起一套与物理空间实时联动的运行体系，实现对制造流程、建筑结构、医学实验、城市管理等方面的资源优化配置。基于"物理实体+数字孪生"的资源优化配置体系将成为数字化发展的终极模式。观察数字孪生的应用情况，其发展将经历如下几个阶段。

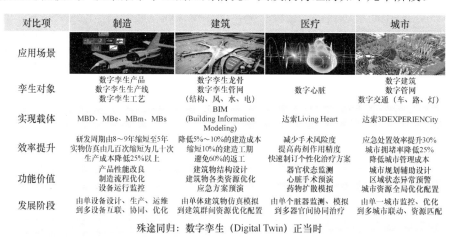

对比项	制造	建筑	医疗	城市
应用场景				
孪生对象	数字孪生产品 数字孪生生产线 数字孪生工艺	数字孪生龙骨 数字孪生管网 （结构、风、水、电） BIM	数字心脏	数字建筑 数字管网 数字交通（车、路、灯）
实现载体	MBD、MBe、MBm、MBs	(Building Information Modeling)	达索Living Heart	达索3DEXPERIENCity
效率提升	研发周期由8～9年缩短至5年 实物仿真由几百次缩短为几十次 生产成本降低25%以上	降低5%～10%的建造成本 缩短10%的建造工期 避免60%的返工	减少手术风险度 提高药剂作用精度 快速制订个性化治疗方案	应急处置效率提升30% 城市拥堵率降低25% 降低城市管理成本
功能价值	产品性能改良 制造流程优化 设备运行监控	建筑物结构设计 建筑物各类资源优化 应急方案预演	器官状态监测 心脏手术预演 药物扩散模拟	城市规划辅助设计 区域状态异常预警 城市资源全局优化配置
发展阶段	由单体设计、生产、运维 到多设备互联、协同、优化	由单体建筑物仿真模拟 到建筑群资源优化配置	由单个脏器监测、模拟 到多器官间协同治疗	由单一城市监控、优化 到多城市联动、资源匹配

殊途同归：数字孪生（Digital Twin）正当时

图 5　数字孪生技术在多领域得到应用

资料来源：阿里研究院。

1. 设计孪生阶段

伴随工厂生产设备数字孪生体、生产工艺数字孪生体的推广普及，在产品数字孪生体的基础上，企业的工艺路线、生产布局、生产设备、制造流程和运营服务等都可以一一映射到虚拟生产环境中，基于三维设计和仿真工具，在赛博空间构建起虚拟产线、虚拟车间和虚拟工厂。制造商正在将数字孪生广泛用于从发动机设计、飞机设计到强化型客舱设计的各领域。航空航天行业传统上极其重视由数据驱动的设计，加上近期物联网传感器在改善运营效率和预测性维护方面的价值骤增，使数字孪生在这个领域的用途更广、更有成效。

2. 服务孪生阶段

随着物联网技术的成熟和传感器成本的下降，从大型装备到消费级产品的很多工业产品都使用了大量的传感器来采集产品运行阶段的环境和工作状态，并通过数据分析和优化来避免产品的故障，改善用户对产品的使用体验。例如，数字孪生帮助矿业公司在投入资金和劳动力之前，对矿场开采方法的风险与回报进行评估。数字孪生已在可再生能源方面得到广泛应用。在这个领域，峰值风机效率是关键，功率输出随风速等不可控变量上下波动。在发电厂层面，关键设备发生一次故障就会造成设施停运数月之久，而数字孪生能够用于强化预测性维护排程。

3. 城市孪生阶段

数字孪生将会在更多领域发挥更为重要的作用，特别是随着传统的建模仿真技术与物联网、大数据、人工智能技术的进一步融合，数字孪生的价值和作用将会得到更大的体现。

以阿里云的弹性计算与大数据处理平台为基础，结合机器视觉、大规模拓扑网络计算、交通流分析等跨学科领域的顶尖能力，可在互联网级开放平台上实现城市海量多源数据收集、实时处理与智能计算系统。城市中很多路面下埋藏的地磁线圈年久失修，部分区域故障率高达50%，对待这些"传感盲区"，路面摄像头获得的视频数据就成为重要的感知手段。有别于业界产品只能识别行人（或车牌），"城市大脑"不需要新增路面设备，通过接入所有主流厂商的摄像头、传感设备，就能在不同视频质量、光照、天气、夜晚等实战场景中，根据细节差异快速有效识别出人、车、事（故）、物，此项技术名列 KITTI 全球视觉计算排行榜第一名。一个城市数万路摄像头传输的视频流，可在阿里云弹性计算与大数据处理平台上全量分析而无遗漏，从而突破了人力巡查无法覆盖的全城"盲点""沉睡数据"。以算法自动监控全量数据，是对警力资源最大的释放，是雪亮工程的神助攻。

七、展望 2030

从今天到 2030 年，世界将经历新一轮的解构与重组。新一代信息技术将再造物理世界的镜像，从分时到实时，从宏观到微观。产品、个体、组织、产业、世界都将经历从 1 到 0——微粒化的解构，智能化的重组。人类对世界的认识尺度将达到前所未有的颗粒度，"数据+算法+算力"的决策机制将成为人类应对不确定性的一种全新形式。

1. 零离线万物智能

离线将成为课本上的一个概念。智能世界源于万物互联带来的万物感知和万物智能。伴随着感知、连接能力的全面提升，人与物将在数据构筑的智能环境中进行交互。智能设备将占领生活、生产的各个领域。人机关系将由单向变为双向，智能设备将大大拓展人类能力的边界，提升机器运行的效率。

2. 零标签微粒人生

万物智能一方面将个体的时间、需求进一步切分，另一方面将识别个体的成本大幅度降低。每个人将成为组成这个世界的具体微粒。建立在个体基础上的以平均值为判断依据的科学规律，将会在浩瀚的数据面前失去价值，而针对每个"单体"的个性化的分析和判断，将成为社会发展的新趋势。

3. 零边界液态组织

企业内部和外部的边界逐渐模糊，组织液态化，"自由组合、自由流动"。企业家指挥的生产变少了，而交易活动变多了。液态组织仍然存在部门，但部门的边界已不清晰，组织成员长期处于"共同创业"状态，随时随着组织目标的变化而变化。大量的商业流程被流动的数据所驱动，并在企业之间展开灵活组合，新的组织边界也呈现一种网状交融的格局，企业组织由此将进一步走向开放化、社区化。

4. 零错配协同网络

类似碳基生态系统的硅基生态系统出现。围绕着创业创新，不断衍生出种种无法人为设计且彼此协作的机构，种类繁多、功能齐全、配合默契。从功用并立到联合协同，从线式供给链到非线式网状协同生态，从非触摸式到触摸式，从粗放效劳到精准效劳，从单一渠道支持到系统支持，从纵向一体到全位一体，从单一空间到多维空间，这些改变最大限度地凝集和释放了企业创新活力。协同生态系统的资源配置模块最终可以整体实现"零错配"的完美状态。

5. 零缝隙孪生世界

孪生世界在物理世界和数字世界之间建立准实时联系，实现物理世界与数字世界的互联、互通、互操作。过去几十年数据量的爆炸式增长意味着物理世界的数字孪生。未来，物理世界的数字镜像将从分时到实时、从宏观到微观不断完善，形成一个完整的数字孪生。其作用从辅助人类进行物理世界的改造，进化到决定物理世界的改造，甚至创造超越人类想象的新世界。

参 考 文 献

[1] 陈果. 零售数字化：数字化孪生和人际数字化[EB/OL]. https://view.inews.qq.com/a/20180914B0EONS00.

[2] 陈旸. 5G 将带来怎样的产业变革与投资机会[EB/OL]. https://finance.sina.com.cn/roll/2019-04-17/doc-ihvhiqax3517310.shtml.

[3] 仇保兴. 走向分布式、自组织的智慧城市[EB/OL]. http://www.besticity.com/viewpoint/246829.html.

[4] Christoph Kucklick. The Granularity Society[M]. 北京：中信出版集团, 2018.

[5] 冯升华. 从智能制造到工业复兴[EB/OL]. http://m.e-works.net.cn/video/videoinfo3898_315_0.html.

[6] 高红冰. 穿越数字黑洞[EB/OL]. http://www.aliresearch.com/Blog/Article/detail/ id/21467.html.

[7] 高红冰. 告别公司，拥抱平台[EB/OL]. http://www.aliresearch.com/Blog/Article/detail/id/21213.html.

[8] Hey Tansley，Tolle. 第四范式：数据密集型科学发现[M]. 北京：科学出版社, 2009.

[9] 林雪萍，赵光. 论数字孪生的十大关系[EB/OL]. http://www.sohu.com/a/ 237296945_488176.

[10] 安筱鹏. 拥抱"数据+算法"定义的新世界[EB/OL]. http://www.aliresearch.com/Blog/Article/detail/id/21618.html.

[11] 安筱鹏. 工业互联网平台演进带来的技术变革与挑战[EB/OL]. http://www.sohu.com/a/ 223990129_488176.

[12] 梅宏. 我国数字经济发展迎来"换道超车"新契机[EB/OL]. https://m.china.com.cn/ appshare/doc_1_511165_634453.html.

[13] 时培昕. 数字孪生的应用和意义[EB/OL]. http://m.e-works.net.cn/articles/ article143698.htm.

[14] 陶飞. 数字孪生车间：一种未来车间运行新模式[EB/OL]. http://www.cims-journal.cn/ CN/10. 13196/j.cims.2017.01.001.

[15] 杨军. ET 城市大脑为城市装上数据"操作系统"[EB/OL]. https://yq.aliyun.com/articles/ 628143.

[16] 杨学成. 联网力: 传统行业互联网化转型的原动力[M]. 北京: 机械工业出版社, 2015.

[17] 曾鸣. 智能商业[M]. 北京: 中信出版集团, 2018.

高红冰|
拥抱智能时代的新市场经济|

高红冰，信息社会 50 人论坛理事，阿里巴巴集团副总裁，阿里研究院院长、高级研究员，中国社会科学研究院信息化研究中心理事和特邀研究员，北京大学国家发展研究院 EMBA 特聘教授，清华大学经管学院新商业学堂项目联席组长，阿里巴巴商学院副院长。

一、数字经济是企业家创造出来的

2018 年 12 月 18 日，企业家马云被授予"数字经济的创新者"称号。这个称号，是授予马云的，也是授予阿里巴巴 10 万名员工的，更是授予阿里巴巴生态系统中千万中小企业的。马云说："对改革开放致敬，最好的办法是继续坚持改革。只要我们没有脑震荡，就会继续推动改革。"阿里巴巴努力用技术推动商业创新，利用这种强大的市场力量，推动社会经济的变革。

数字经济是改革开放 40 多年最重要的创新之一。对于什么是数字经济，我们曾试图做出一个准确的回答，并且和许多智库一起，开展了一系列研究。但是，全球数字化的丰富实践，驱动着数字经济内涵与外延的快速迭代及演进。

2015 年，我们提出经济正在从 IT 转向 DT。IT 的理念是用先进的信息技术构建封闭的系统，而 DT 则是建立一个开放共赢的价值网络。"只有让别人成功，你才会成功。"

2016 年，我们聚焦数字时代的国际贸易，将 eWTP（世界电子贸易平台）理论化、框架化，提出跨境电商是推动国际贸易改革的方式和途径。

2017 年，我们提出了"三大告别"——告别公司拥抱平台，告别 8 小时工作制拥抱零工经济，告别一般贸易拥抱跨境电商。

2018 年，全社会都开始关注数字经济，特别是出现了一些负面新闻。而我们发现，2018 年是一个重大拐点，工业经济发展范式向数字经济转型。我们应当坚定信心穿越"黑洞"，找寻未来数字经济的红利。

根植于阿里巴巴这个巨大的生态系统，阿里研究院有机会看到不断出现的新产品、新服务、新模式，但理论研究经常跟不上快速迭代的业务发展。我们深切地感受到，数字经济不仅是智库思考的成果，更是企业家创造出来的成果。

那么，智库的作用是什么呢？清华大学苏世民书院院长薛澜曾经说过："智库要干什么？这个社会必须有一伙人要洞察未来。他们不一定对，但试图让大家尽可能看远一点，避免在眼前栽跟头。"所以，智库要和企业家一起面向未来、洞察未来、远见未来、创造未来，用研究洞察未来，改变我们的思维方式，帮助社会寻找方向。这才是智库的任务、责任与担当。

二、海洋孕育生命，数据创造商业

回到数字经济的研究。我们需要用更广、更远的眼光来洞察，不光是运用经济学、管理学、运筹学，更要加上人类学、生态学、未来学，甚至哲学。

当前的商业生态非常类似寒武纪。距今约 5 亿年前的寒武纪，发生了一次物种大爆炸。在 2000 多万年时间内，节肢、腕足、蠕形、海绵、脊索动物等一系列与现代动物形态基本相同的动物"集体亮相"，形成了多种门类动物同时存在的繁荣景象。当前的技术、商业基础设施类似寒武纪，零售新物种集体爆发。

以阿里巴巴为例，基于新一代信息技术和基础设施，各种市场主体围绕平台形成了一个复杂的网络系统和商业系统。零售商、批发商、品牌商、服务商，把流通领域的各个市场打通，融合成一个大市场。

各个市场主体，海量创新，高频跨界，竞争协作，突变、裂变、聚变产生了海量新物种，市场基于多对多的连接共创协作，大面积的开放体系带来了创新，带来了巨大的内源性的增长动力，并在十几年的时间里把这样的交易额推高至 6

万亿元的水平上。

寒武纪物种大爆发形成了碳基系统，太阳提供能量，海洋运送滋养生命的氧气和食物，人、动物、植物、微生物生生不息。在商业世界，我们形成了类似的硅基系统。"硅基"的信息技术将各种市场主体连接起来，数据这种新能源推动新业态、新产业、新经济加速发展。

如果说，海洋孕育了生命，那么数据将创造商业的未来。

三、硅基革命创造智能经济

哲学有三大终极问题：我是谁？我从哪里来？我将到哪里去？今天我们就来重新审视一下这三个问题。

人类同时存在于二元世界：物理世界和精神世界。

人们通过经验去认知世界，通过实验发现了火，发明了手工业、工业、蒸汽机、电力等，我们可以称之为世界 I。形而上的部分就是占卜、宗教，我们可以称之为世界 II。20 世纪 50 年代开始的信息革命，开创了一个新的数字世界——世界 III，在这个新世界，机器智能代替人运转数字世界，而且已经开始改造物理世界。而精神世界和智能世界的交集将是世界 IV，我们拭目以待未来的变化（见图 1）。

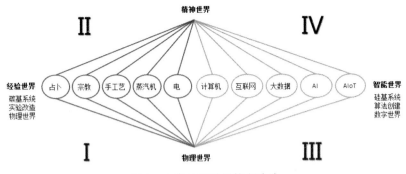

图 1　人类认识世界的方法论

智能经济就是用数据、算法、算力构成的决策系统，在人类和机器的活动过程中提供生产工具，配置资源，创造价值。

我们可以从三层架构来理解智能经济。在技术层面，万物智能构成新的生产力。5G、IoT、AI、区块链等新技术涌现、迭代、交叉、高频互动，离线将成为课本上的一个概念，云智能、端智能带来"机器觉醒"。万物智能在不久的将来即会成为现实。2025年，云智能将占领工厂，企业应用云化率和AI利用率将超过80%；智能终端将占领客厅，个人智能终端数量将达到400亿个，个人智能助理普及率将达到90%。在产业层面，协同网络构成新的生产关系。硅基生态成为主要的生产组织方式，跨界融合成为新常态。在经济层面，数字孪生构成新的经济运行形态。物理世界的数字镜像将从分时到实时、从宏观到微观，物理世界与数字孪生世界互联、互通、互操作，用品将同时具备原子与比特的镜像功能。

四、智能时代的新市场经济

根据麦肯锡的一项研究，市场需求平均预测准确率在20世纪70年代以前能达到90%以上，到了80年代只有60%~80%，而到了90年代末、21世纪初，其进一步降到40%~60%，即所生产出来的一半产品并不是消费者真正需要的，而与此同时，消费者真正想要的很多需求又没有及时得到满足。

玛氏集团联合天猫推出的新品创新中心，利用大数据建立新品研发的全局仿真系统，帮助品牌分析消费者行为和市场上既有产品的特性、目标人群及价格区间，精准把握消费趋势，推出了一款辣味巧克力。其概念测试、产品诊断都在线上针对目标客户群完成。玛氏集团拨出北京怀柔工厂的两条生产线与新品创新中心共建柔性生产线，以小规模、多频次的方式生产产品，在真实市场环境中通过试销测试产品表现，并持续产品迭代，最终从线上走到线下。从洞察市场机会到生产制造的全周期从18个月压缩到了9个月。

辣味巧克力是智能时代新市场经济的典型案例。万物智能使数字化研发、数字化营销、数字化生产、数字化供应链等环节成为可能。更重要的是，原有市场经济中的信息瓶颈被极大缓解，"系统智能"与市场参与者全面、实时、准确互动，将海量混乱的信息提炼成商机，对接供给协同网络，从而形成了智能化市场经济。阿里巴巴打造的商业操作系统是新市场经济的典型案例。赋能商家实现的模式升级和运营方式升级、线上线下的一体协同、数据智能带来的个性化消费的满足，正在成为今天新经济时代的普遍现象。

五、共襄智能经济盛举

智能经济有三个要素：零离线万物智能、零错配协同网络、零缝隙孪生世界。智能经济首先是实现零离线，未来的人、事、物都可以从万物互联、万物在线到万物感知、万物智能，人与物在这个智能环境中进行交互。在智能世界里，随着个体的解构和组织的液态化，所有的商业价值都呈现在网络中，协同网络的资源配置可以实现零错配的完美状态。最终，孪生世界在物理世界和数字世界之间实现了零缝隙，实现了物理世界和数字世界的互联、互通、互操作，改造世界甚至可能创造一个新的世界。

我们希望智能经济进一步推动创新，倒逼改革。阿里巴巴在过去用创新参与改革，在未来继续用创新推动改革。推动经济高质量发展是我们的愿景，是我们的梦想。希望大家共襄盛举，推动智能经济的发展。

刘九如 |

拥抱"智能+"时代 |

　　　　刘九如，工业和信息化部电子工业出版社总编辑兼华信研究院院长、工业和信息化部电子科技委产业政策组副组长、中国互联网协会"互联网+"研究中心主任。

　　2019 年 3 月，全国两会上的科技热点是"智能+"，这是因为李克强总理在《政府工作报告》中提出，要打造工业互联网平台，拓展"智能+"，为制造业转型升级赋能。他同时强调，要促进新兴产业加快发展，深化大数据、人工智能等研发应用，培育新一代信息技术、高端装备、生物医药、新能源汽车、新材料等新兴产业集群，壮大数字经济。2019 年 3 月 19 日，中央全面深化改革委员会召开第七次会议，讨论通过了《关于促进人工智能和实体经济深度融合的指导意见》，进一步阐明了"智能+"的深刻内涵和发展方向。那么，到底什么是"智能+"？它将从哪些方面改变我们的工作和生活？

一、什么是"智能+"

　　我们认为，所谓"智能+"，就是在大数据、云计算等互联网技术深入应用的基础上，深刻把握新一代人工智能的发展特征，促进人工智能与实体经济融合，推动各行各业从数字化、网络化迈向智能化，探索人工智能创新成果应用转化的路径和方法，构建数据驱动、人机协同、跨界融合、共创分享的智能经济发展新形态。我们看到，近年来人工智能技术发展迅猛，5G、物联网、人工智能、数字孪生、云计算、边缘计算等智能技术群形成"核聚变"效应，推动万物互联（Internet of Everything）迈向万物智能（Intelligence of Everything），进而带动了"智能+"

时代的到来。

与此同时，基于深度学习的人工智能的认知能力将达到人类专家顾问级别；人工智能技术进入大规模商用阶段，人工智能产品全面进入消费级市场，可购买的智慧服务正层出不穷；人工智能技术将推动传统产业转型升级，改变全球原有经济生态。推动"智能+"，正是顺应全球智能化趋势，将人工智能技术与传统产业，特别是与制造业相融合，强化工业基础和技术创新能力，推动制造业高质量发展，加快建设制造强国。

二、从"互联网+"到"智能+"

2015 年的《政府工作报告》曾明确提出要推动"互联网+"，强调要将互联网的发展成果与传统产业融合，推动产业转型升级，创造新的经济生态和社会形态。过去 4 年多，各种基于"互联网+"的新型模式推动各行各业融入互联网思维，实现创新转变，从制造业数字化，到人们的衣食住行、共享经济等，处处凸显了"互联网+"新动能的作用。

随着人工智能、大数据、云计算等新兴技术的不断发展和广泛应用，信息技术的应用已经不再局限于连接人与人，而是将人与物、物与物连接在一起，从而带来万物互联的全新时代，智能化成为新的发展潮流。

由此，我们认为，"智能+"是在"互联网+"的基础上，基于人工智能技术对社会生产形成的全新赋能，这不仅是新一代信息技术发展与应用的必然结果，也必将是人类社会生产和生活方式的又一次升级迭代。

如果说"互联网+"代表着信息革命对传统企业带来的冲击，ERP、CRM 等信息技术平台帮助企业实现了自动化和数字化，完成了从粗放式管理到精细化管理的蜕变，那么，"智能+"就代表着智能革命，它将帮助企业应对不断增长的客户个性化需求和不断加剧的竞争压力。"互联网+"让消费者感受到科技革命带来的神奇力量，而"智能+"带来的是科技革命对传统行业的更深层次的变革。

从宏观层面看，"智能+"接棒"互联网+"，表明人工智能技术与传统产业深度融合的时机出现了，产业转型升级又有了新的动能。

从微观层面看，借助物联网、大数据、云计算技术的丰富应用，智能制造、智能交通、智能商贸、智能医疗、智能教育等"智能+"，将帮助我们步入更加智能的万物互联生活。

归结而言，"智能+"不是简单地替代"互联网+"，"互联网+"是"智能+"的基础，"智能+"是"互联网+"的升级迭代；基于中国经济与社会发展不平衡和不充分的情况，"互联网+"和"智能+"在很多时候同时存在，需要同步发展，之所以在"互联网+"的基础上最新强调"智能+"，目的是让社会各界敏锐把握好智能时代的发展机遇，快速前行。

三、"智能+"重点发展领域

与"互联网+"一样，"智能+"也将广泛地影响我们的工作和生活。基于人工智能领域的数字化与移动化技术、机器学习与智能机器人技术、大数据技术、人工智能及深度学习技术、数据保护与云技术等构成的区块链技术，以及生物测定学和自适应安全技术等新技术的推广应用，以下领域将更加快捷地与人工智能对接，成为"智能+"的重点发力方向。

"智能+制造"：将让制造业人、机、物实现全要素、全产业链、全价值链的全面连接，"数据+算法+算力"将带来两场革命，即工具革命和决策革命；工业互联网将推动智能制造真正实现数据驱动、软件定义、平台支撑、服务增值、智能主导，由此形成的新的制造理念和商业模式，将成为新的增长动力，为饱受需求乏力和产能过剩之苦的制造业带来机遇与希望。

"智能+交通"：将真正构建智能化交通解决方案，依靠多传感器融合等车路协同技术建设的智能路网，提高交通系统的感知能力，实现车车、车路的信息交互和共享，有效减少和避免交通事故；运用智能云、大数据、边缘计算等技术，搭建计算平台，分析全量交通数据，能够预判拥堵趋势并提前采取预防性措施；利用智能信号灯、智能停车系统，可提升交通系统的调度能力。

"智能+医疗"：将有效改变"看病难"，让看病变得更加轻松快捷；通过基因预测可以发现健康人的基因缺陷，尽早提示健康风险，有助于防病于未然；通过医疗大数据建立病症模型，能够帮助医生迅速诊断病情，防止误诊；可口服的纳米级智能手术机器人可以自由进出人体，针对非正常细胞进行精准无创手术等。

"智能+教育"：将有效推动城乡教育均衡发展，促进教育公平。利用"人工智能+教育"等互联网技术，用直播、VR等形式把优质教育资源同步到贫困山区，消除城乡教育鸿沟，消除贫困代际传递，推动中国城乡教育均衡发展。

"智能+农业"：通过农业数据自动化采集、农业数据智能化分析、农机自动化运行、农业精准化作业、农产品数字化追溯，可真正实现智慧农业。

与此同时，"智能+金融""智能+商业""智能+物流""智能+文旅产业""智能+政务"等都大有可为，必将展现新的发展图景。

四、"智能+"不能忽视的问题

毫无疑问，拥抱人工智能，迈向"智能+"时代，我们也必将面临安全、伦理、法律法规、社会治理等方面的挑战，我们有必要提前研究，采取有效措施，积极化解"智能+"时代出现的新问题。

一是隐私保护问题。"智能+"的基础是数据和信息，大数据技术应用使人类社会进入一个透明的、没有隐私的时代。普通人的生命与健康、财产与身份、行踪轨迹等个人隐私，在移动互联网+大数据+机器智能的"智能+"氛围中都会变得一览无遗。如何保护个人隐私？如何保护用户数据？这些都是靠尽快制定相关法律并严格执法才能解决的问题。

二是责任承担问题。在"智能+"时代，侵权人可能采取黑客攻击、病毒传输和其他非法手段控制机器人，对人类社会造成危害。另外，智能机器人因设计缺陷或违反操作规则，也可能产生事故，此时如何进行责任追究，也是值得研究的新问题。

三是虚拟环境"麻醉"等伦理问题。在"智能+"时代，我们将被无穷无尽的电子信息所包围，人与人之间的交往有可能被人与机器之间的交往所取代；人工智能的模拟行为在很大程度上会取代人的自主行为，这就出现了虚拟环境的"麻醉"问题。人类是否会日渐沉迷于人工智能及其营造的虚拟环境？人类生存和发展的本来意义是否会迷失？众多伦理问题也需要研究化解。

四是机器"偷走"人的工作问题。在"智能+"时代，人类 60%的职业、30%的工作将被人工智能取代。秘书、客服、助理、翻译、律师、医生、会计，乃至证券所的交易员、信贷员的工作都可能被取代。这些蓝领和白领会不会被抛弃？他们将如何工作和生存？

五是监管问题。在"智能+"时代，政府监管、法律规则等很多方面存在空白，比如无人驾驶的准入、安全标准、配套设施都需要从法律层面加以规制。与此同时，"智能+"时代对监管的技术要求更高，对监管技术的研究也必须跟上。

凡此种种，不一而足。只有未雨绸缪，提前研判和防范潜在风险，才能安享"智能+"的时代红利。

沈 浩

AI 时代的智能化媒体变革

沈浩，中国传媒大学新闻学院教授、博士生导师，中国传媒大学调查统计研究所所长、大数据挖掘与社会计算实验室主任，中国市场研究协会（CMRA）会长。

人工智能（AI）是计算机科学的一个分支，它是一种使机器能够以类似于"人类的智慧"来解决问题的智能技术，人工智能是大数据落地的一种重要的表现。如今，人脸识别、语言翻译、声音处理、聊天机器人和客户服务自动化已成为现实，人工智能技术在一定程度上达到人类的水平，甚至在某些领域超过人类的识别能力。在世界范围内，人工智能正在不断地影响各个行业，也在持续改变媒体行业的各个方面。可以将人工智能算法强大的分析能力用于新闻和现场制作，从而使生产内容所需的时间减少至几乎"实时"。同时，人工智能在传媒领域的发展并不仅限于直接从媒体内容生产方面发力，人工智能技术生成信息的速度、准确性和数量使其在传媒领域的许多其他应用成为可能。可以说，作为最主要的媒介，人工智能对视频、图像、语言、声音和文字的数据处理能力有望改变媒体生产的一切，重构媒体产业链的所有重要环节。

一、人工智能技术是"人的延伸"

从历史来看，媒介技术的演变推动着传媒行业的发展，从工业时代到信息时代，从报纸、广播、电视到移动互联网，每一次媒介技术的发展，都是以技术的手段代替人类的劳动力，从而使人的力量得到进一步解放。技术的发展使人类能够不断突破自身的束缚，在媒介信息中得以连接、延伸与发展，这是对麦克卢汉所说的"媒介是人的延伸"的回应和印证。

在信息时代，个体与个体之间在网络空间实时互联，传媒产业也因此产生了颠覆性变革与新的发展。人工智能技术是把人类所具有的智慧转移到智能机器上去解决人类自身的社会问题，因而人工智能技术是人的智慧、人的智能的延伸，人在媒介的演变过程中决定了其传播与发展，具有决定性作用。人工智能技术作为人的智慧延伸，以延伸人的功能、越来越接近人的大脑为目标和方向发展，并且会越来越贴近人本身。

二、人工智能重塑传媒业态

媒体传播介质所拥有的数据以非结构化的数据为主，比如图像、语音和文字，在传统情况下，这些数据依赖于人工处理，因此成为技术应用的障碍，但是当人工智能技术能够对这些介质的内容进行处理时，未来的新闻传播业将会产生很大的变革。

人工智能给媒体行业带来最直观的变化体现在内容生产方面。人工智能在计算机新闻写作方面已经取得不错的成果。人工智能使媒体的内容制作更快、更简便。人工智能工具可以执行语音和文字的智能化处理与编辑，智能语言分析、翻译和语音转文本功能，提供文本及其分段分发，包括标记等，可以自动生成多种语言的字幕。使用人工智能编辑工具进行内容平台整合，可以自动化检索、剪辑、生成一个视频片段，如足球比赛集锦、新闻集锦乃至电影和电视剧预告片等。例如，新华社发布的"AI智能主播"和"媒体大脑"智能媒体生产平台就是国内对智能时代的媒介形态与传播方式的有益探索。

在内容分发方面，人工智能可以基于不同的传播场景进行分发及基于用户偏好进行个性化定制的分发。由于新闻的消费者有不同角色和定位，基于机器学习过程，还可以对分发系统进行培训，结合媒体的用户行为数据，精准分析和洞察不同用户群体的特征，实现针对不同新闻消费者的个性化定制和个性化推荐，以使其适应用户的特定需求。

在媒体资产管理方面，智能媒体管理系统可以对所有可用媒体资源进行更好的管理。智能化内容存储、检索可以便于使用媒体所有可用的内容，从而节省时间并为受众创建更好的内容。例如，抖音平台利用人工智能管理海量视频资源，以改进用户的注意力分配和流量分配机制。

在版权审查方面，人工智能可用于监测媒体的传播内容、版权行为状况，智能人脸识别技术能够从图片、视频中识别特定人物身份、标签化新闻图片、进行图片和视频的检测监管等。

在内容审核方面，运用情感识别、图像和对象分析技术，以及采用语言分析工具，能够检测图像和音频中的敏感或非法内容，从而进行内容的过滤和把关。

此外，人工智能可以帮助媒体工作者做出更明智的决策，使内容生产更有价值。如今我们能够越来越直观地感受到大数据与媒体行业在应用层面的有机结合。从传媒产业链条的每个环节出发，媒体行业正在不断探索未来人工智能在新闻传播领域运用的无限可能性。

三、媒体的"量化转型"挑战

进入人工智能时代，传媒行业在"互联网的下半场"也遭遇了众多挑战。一个突出的表现就是媒体正在进行一场"量化转型"，人工智能技术给传媒生态带来了颠覆性的变化，"万物皆媒"的理念成为共识，传统媒体机构需要探寻自身智能化变革的落脚点。

媒体机构自身拥有的信息和数据虽然海量，但是真正能够得到"挖掘"和"开采"的只是很少的一部分，媒体机构需要不断提升数据挖掘的能力，在传播中思考如何有效利用数据，使媒体数据得到有效的开发和利用，从而探寻、提炼出符合新闻专业性、有价值的信息。

"后真相"时代的到来，给媒体生产内容的专业性、权威性带来更大的挑战。媒介环境的复杂化使维护新闻的真实性和客观性成为严峻的考验，但同时也为媒体公信力的重塑提供了一个契机。

算法在使内容分发变得更有效率、更精确的同时，也带来了用户对数据安全与隐私问题的担忧，当用户把信息和行为数据交付媒体时，媒体是否能够妥善收集和保存用户数据，其背后的法律问题值得深思。

随着技术不断进化，人的价值显得更为重要。人工智能技术的出现对媒体行业来说不仅带来了挑战，也带来了契机，媒体行业应积极应对媒介生态环境复杂化带来的挑战，探寻媒介融合与变革的新答案。

今天，在技术的赋能下，媒体运作的每个环节都正在或即将发生颠覆性变革，人工智能将持续改变信息传播的方式，不断融入媒体产业链的各个流程和环节，促使传统媒体向智能媒体转变。进入人工智能时代，让机器做机器擅长的事，从而解放人力去做人擅长的事，"人机协同"将成为趋势和潮流。

人工智能在传媒领域被赋予了打造传媒生态的重任，希望人工智能技术能助力传媒内容产业转型升级，从而使其能够更高效地进行内容的生产、分发、管理，打造媒体与用户之间的互联互动的新生态。

传统媒体在向智能媒体转型的过程中，应重视人工智能技术的引领作用，以庞大的底层数据为支撑，建立高效的智能媒体处理平台，实现技术平台媒体化、媒体技术化的融合发展；同时，应加强人工智能技术性人才的储备和培养，培养既掌握智能媒体技术又懂传播原理的复合型人才，加强人机之间的协同创新能力，这样不仅能够促进人与技术共同发展，使媒体人掌握技术的主导权，更能够避免技术外包所导致的用户隐私数据泄露、核心竞争力不足等弊端。虽然人工智能正在引领时代的潮流，但目前的人工智能还处于初级阶段，更多是帮助媒体人改善工作方式，媒体仍要坚持以人为中心、以内容为根本的理念和专业主义信仰，合理利用人工智能这个工具，进而实现向智能媒体的成功转型。

未来人们的生活中，人工智能将无处不在。在这场时代的变革中，媒体行业应当抓住智能媒体变革的机遇，推进人工智能技术与媒体融合继续向纵深发展，推动媒介形态和生产方式的变革。人工智能技术与 5G 技术的进一步融合将在媒体领域不断创造新的应用场景，促进传媒内容产业升级，驱动传媒业态重构，助力媒体完成智能化变革。

参 考 文 献

[1] [加]麦克卢汉. 理解媒介[M]. 何道宽，译. 南京：译林出版社，2011.

[2] 彭兰. 智媒化：未来媒体浪潮——新媒体发展趋势报告（2016）[J]. 国际新闻界，2016，38（11）：6-24.

[3] 沈浩，杨莹莹. 人工智能为媒体赋能[J]. 新闻战线，2019（1）：61-63.

吕廷杰

5G 时代，中国该怎么赢？

吕廷杰，北京邮电大学教授，中国信息经济学会副理事长，国际通信协会常务理事，工业和信息化部科技委委员、电信经济专家委员会委员。

1. 5G 是什么，为什么

2019 年是人类互联网发展的第 50 个年头，50 年前的 1969 年，美国军方利用麻省理工学院克莱因·罗克博士发明的计算机通信技术——分组交换与滑动窗流量控制机制，成功地打造了一个 P2P 架构的军事指挥网络——APARNET，后来 APARNET 逐步向民间普及，信息迁移模型也演变为遵从 TCP/IP 协议，于是就有了今天的互联网。

24 年前的 1995 年，比尔·盖茨在他的著作 *The Road Ahead* 中提出，通信网络在解决了人与人、人与计算机、计算机与计算机之间的通信之后，将实现物的互联（Internet of Things，IoT），即物联网。今天，随着 5G 的到来，这个预期正在向我们走来。

5G 是第 5 代移动通信技术的简称，5G 是小名，其大名是 IMT-2020（International Mobile Telecommunication-2020）。到目前为止，移动通信技术已经经历了 4 代，并正在走进第 5 代。

在移动通信技术的演进规律中，有一个说法，奇数代通信技术是有革命性创新的，如 1G 的无线电话、3G 的手机上网，而偶数代通信技术，是对上一代技术的优化和完善。奇数代的技术一开始往往是不完善的，但是它却开创了一个个全新的应用场景，而其后的偶数代技术则是对奇数代技术的优化与完善。

那么什么是颠覆性的技术呢？笔者认为就是可以改变游戏规则的技术。这类技术通常以两种形式出现，一种是提供从无到有的应用，另一种是融合性技术，如量子计算就是物理学与计算机科学的融合，而 5G 则属于第一种形式。

比如 1G 出现了"大哥大"，打电话不用拽根线了，但由于其采用的是模拟技术，通话质量很差，打电话的时候，别人的声音经常串过来。后来的 2G，就是对 1G 的完善和优化，由于其采用了数字编码技术，手机变得小巧了，通信质量提升了。但是它还是主要解决人与人的语音通信需求。

到了 3G，手机可以上网了。苹果手机和应用商店的出现，重新定义了移动互联网。OTT 本是 NBA 篮球赛的一种说法，叫过顶传球，用在移动互联网中是指不需要拥有物理网络，照样可以在网络上面有各种应用。这里主要是利用了互联网网络与业务相互分离的特征。这种特征类似于公路，公路、路上跑的车、车上拉的货，相互都是没有关系的。

从 1G 到 4G 的移动通信技术一直解决的是对个人用户的应用，包括人与人的语音通话和人与计算机通信的上网服务。5G 最重要的创新是开创了一个蓝海，它将通过物联网、车联网和工业互联网的连接能力，让万物互联，为企业或行业信息化应用赋能，实现从消费互联网向产业互联网的迁徙，也有人将此称为互联网的下半场。

2. 5G 的三大应用场景

5G 提供了如下三大应用场景。

第一，增强移动宽带（eMBB）。5G 主要提供高清交互类视频的应用，除了虚拟现实（VR）、裸眼 3D，它还会拉动智能家居中 4K/8K 高清视频的应用、远程医疗的应用、安防监控的应用等。

第二，海量机器连接（mMTC）。这个主要针对传感和遥测类，比如工业供应链的管理，甚至井盖的防丢失、消防设施的维护等。

第三，高可靠、低时延（uRLLC）。这主要用于对各种智能机器人、无人机，乃至智能制造中的终端进行控制与管理。

5G 有一个网络切片技术，这种技术好比在街道上划出了快速公交线、普通行车线和慢车线。采用网络切片技术可以按需分配通信能力，从而构造柔性的网络架构和实现软件定义网络。

那么对于即将到来的 5G 时代，为什么标准化很重要呢？基础电信业的基本原则就是要做到全程全网、互联互通。前者要求服务质量的标准化和一致性，后者则要求网络技术的标准化。这些要求在以个人用户服务为主的 1G 至 4G 时代不难解决，因为个人客户业务通常是同质化的。

在产业互联网时代，每个行业的特点不同，例如，物流业和金融业对网络的需求是截然不同的；医院和学校的需求也会有天壤之别。对于不同领域的政企客户，基础电信运营商显然难以为他们逐一量身定制其所需要的通信服务，其可以做的就是能力开放，让最了解自己痛点的行业客户来决定自己的垂直化解决方案。当然，也会出现一些专门集成运营商的通信能力，为各个领域的政企客户提供类似于虚拟运营商业务的"中间件"公司。在这种新型应用场景下，标准化就显得尤为重要。因此，可以说，5G 不再是电信运营商的独角戏，它将真正成为社会创新的孵化器和催化剂。

我们常说，4G 改变生活，5G 改变社会。那么 5G 改变社会的什么呢？改变社会的运行效率、改变产业的生态、改变商业竞争的法则、改变国家竞争力。例如，美国已经将 5G 的竞争定义为军备竞赛，关乎国家安全。这样的战略高度绝不是仅仅站在 5G 能否盈利这样的短期视角来看的。不言而喻，5G 成功的关键一定是商业模式的成功，因此我们期待在 5G 的应用创新中，也能够有更多的类似"华为"的企业涌现出来。

3. 美国发展 6G，不可能绕过 5G

看 5G 技术，我们要从专利保有量来看。中国现在大概拥有全球 34% 的 5G 通信专利。有了专利，就可以通过互换专利的方式获得其他技术的使用权，这使得中国在 5G 上"进可攻，退可守"。从这点看，中国的 5G 可以说是处于全球领先地位的。

取得这样的成绩并非一蹴而就，在 1G、2G 时代，中国始终跟跑，买他国的专利花了很多钱。在 3G 时代，中国有了自己的标准——TD-SCDMA，虽然和美国的 W-CDMA 与欧洲的 CDMA 2000 还有差距。

到了 4G 时代，更多的中国企业开始拥有涉及 4G 相关标准的专利，华为、中兴、大唐、三大运营商的研究院，这些企业都在我国通信技术领域做出了重大贡献。

除了专利，很多人忽视了我国在 5G 方面还有个领先的地方，那就是中国的制造能力。把实验室的算法和解决方案做出来，做成满足需求的实体天线不是一件容易的事，但中国是具备这样的能力的。

特朗普曾在推特上说，希望尽快发展 5G 甚至 6G，美国不能容忍在通信领域被超越。如今中国具有了 5G 的专利优势，美国如果想跳过 5G，直接上马 6G 进行弯道超车，这可能实现吗？肯定不可能。

5G 主要实现的是"万物互联"的场景，而 6G 的理论下载速度是 1Tbit/s，也就是 5G 的一百倍。由于高频电磁波的绕射能力弱，所以基站就要建得更加密集或者直接把基站搬到无遮挡的天空。美国由此想到了用卫星攻克 6G 技术。6G 将是 5G 加卫星网络，也就是其在 5G 的基础上，集成卫星网络来实现真正意义上的全球大覆盖，并实现高速星际间的通信。但是卫星通信的时间延迟和高通量等关键的技术问题还需要时日去攻克，加之 5G 的商业应用也需要培育，美国绕过 5G 发展 6G 是不现实的。

4．5G 建设不是运营商的独角戏

对于 5G 基础设施建设，由于高频电磁波绕射能力弱，所以要建更多的基站。基站建设成本不菲，有人担心运营商建设大量的 5G 基站无法收回成本。那么该如何降低成本以加快 5G 的推广呢？

的确，5G 使用频率高，基站密度更大，是 4G 的 1.5～2 倍。政府也注意到了

这个问题，所以在发放 5G 牌照的前一天，国资委和工信部联合发布了《关于 2019 年推进电信基础设施共建共享的实施意见》，号召推进电信基础设施共建共享，加速各方融合 5G 基站建设。

5G 的基站越来越密集，功率越来越小，不像以往建设高塔，其更多的是以微基站的方式挂在居民楼、公司园区、电线杆上。所以，除了电信运营商，市政部门、电力部门、企业也加入了 5G 建设，更多社会资源的投入减轻了运营商的负担。这也说明了我们的共享经济发展正在从生活资料的共享走向生产资料的共享。

4G 时代产生了移动支付、网络直播、外卖等新兴事物，那么，5G 时代会有哪些行业最先获得红利，又有哪些行业可能产生新的创新呢？

5G 是一个赋能工具，必然会带来全产业生态在应用领域的大爆发，而在初期，这种集中爆发主要体现在高清视频类应用、智能家居应用及车联网应用等方面。

5. 5G 赋能各行各业产生创新机遇

以个性化直播为例。现在球赛转播都是千篇一律的，一个导播切一个画面，我们听的是同样的解说。但在未来，很可能就会上线针对球迷的个性化直播。

在 5G 传输速率下，每个现场观众的手机都能传输高清 4K 视频，一场比赛上万名观众，即使其中只有几十名主播，他们都会分走大量收看渠道。体育赛事电视转播权的商业模式在未来会受到冲击，这是 5G 时代我们很可能会面临的问题。

1990 年，比尔·盖茨花费 7 年时间打造了一个未来屋，住宅依山面湖，结合了自然生态与先进科技。他当时用了很多"智能家居"，但在网络连接上用的还是光纤，占地两万公顷的住宅下埋的光纤总长度达到 84 千米。而今天，只要住宅区覆盖了 5G 网络，我们就能轻而易举地享受智能家居。这类与物联网结合的消费类应用，在 5G 时代将真正走上风口。

另外，还有车联网。车联网是个大的概念，它不是无人驾驶，它意味着汽车更加智能。由于安全性的问题，无人驾驶会先在封闭式园区进行，它还不会那么快地进入我们的生活。

但是有了 5G，汽车会更智能、更有效地辅助人类驾驶。当没电、没油时，汽车会自动去找充电桩和加油站，到了目的地后可以全员下车，汽车会自动找停车位泊车。

通信技术创新源于社会和外部的特性，各行各业都将成为 5G 发展的推手。这是一个难得的风口，它对所有社会成员和企业来说都是一次重大的创新机遇。

5G 有一高、两低、三大的特征。一高指高可靠性，两低指低功耗、低时延，三大指大容量、大覆盖、大连接。在这种技术普遍应用的前提下，我们将会看到越来越多的跟生活工作相关的场景被连接到 5G 上，从而改变生活质量，提高工作效率。5G 将开启万物互联时代。它将带动边缘计算、增强现实等一系列技术的发展。

同时，5G 赋能区块链、人工智能、大数据等技术，从而实现技术应用的进一步深度融合。5G 的本质是一种连接技术，它不仅连接人和人、人和计算机、人和物、机器和物，还要连接各种各样的应用。这种连接是一种赋能的技术，它使得更多信息化应用或解决方案能够找到应用场景。

苹果手机问世之后，手机业曾经的龙头企业诺基亚很快被拉下了神坛。诺基亚公司总裁在一次论坛上伤感地说，"我们什么都没有做错，但是不知道为什么，我们输了"。我认为诺基亚输就输在趋势上，趋势是大于优势的，这就是为什么孙正义曾说，投资企业不如投资趋势。趋势就是科技引领的创新方向，目前的趋势就是 5G 让未来已来！

杨培芳

从互联网到区块链——协同互利新经济机理正在形成

杨培芳，信息社会 50 人论坛理事，中国信息经济学会前理事长、教授级高工，曾任国家信息技术政策起草组成员、国家 S-863 高技术发展规划核心组成员。

计划经济是建立在利他伦理基础上的经济，市场经济是建立在利己伦理基础上的经济，协同经济是建立在互利伦理基础上的经济。

两百多年前，亚当·斯密提出一个奇妙的悖论，就是每个人都为自己的私利参与生产和交换，市场就像上帝的一只看不见的手，不知不觉地增进了社会整体福利，即"个人为个人，上帝为大家"。

长期以来，亚当·斯密的继任者们一直想证明经济个人主义的合规性，甚至认为，只有利己之心，方能结出利他之果；否则，就会"用抵达天堂的愿望铺设一条通向地狱之路"。但是，进入新经济时代，许多学者发现，利己之心根本结不出利他之果。皮凯蒂的《21 世纪资本论》揭示了近 30 年来欧美国家贫富加速分化的事实。更有人发现，在工业经济领域，由于资源和污染问题，"帕累托效率只具有奇迹般的偶然性"。

笔者研究认为，以"理性经济人"为假设前提的传统理论基石已经动摇，因而有人提出了"关联社会人"的概念。同时，笔者认为，个体还原论思维也许只在机器生产力时代有效，并不适应以互联网为标志的信息生产力（简称网信生产力）时代。然而有不少人却走向了另一个极端，认为互联网将召回集中计划经济，甚至认为所有企业只要回归国家集中垄断，就会很快实现共产主义。

20 世纪 70 年代，英国学者斯蒂芬·博丁顿就在《计算机与社会主义》一书中提出，计算机和数字技术很可能与私有制的市场经济不相容，并且系统提出基于计算机的新计划经济概念。后来国内外经常有学者提出用计算机互联网"召回计划经济"的主张。

主张用计算机互联网召回计划经济和坚持经济个人主义的人一样，根本不了解互联网的时代精神，更不了解区块链的实质。如果说耕牛生产力的时代精神是权力一统，机器生产力的时代精神是资本竞争，那么，网信生产力的时代精神则是社会协同。而互联网向区块链的演化，正在促使协同互利新经济伦理的形成。

互联网是以光纤骨干传输网为基础，以多种无线、有线通信技术为接入手段，以由几位放弃知识产权的发明人编写的 TCP/IP 协议为交换方式的信息网络。与传统的电报电话网相比，它采用了更简便的"数据包交换"技术，可完成更多的网络交易和监测与控制功能。但是，互联网最大的问题就是增强型马太效应会快速形成信息霸权和市场垄断，容易引发严重的社会诚信危机。

而区块链是超越互联网协议的一种更加开源的新型算法，它由一群密码专家为了比特币在网上进行的切磋逐步演化而成，因而找不到确切的发明人。现在的区块链已经超越了比特币应用，深入到了互联网的基础架构，在分布式数据存储基础上形成了一种共识机制。所谓共识机制就是不同节点之间通过大数据积累分析建立起来的相互信任关系和公平获益权利。

区块链的核心优势是不再需要第三方信用评估和中心管控机构，仅通过加密算法和时间戳等技术手段就可在分布式网络中直接建立协同互利关系，从而规避了中心化机构普遍存在的信息安全、评估效率和风控成本等方面的问题。如果说互联网时代还需要中立机构作为第三只手参与社会治理，那么在区块链成熟的时代，信息通信网络本身就是继市场这只"看不见的手"、政府那只"看得见的手"

之后的社会协同之手。

当然，对于区块链彻底解决社会诚信问题，学界仍有不少争议，也许还需要进一步完善算法和建立新型规则，但可以肯定的是，区块链的互组织效能，至少比互联网提升了一个维度。

有人这样描述区块链的愿景：你无须信任任何陌生人就可放心与之进行交易；你无须信任金融机构就可安心地把积蓄存在那儿；你也不需要信任政府，因为你知道它不得不公平和公正。那结果会怎样？结果就是可以快速实现多元演化博弈的"一还一报"均衡结果，促使人类更快实现公平的信息社会。

美国学者埃克斯罗德把人与人的交往分成 64 种取向，在每种取向之间进行 1 对 63 的循环博弈。结果是无条件善意对待他人的参与者首先被淘汰；每次都要占他人便宜的参与者也很快被淘汰；循环博弈到中期之后，有一种参与者得分最高，就是靠阴谋诡计坑害他人的参与者，但是持续一千轮之后，持这种取向的人也被淘汰；最后剩下的是始终持"一还一报，平等交易"取向的参与者。可是，这个模型有个致命问题，就是需要上千次重复博弈才能实现平等交易。现实社会不可能有这样的机会，骗子每天都在骗不同的人，陌生人不可能有上千次交易机会，因此这个模型根本不能收敛。有了互联网信息透明和区块链诚信记录之后，陌生人之间打一次交道就相当于打了一千次交道，这样的博弈不再需要循环上千次，很快就可以收敛。

开放系统从无序到有序的发展有两条途径，一条是力学途径，比如万有引力使天体做有序运动，磁场使磁性分子做有序排列，这些都是在力学作用下被组织的有序状态；另一条是靠信息途径使生命系统进入自适应、互组织的有序状态。事实上，被组织化只适用于单一目标的符合机械决定论的全结构化系统，不适用于日益多样化的非结构化的网络。因为对于超出人脑的复杂系统，起主要维系作用的不是能量而是信息。在一定的信息环境中，各社会单元和经济主体不断地进行互组织，这样才能达到复杂网络结构的次优状态。

互联网的开放共享、协同普惠精神本来可以为大众提供公平的创业机会和话语权，从而大大降低人们参与社会活动的门槛。然而，传统体制仍然坚守着高门槛、集中式的工业管理方法，致使许多政策只有利于强者，不利于广大群众。

我国现有的信息法律散见于不同的部门法规中，各法规之间缺乏必要的关联、映射和支持，已不能适应日新月异的信息技术进步和社会多样化、复杂化的时代要求。

现在，无论你赞成哪个学派的理论，必须承认一个事实，就是网信生产力正在造成官僚支配和自由竞争这两种经济模式的失灵。一是信息网络的去中心化打破了许多领域的行政垄断，结果又形成了更严重的平台垄断，破坏了市场竞争的有效性；二是嫌贫爱富的传统经济伦理更容易扩大数字鸿沟和城乡差别；三是经济外部性，包括网络效能的正外部性和环境恶化的负外部性凸显；四是公共物品和公共服务扩张，公地悲剧和科斯的产权理论已经站不住脚；五是信息共享与物质产品独占这两种经济模式冲突。

近年来，许多学者开始反思经济学是否应该重写。经济学家布坎南认为"现代经济学已经迷失了救世的激情和公平的梦想"。斯蒂格利茨认为"凯恩斯主义和达尔文主义都难以挽回市场的长期活力，人类需要一种介于两者之间的经济哲学"。张五常则提出，亚当·斯密并不认为人的本性就是自私，他是指，面对当时强大的封建主势力，不提倡自私不行，不自私新资本势力就发展不起来，但这后来被道金斯引申成"人的本性就是自私"。

厉以宁教授多次谈到，古典经济学一开始就提出过一个叫作理性经济人的假设，即人们都是以最大的利润、最小的成本来进行判断的，但实际上古典派的时间是工业化的初期，现在的观点已经开始改变了，叫作社会人假设，意思是说，人不一定全按理性人的方式来做，比如企业内有矛盾，企业内有互相竞争，根据理性经济人假设，人最后一定是拼搏到底、两败俱伤的。而根据社会人假设，人是社会人，人是现实的人，人应该考虑"协商、和解、双赢"。张曙光教授则通过分析互联网新经济问题，提出要用"互利经济人"代替理性经济人。

不论学者现在如何重视经济理念的作用，都必须承认生产力决定生产关系。

因为手推磨产生的是以封建主为首的社会，蒸汽磨产生的是以工业资本家为首的社会。而互联网磨将产生一个以知识中产者为首的新型社会，最重要的机理是互联网和区块链正在成为"除了由社会直接管理，不适合于其他任何管理的生产力"。农业时代的劳动者使用耕牛镰刀生产，工业时代的劳动者使用动力机器生产，信息时代的劳动者将使用 5G 信息网络操纵动力和机器系统生产。工具复杂化、分工多元化、关系扁平化，已经成为人类社会演化不可抗拒的自然规律。

分析不同经济时代的生产要素可得，农业经济的主要资源是土地，生产成本与产量在一定技术水平阶段呈线性比例关系，收益率基本不变；工业经济的主要资源是钢铁、石油和稀有金属，成本曲线是递增的，收益曲线是下降的，收益率呈递减规律；信息经济的主要资源是芯片、光纤和知识，由于摩尔定律、吉尔德定律和梅特卡夫定律交替作用，成本曲线递减，收益曲线上扬，收益率呈递增规律。这就形成了前所未有的协同互利、正和博弈的新经济伦理基础。

农业时代的经济伦理是群族理性，也就是封建主利益最大化。工业时代每个人都想让自己发财，让别人倒霉，这就是个人理性，必然造成少数人垄断社会财富。信息时代的经济伦理必然是公共理性，这样才能实现以知识中产者为首的信息社会。这个时代的经济实体，将更自觉地奉行协同互利的社会化企业策略，而不以营利为主要目的的新社会化企业正是协同互利经济模式的落地形式。

我们许多人的身体已经进入信息时代，脑袋还停留在工业甚至农业时代。如果说整体论哲学适应了耕牛生产力时代，原子论哲学适应了机器生产力时代，那么进入网信生产力时代，建立在协同论哲学基础上的新经济伦理将应运而生。而扬弃国家主义，超越个人主义，弘扬互利主义，也许就是今后几代新经济学人的艰巨任务。

参 考 文 献

[1] [美]乔治·吉尔德. 知识与权力[M]. 蒋宗强，译. 北京：中信出版社，2015.

[2] 李扬. 全部经济学因为互联网都要重写[EB/OL]. http://www.aisixiang.com/data/105078-2.html,2017-07-13.

[3] 张五常. 经济学为何失败？[EB/OL]. http://new.qq.com/cmsn/20160425/20160425012938，2016-04-25.

[4] [德]马克思，恩格斯. 马克思恩格斯选集（第一卷）[M]. 中共中央编译局，译. 北京：人民出版社，1972.

[5] [英]斯蒂芬·伯丁顿. 计算机与社会主义[M]. 杨孝敏，等，译. 北京：华夏出版社，1989.

[6] [美]杰米里·里夫金. 零边际成本社会[M]. 赛迪研究院专家组，译. 北京：中信出版社，2014.

段永朝
人工智能思想渊源初论

段永朝，信息社会 50 人论坛执行主席、北京苇草智酷科技文化公司创始合伙人、北京大学新闻与传播学院兼职专硕导师、杭州师范大学阿里巴巴商学院特聘教授。

2016 年，谷歌公司的智能围棋程序阿尔法狗（AlphaGO）打败韩国顶尖棋手李世石，这给国际社会做了一次人工智能的科普，社会上掀起了一股人工智能旋风。随即，接二连三的顶尖高手败给阿尔法狗，再次让人工智能成为现实世界中的热议话题。它所引发的震撼，同 1997 年俄罗斯国际象棋大师卡斯帕罗夫（Garry Kasparov）与 IBM 的电脑"深蓝"（Deep Blue）交锋的人机大战引发的震撼相当。

从技术发展史的角度看，这一次人工智能的复兴，可以看作 1956 年出现"人工智能"（AI）这个术语之后，历经推理演算与机器定理证明、专家系统与知识工程之后的第三次高潮。对于这一高潮，技术界公认可以从 2006 年加拿大多伦多大学教授杰弗里·辛顿（Geoffrey Hinton）发表关于深度学习的开创性论文《深度置信网的快速学习方法》（*A Fast Learning Algorithm for Deep Belief nets*）算起。

然而，从技术思想的演变脉络看，人工智能的第三次复兴与前两次高潮相比有什么不同呢？西方的人工智能思想的源泉到底是什么呢？在大家思考与讨论人工智能的深层问题的同时，还有哪些更加基本的问题值得一并探讨呢？这些问题对于理解人工智能的根本问题及未来趋势，具有十分重要的意义。

一、超越两分法

现在，人工智能成了一个老少皆宜的话题。这一现象正说明计算机与互联网所带来的数字世界，业已深度"植入"日常生活。大家关注人工智能，并非仅仅是好奇、赞叹和仰慕，更多的是感受到了人工智能日盛一日、咄咄逼人的气势。过去一段时间以来，笔者所参加过的所有涉及人工智能的研讨会或论坛，最后都会聚焦到一个问题，即对于人工智能，是持悲观态度还是乐观态度，这似乎是讨论人工智能的一个天花板效应。其原因如下。

第一，今天的人工智能给人们带来了一种侵入感。十年前，美国杜克大学神经生理学教授尼克莱利斯（Miguel Nicolelis）就实现了通过在大脑植入电极捕捉脑神经元信号，开发所谓的"脑机接口"，实现"意念传递"和意念控制[1]。美国华盛顿大学的实验披露，两个完全处于不同实验室、彼此隔离的实验者，可以通过"电子头套"实现"脑波互传"。据英国《独立报》披露，瑞典有超过 4000 人通过将芯片植入皮下成为"电子赛博格"[2]。还有报道称，制药公司已开发出包含"智能技术"的智能药丸，可以从人体内向外发送体内生化反应的相关数据。

今天的人工智能已经远不是此前人们通过大众媒介和日常生活了解到的机械、电子、自动装置，今天的机器人具有深度"嵌入""植入"人体的种种可能。这一点在引发人们无限遐想的同时，也触动了人们敏感的神经。人们所忧虑的是飞速变化的技术背后那只"看不见的手"的力量，是无孔不入的隐私窥探、"数据裸奔"和精神压迫，以及无处可逃的被奴役、被剥夺的感觉。

第二，十年前流行的"量化自我运动"，通过发明可穿戴计算装置、谷歌眼镜等，从技术上实现了人体运动和生理数据的 24 小时实时采集。加之自 1993 年互联网面向社会公众开放之后，沉积在互联网上难以计数的人类活动所遗留下来的网络足迹、浏览记录、交易记录、位置信息、账单信息，以及丰富的音视频信息

---

[1] [美]米格尔·尼克莱利斯. 脑机穿越：脑机接口改变人类未来[M]. 黄珏苹，郑悠然，译. 杭州：浙江人民出版社，2015.

[2] 参见 https://www.independent.co.uk/life-style/gadgets-and-tech/news/sweden-cyborg-rfid-chips-biohackers-biohax-a8601601.html。

等，通过大数据算法和人工智能算法、仿真与模拟技术，使得人们构建对应实体世界的数字化身成为新的可能。

人们在互联网上的点点滴滴，已经数字化为包裹地球的"数字大气层"，成为人们的幻影、化身，乃至生命网络的一部分。人们所担心的是当这些纠缠、融入、裹挟人们自身的数据碎片，再次通过算法推演、大数据挖掘成为反哺人类的生存物料的时候，人类是否知情、能否知情，以及是否有选择、取舍、拒绝、遗忘等的权力。

基于以上两点来看，所有参与讨论人工智能的研究者，如果最终止步于只能在悲观和乐观中选择一个立场的话，实际上已经在这一次人工智能崛起的浪潮中，不幸沦为"后手"，已经丧失了在事情未发生之前就参与到议程设置中的可能性。他们只是看客，只是受众，只是消费者，只是被实验者。他们只能选择自己的立场和风险偏好，将对人工智能的总体看法归结为乐观主义或悲观主义，然后就身不由己地被迫卷入这场别无选择的"游戏"之中。

因此，今天讨论人工智能的思想来源，就必须增加一个新的维度：不能只梳理和看待人工智能研究者的心路历程，也必须将出现的这种研究冲动纳入更大的历史文化视野之中。任何研究者都不是孤立的存在，研究者的研究成果也不仅仅属于研究者本人。这个世界没有旁观者，所有的人都是参与者。只是在信息时代之前，参与者并不知晓自己的参与方式罢了。换言之，按照今天人工智能的发展特征和整体样貌，区分研究者、使用者和生产者、消费者的二元结构是徒劳的。

两分法的二元结构，并不能让人们更方便地做出对技术伦理的某种公正评判。技术伦理问题不再是"后置"或"前置"的选项，而是"并置"的问题。对于硅谷那些夜以继日的工程师们来说，当他们沉醉在代码世界的时候，他们当然认为这并无不妥。他们认为这样可行，是因为西方自古希腊以来的"逻各斯"（Logos）传统。经历长达 2000 年的演变，古希腊先哲们确立的柏拉图理念论和亚里士多德实在论，在文艺复兴之后结出了体系化的硕果。以至于德国数学家莱布尼茨（Gottfried Wilhelm Leibniz）就气定神闲地讲过：以后的哲学家都不需要争吵了，如果有冲突，那么就拿起纸和笔，"来，让我们计算吧"。英国哲学家霍布斯（Thomas Hobbes）认为，推理就是计算。在这样的思想传统下，一百年前的英国哲学家、数学家罗素（Bertrand Arthur William Russell）和德国数学家希尔伯特（David Hilbert）纷纷提出雄心勃勃的计划，即要把数学王国的知识谱系建立在扎扎实实的逻辑演算，或者形式化体系的基础上。

了解这段历史的人都知道，希尔伯特和罗素的思想纲领所引发的第三次数学危机，在 1932 年奥地利数学家哥德尔（Kurt Gödel）之后无疾而终。人们只是知道，这样包罗万象、雄心勃勃的计划不可能实现。其实，这也是自 1956 年出现人工智能之后，前两次人工智能高潮之所以衰落的思想根源所在。

二、超越还原论

互联网、人工智能带来的认知重启，最终会在哲学层面表现出来。如果不深究人工智能背后的"图谋"，很容易在人工智能的狂潮中迷失方向。

人工智能贯穿的思想渊源是什么？要知道，人工智能、机器人并非东方文化的传统，人工智能是西方的传统、西方的语境。美国女作家麦科达克（Pamela McCorduck）曾在 1979 年出版的一本书的前言中写道，"这是遍布于西方知识分子的观点，是一个急需被实现的梦想"[1]。这是一种荣格（Carl Gustav Jung）意义上的"原型思想"。

古希腊的"皮格马利翁效应"（Pygmalion Effect）说的就是这个意思。皮格马利翁是塞浦路斯的国王，不近女色。但他又是一个雕刻家，他雕刻一个女人，然后爱上了这个女人，这感动了上帝，上帝就给这个雕像以灵魂，最后让雕像和国王结成夫妻。这种情结，展现了赋予无生命的东西以生命的思想。

文艺复兴以后，理性精神高扬，很多思想家探究万物背后的"至理"，比如，斯宾诺莎[2]（Baruch de Spinoza）的伦理学，就是仿照欧几里得的《几何原本》写

---

[1] Pamela McCorduck. Machines Who Think: A Personal Inquiry into the History and Prospects of Artificial Intelligence[M]. A K Peters, Ltd, Natick, Massachusetts, 1979.

[2] 17 世纪荷兰著名的唯物主义哲学家。斯宾诺莎之所以是笛卡尔所创导的大陆理性派的主要代表之一，显著的表现就在于他在方法论上竭力主张用"几何学的方法"，即理性的演绎法，在认识论上强调理性认识而贬低感性认识。参见朱庭光主编的《外国历史名人传·现代部分》（上册，中国社会科学出版社 1984 年版，第 105～111 页）。

的。这些思想家内心深处有一个原型，就是认定存在少数几个不言而喻的公理，整个世界可以通过"逻各斯"方法演绎出来。只要找到这样一种思想体系，就能从根本上把握整个世界的运转。法国数学家拉普拉斯（Pierre-Simon Marquis de Laplace）就曾说过这样的话，给我初始条件，我将（通过微分方程）推演出整个世界。

麦卡锡（John McCarthy）、纽厄尔（Allen Newell）、西蒙（Herbert Alexander Simon）是人工智能的先驱，这一行列还包括控制论的创始人维纳（Norbert Wiener）、信息论的创始人香农（Claude Elwood Shannon）、神经生理学家皮茨（Walter Pitts）和麦卡洛克（Warren McCulloch）。1956年肇始的人工智能就建构在这样的信念之上：可以将人的智能、人的思维还原成符号演算过程，还原成机器语言，并通过机械、电子元器件制造出可以与人的大脑相媲美的智能机器。事实证明，这一信念在人工智能半个多世纪的发展中，日渐显露出在哲学意义上的困顿。

人工智能背后所蕴含的"图谋"或者说雄心，其实就是今天"言必称希腊"所指的世界本源。雅斯贝尔斯（Karl Theodor Jasper）所说的"轴心时代"，是指人类几大文明在2500年前一个狭小的时间窗口期内，奔涌出丰富多彩的文化溪流，转而汇聚成基督教文明、伊斯兰文明、儒家文明、佛教文明的文明长河。

这个文明长河的一个特征就是追溯、探寻所谓的"终极意义"。终极叙事的传统绵延流长，工业文明的终极叙事只不过是"大写的人""理性的人""进步主义"，等等。人类今天的文明冲动，依然不能摆脱追本溯源的理念，不能摆脱"一揽子建构宏大体系"的欲望。还原论、本质主义、总体性、两分法等，总是让人们相信有至高无上的神在那里，这个神在自然科学里面就是牛顿或爱因斯坦所信奉的那个神。人们相信，最后总可以把"那个东西"手拿把攥地掌握在手中。"那个东西"是什么呢？是本源、本质、真理等，不一而足。

也正因如此，自1956年创立人工智能以来的种种努力，都在致力于打造能够替代人的"通用问题求解系统"，都希望能把机器智能建立在对人的智能的模仿上。换言之，对人的假设依然是法国学者拉美特里（J.O. de Lamettrie）在1747年出版的《人是机器》一书中的观点，即"人是一架机器，在整个宇宙里只存在一个实体，只是它的形式有各种变化"[①]。

三、重新理解"人"

2016 年是人工智能这一学科诞生的 60 周年。60 年间，人工智能有过三次高潮，又两度低落。前两次的人工智能高潮，无论是电脑下棋，还是专家系统、神经网络计算，都基于"造出与人脑相媲美的机器"的假设展开进一步的研究和探索，但最终都无疾而终。第三次人工智能高潮有何不同？通过阿尔法狗可以知道，这一次与此前的最大不同就在于，这一次的人工智能技术基于深度学习和知识网络，而此前的人工智能技术基于机械的还原论。

但是这一次人工智能会不会受挫？按照强人工智能和弱人工智能的分类法来说，强人工智能指人工智能可以像人一样思考，像人一样行动；弱人工智能指模仿人的智能展开理性思考、推理，以及理性行动的系统。弱人工智能也许有可能成功，其只不过是把机器人当成工具，认为人最终还是需要掌控世界的。

第三次人工智能的复兴依然面临挑战，原因在于：迄今为止，人工智能的理论基础丝毫没有发生变化，依然是"心智计算理论"（Computational Theory of Mind，CTM）[②]。基于心智计算理论的分析模型依然是基于还原论、符号表征和数值计算的。当然，这并不是说这一次的人工智能不会有什么令人称奇的成果，而是说它终究走不远，终究需要在数学理论上有重大的突破。

简单地说，人们今天使用的数学是基于分析数学的，是基于牛顿、莱布尼兹的数学分析传统的。基于 0、1 计算的数学，在表达更多的内容（如包容悖论）方面，依然是力不从心的。笔者斗胆地认为，自 1931 年哥德尔（Kurt Friedrich Gödel）

---

① [法]拉美特里. 人是机器[M]. 顾寿观，译. 北京：商务印书馆，1996.
② 机器会思考吗？心智本身可以是一个思考机器吗？计算机领域的大跨步使得人们预测心智本身就是一个类计算系统，我们称之为心智计算理论，这个概念在 19 世纪六七十年代的认知科学领域起着很重要的作用。参见 https://plato.stanford.edu/entries/computational-mind/。

发表"不完备定理"[①]（Incompleteness Theorem）以后，数学没有任何重大进展，数学思想已经固化。一百多年来，数学界依然在希尔伯特划定的 23 个伟大的问题的圈子里修修补补。今天的人工智能技术依然建构在分析数学、数理逻辑的基础上，它是一个逻辑演算体系。

西方数学的思想渊源在于：数学有两大分支，第一大分支是几何学，第二大分支是代数学，古希腊早期的数学是几何学传统。但是，很多人不知道毕达哥拉斯[②]传统其实与几何学的关系更近一些。几何学是关于测量的，代数学是关于计算的，代数学是阿拉伯传统，源于贸易。但东方的数学，如《周易》中数、象、意所表达的空间不是单一维度的，数为形而下的表征工具，象为隐喻，意则为内嵌的启示。这三个词属于不同的层级。但在东方文化中，将不同层级的信息联系起来，观察它们彼此依存、此消彼长的生发变化，是一种完全不同于西方数学传统的数学知识。只不过，用西方数学的符号体系，尚不能表达这种意蕴。退一步而言，勉强使用西方数学符号表达的东方思想，总会降低其意指空间，会导致思想的降维。

事实上，西方的系统科学业已发现，复杂系统的层级理论是目前最为复杂的理论。目前学科专门化后，对于从上层解构到下层解构的拆解，西方的学术界做得很好，但对于从下层解构向上层解构的"生发""涌现"，依然缺乏强有力的表达路径。

虽然东方话语体系中的"金木水火土相生相克"，尚不能与西方话语体系中的"还原""符号""计算"进行良好转换，但至少问题是提出来了，数学思想期待东西方文化共同深入对话。数学在东方语境下已经变成隐喻，也就是"积极的能指"。但如何跨越符号的鸿沟，获得与"所指"之间的联系和解释，是东西方文明需要

---

① "不完备定理"是指，如果自然数形式的算术系统，或者任何一个足够充足的，也就是包含基本算术运算（加法与乘法）的形式数学系统，是无矛盾的（协调的），那么，这个系统是不完备的。即算术或包含算术的系统的无矛盾性，都不能用在同一系统内部所建立的逻辑工具来证明。参见沈以淡主编的《简明数学词典》（北京理工大学出版社 2003 年版，第 30～31 页）。

② 古希腊哲学家、南意大利学派的创始人。他认为，"数"是万物的始基，万物都由数产生。"数"先于自然中的一切其他事物，是它们的范型。参见孙鼎国、王杰主编的《西方思想 3000 年·上》（九洲图书出版社 1998 年版，第 76～77 页）。

共同面对的一个大问题。

近几年，西方数学界也在反思这一问题，希尔伯特的代数优先传统是否会被几何传统重新超越，这是遗留给 21 世纪的数学家的一个重大问题①。笔者认为，数学家阿贝尔（Niels Henrik Abel）和伽罗华（Évariste Galois）的群论②，以及后来的范畴论③，应当是非常有前景的领域。因为群论、范畴论突破了数学的"计算功能"，聚焦于"数学概念的生成"。今天的数学没有办法表达中国传统文化中的"相生相克"是个重大缺憾。如今，人工智能的心智计算理论依然基于柏拉图、亚里士多德、牛顿的思想体系，其只是想把认知转化成计算，这是一个重大问题。

上海大学数学系史定华教授曾谈到，真正的大数据是有生命的，是"活"的。史定华教授研究"血谱"十余年，他认为，充满在血液中的基因，是典型的、流动的大数据④。关于大数据的话题，近五年来，笔者与史教授有过多次的交流，我们一致认为，大数据是有生命的，是生命本身，不是基于测量的。基于测量的大数据是死的，真正的大数据是活的，是有生命的。

这么说的理由有以下三点。第一，数据采集蕴含着"对象化""客体化"的方法论。任何一次具体的数据采集所获得的结果，都只是对所谓对象的一次有限的"摹写"。真实、自在的"对象"自在生长，变动不居，永远"隐藏"在"面纱"之后。法国哲学家阿多（Pierre Hadot）教授在《伊西斯的面纱》一书中引用古希腊赫拉克利特（Heraclitus）的箴言"自然爱隐藏"，对此有详尽的分析，不复赘述。

第二，在西方自然观念的演化史中，通过"征服"接近自然，"掀开伊西斯的面纱"具有观念上的正当性和合法性。对于这一点，阿多教授称之为"普罗米修

① 迈克尔·阿蒂亚. 20 世纪的数学[J]. 白承铭，译. 数学译林，2002（2）.
② 代数学的一个分支，系统研究群的性质和应用的学科。群的概念最初以运算和变换等概念为基础，到 19 世纪才正式出现。伽罗华提出了"置换群"的概念，从而解决了高次代数方程用根式解的可能性的判断问题，此后群论获得了巨大发展，成为近现代数学最先发展的一个部分。参见袁世全、冯涛主编的《中国百科大辞典》（华厦出版社 1990 年版，第 837 页）。
③ 代数学的一个重要分支。数学的各个领域都有各自的研究对象，例如，群论研究群与群同态。在 20 世纪中期，数学家们认为有必要将各个领域中的研究对象合在一起，使之成为一个整体，成为一种数学系统，这就是范畴思想。
④ 史定华. 重构家族血缘树[J]. 现代物理知识，2015（3）：4-10.

斯的胜利"。也就是说，古希腊传统的自然观全然接受这种通过"切割""计数""研磨""提纯""度量"等方法找到通往普世真理的道路。这些方法在文艺复兴、启蒙运动之后渐渐成为近现代科学方法中的本质主义、还原论、可分离原则的思想内核。这一致力于还原论信仰的内核，天然是抗拒"整体"的。

第三，近一个多世纪以来，在对生物学、生命科学的深入研究中，不乏传统还原论方法所结出的硕果，这表明了从整体上认知生命、认知世界的重要性。这一系列研究包括：生命是演化的（达尔文）；生物体具有社会属性（生物社会学创始人威尔逊）；生物基因与文化基因（meme）之间有双向塑形作用（道金斯、威尔逊）；人类大脑与爬行动物、哺乳动物，特别是灵长类哺乳动物之间共享相似的脑结构（麦克利恩）；灵长类哺乳动物大脑中存在能产生共情作用的"镜像神经元"（拉玛钱德朗）。这些研究成果越来越多地与东方古代的"天人合一"的智慧相汇合，越来越多地指向一种对生命的"新"的认知：生命与外在环境具有不可分割的整体性。这里之所以把"新"字加一个引号，是想特别强调这种"万物互联"的生存状态其实并不是全新的，更不是技术专家、商人所许诺的所谓"美好未来"，而是被技术革命"中断了的"生命的本真状态。在四海为家、四处迁徙、天崩地裂的状况下，"万物互联"才是生命的本真态。这种你中有我、我中有你、相互依存、共生演化的状态，本来就是万物互联的"活"的世界。

从马林诺夫斯基（Bronislaw Kaspar Malinowski）、列维－施特劳斯（Claude Levi-Strauss）所做的人类学田野研究看，他们发现在太平洋南部的岛国、在非洲或拉美的一些地区，一种蘑菇会有三四百种名称。如今都有名词类别，比如芭蕉、香蕉、蘑菇、西瓜，人们都用一个抽象名词概括一个类别。但是对于原始部落来说，没有抽象名词，称谓是非常具象的。早上八点的蘑菇是一种发音方法、一种名称，中午 12 点的蘑菇又是另一种名称；幼年期的蘑菇是一种名称，长成后的蘑菇又是另一种名称。所以可以猜想，那时候人与自然是万物互联的，人与自然之间是心心相印、息息相关、生生不息的关系。所以，游牧时代的心智结构，或者说游牧之前（采摘狩猎时代）的心智结构，本来就是万物互联的。

从以上三点来看，今天的数据科学家、智能科学家在很大程度上依然迷恋传统的还原论、两分法。在此，笔者想强调的并不是还原论、两分法的对与错，而是要有所超越。认知科学不应该只基于测量及基于心智计算理论的假设。

要深刻地理解什么是人的智能，首先要理解什么是人。哲学上的概念是主体、本体。互联网、人工智能研究者要学习海德格尔[①]（Martin Heidegger）的哲学，学习现象学和符号学；同时，也要超越现象学和符号学。因为人不只是孤立的存在，也是"在世存在"，更是"天人合一"。人与外界的关联须臾不可分。人已不再是可以抽离出其肉身的抽象的本体。具身性智能（Embodiment Intelligent）[②]是一个非常好的研究视角。

四、具身性：人工智能的身体转向

身体转向是非常重大的哲学的转向，要特别关注这个转向的意义和价值。对身体的唤醒，是从尼采开始的。尼采诘问：为什么要发明一种沉思冥想的生活？沉思冥想其实就是灵魂出窍，如果"灵"都不在了，那人在思什么，在焦虑什么？一个灵魂出窍的躯体，当他具备强大的思考能力的时候，他思考的是什么？尼采提出的这些问题是后世结构主义、存在主义、后现代学者思考的一个核心问题。尼采重新发现了身体，重新发现身体意味着必须对"存在"重新思考。

"身体"在这里不是一个简单的生活术语，也不是医学名词，而是哲学术语。还有什么比身体更具体、更鲜活的思考对象吗？它充满欲望，有温度，有激情，每天都充满着生长和死亡的双重旋律。梅洛-庞蒂（Maurice Merleau-Ponty）所称的"肉身"，就是这个针扎一下会流血、会抽搐的肉体所构成的、有灵性的躯体。身体不只是物质性的，也是精神性的。物质的"肉身"和精神的"灵魂"在身体中共生。这里爆发着的、流淌着的每个词语、行为，都不是单一物质、精神两分法可以言说和解读的。传统的知识对身体是回避和忽视的。福柯（Michel Foucault）

---

① 德国著名哲学家，存在主义最著名的代表之一。海德格尔哲学本体论的基本问题是"存在"（Sein）的问题，而"存在"是不能用理性做出界说的。人的自我的思维的存在是真正的存在，是万物存在的基础和前提，自我总是作为"在世之在"而存在于世界，世界的万物都是自我的存在的结果，这种基于"自我"的存在主义本体论，是一种"有根"的本体论。参见程志民、江怡主编的《当代西方哲学新词典》（吉林人民出版社2004年版，第82页）。

② 叶浩生. 具身认知：认知心理学的新取向[J]. 心理科学进展，2010（5）：705-710.

对身体的解读值得深思，需要认真分析对身体的"治理术"是如何演变的。现代性是如何关注人的？从执迷生死予夺到安排生活秩序，从控制无名个体到管理、分化人，从否定性压制身体到肯定性劝导身体，现代人很容易假设身体是白板，是信号接收系统，始终在等待被超出其控制的社会力量重构。这样的"身体观"，也就是德勒兹（Gilles Louis Rene Deleuze）所说的"无器官的身体"。

梅洛-庞蒂指出，身体是社会建构中的多维中介，社会结构是"涌现"出来的，"探索身体与社会之间的关系，就是在处理具有重要因果意义的突生性现象"[1]。在互联网环境下，身体的实在性变得越来越不确定。比如"赛伯格"（Cyborg）[2]的概念，其将人与机器、人与虚拟空间的共生关系看作未来重新定义个体的基本假设。新的人机共同体将解构传统生物学、社会学意义上"人"的概念。人的边界被打开，他和她不再闭锁在具象的躯体之内，而是延展、遗撒在整个互联网上，不但作为原子存在，而且作为比特存在，作为超链接存在。不确定的身体并不意味着身体本身趋于消解，而是意味着传统的、基于肉身本体的人的主体将会重新构建。重新发现身体，以及身体在社会建构中的中介作用，是理解第三次人工智能发展的重要问题。

"具身性"（Embodiment）是过去 20 年来在西方学界越来越受关注的一个词语。机器人技术、人工智能、虚拟现实技术正在掀起一股强大的科技旋风，但这次的人工智能与 60 年前大有不同，根本的区别就在于其对智能的假设发生了本质的变化。

当年的人工智能是一个雄心勃勃的计划，即未来十年人类能造出一个超越人的智能的机器，这一人工智能热潮很快就沉寂了。关于这一过程，可以参见《人

---

[1] 克里斯·希林. 文化、技术与社会中的身体[M]. 李康，译. 北京：北京大学出版社，2011：17.

[2] 1960 年，在美国航天医学空军学校进行合作研究的两位学者——Manfred E. Clynes 与 Nathan S. Klin，第一次把 Cyborg 这个概念引入人们的视野。最初这个概念的提出是为了解决未来人类在星际旅行中面临的问题。人类脆弱的肌体显然无法承受动辄上百光年的旅行，为了克服人类生理机能的不足，两位学者提出，可以向人类身体移植辅助的神经控制装置，增强人类适应外部空间的生存能力。Cyborg 这个词就是神经控制装置（Cybernetic Device）与有机体（Organism）的混写。Cyborg 是能够"自我调节的人机系统"（Self-regulating Man-machine System），它既拥有机械装置运作精确、寿命长久的特点，也具备人类的一切特质，比如感觉、感情及思维。

工科学：复杂性面面观》①一书。人工智能在 20 世纪 50 年代兴起又很快衰落，根本的原因在于人们的"梦想"错了，当时的人们试图确定性地构建人类智能的基本原理，并在此基础上运用电子技术、工程技术将这种智能复现出来。

产生这种战略误判的根源是什么？在传统的知识框架下，人对自然、对人类自身、对这个世界的基本假设存在固有的认知结构。这个认知结构的关键点就是"还原论"。发端于法国思想家笛卡尔②（René Descartes）的还原论认为，存在一个客观如实的物理世界，人可以最终透彻地了解这个世界的运行规律和内在构造，并运用人类智慧将这种内在的规律和构造表达、呈现出来。

在这种情况下，人的身体和人的智能是剥离的关系，人们只要掌握类似牛顿定律一样的方程式，就可以把智能完整地表达出来，这是一个致命的缺陷。认知科学的主张与此不同，具身性智能致力于"交互"这个核心概念，认为智能产生于、涌现于行为体与外部环境的交互，通过持续不断的交互，行为体对外部世界的认知逐步建立起来，进而与外部环境共同演化。

由此可见，具身性强调的是交互、感知和当下性、流动性。迄今为止，西方的科学语言尚不能令人信服地表征这一哲学。但在笔者看来，哲学的第三次转向，即身体转向，已经切切实实地浮现出来。

过去有离身性智能，而现在又有具身性智能，也就是说人类给机器赋予什么代码和指令不重要，人类能不能控制机器不重要，重要的是这个机器能不能跟外界交换信息，这个机器能不能感知环境的变化。所以，从具身性角度看，今天的人工智能是非常智能的，例如，无人驾驶机器人可以编队飞行，可以穿越障碍，可以进行非常灵巧的飞行。如果按照过去人工智能的那种操控一切、编码一切的思路，这种智能是完全实现不了的。所以，这次人工智能的革命是根本性的革命。

理解人工智能，需要把注意力集中到智能思维的转变这一点上来。传统的对

---

① [美]司马贺. 人工科学: 复杂性面面观[M]. 武夷山, 译. 上海: 上海科技教育出版社, 2004.
② 17 世纪法国哲学家、二元论者、近代唯理论哲学的创始人、唯心主义的唯理论的主要代表之一。主要著作有《方法谈》《形而上学的沉思》《哲学原理》等。参见孙鼎国主编的《西方文化百科》（吉林人民出版社 1991 年版，第 44～45 页）。

智能的理解是静态的、割裂的，是立足于还原论、两分法的。今天的第三次人工智能的哲学思想已经悄然地发生了改变，已经把交互、连接作为问题的焦点。这一变化的意义何在？简单而言就是过去的人工智能强调对个体的认知，今天的人工智能强调对关系和交互的认知，这符合互联网的内在特性。

多样化、迭代和共生演进是互联网的三个特性。无数个碎片化的个体相互连接、相互嵌套，处于一个无时无刻不在发生变化的互联网之中。个体之间随时随地发生的相互作用，不但交换着能量和物质，也交换着信息。在这种多样化的世界中，存在生命的迭代和演进，这种迭代和演进是共生的。这是新一代人工智能的启示。

大引擎 工业互联网

余晓晖

工业互联网的兴起与中国实践

余晓晖，中国信息通信研究院副院长、教授级高工，曾参加国家中长期科技发展规划、国家信息化发展战略、信息产业科技发展"十一五"规划、中国通信与通信服务业发展战略、电信强国发展战略、中国电信业创新与转型战略等研究工作及电信运营商企业发展规划。

一、数字化浪潮与工业互联网的兴起

1. 工业互联网的源起

过去十多年间，全球正兴起一场以新一代信息技术创新与融合应用为主要特征的数字化浪潮，移动互联、物联网、云计算、大数据、人工智能等技术深层次影响和变革着媒体、零售、金融、娱乐等行业，并开始向更多实体经济领域渗透。与之相伴的是，2008年金融危机后，全球主要工业化国家重新审视制造业对国家竞争力的核心作用，将发展制造业、重塑制造业竞争新优势上升至国家战略，并认识到新一代信息技术与制造业的深度结合是实现再工业化和重塑实体经济综合竞争优势的关键。如德国提出工业4.0计划，美国发展先进制造和工业互联网，日本推进"互联工业"计划等，虽然各国名词和阐述视角各异，但方向、目标及技术基础却是高度共识，均以制造业智能化为核心方向，力图通过新一代信息技术与制造业的融合，驱动制造业质量变革、效率变革与动力变革，实现信息技术红利向更广泛实体经济领域的释放，培育战略性新兴产业，构建数字时代的国家竞争优势，重塑全球经济版图。在这一背景下，工业互联网应运而生，成为全球发展的共同方向。

我国一直高度重视信息化与工业化的融合，将其作为一项长期性的战略部署。

随着互联网的普及发展，我国政府和产业界也较早开始思考互联网技术与工业体系的融合创新，并开展了一系列的理论与实践探索。2013 年，工业和信息化部发布的《信息化和工业化深度融合专项行动计划（2013—2018 年）》中提出了互联网与工业融合行动计划；2014 年，工业和信息化部启动了工业互联网相关的系统性研究工作；2015 年发布的《关于积极推进"互联网+"行动的指导意见》及 2016 年发布的《关于深化制造业与互联网融合发展的指导意见》《国家信息化发展战略纲要》等重要政策文件均明确将发展工业互联网作为重要任务之一；2017 年后，我国工业互联网发展全面提速，2017 年 11 月，国务院印发《关于深化"互联网+先进制造业"发展工业互联网的指导意见》，围绕顶层设计、项目试点、集群发展、生态构建等方面做了系统布局，从而使我国工业互联网发展从概念的普及阶段进入实践的生根阶段。

2. 工业互联网的概念和内涵

工业互联网通过人、机、物的全面互联，实现工业全要素、全产业链、全价值链的全面连接，并通过全面深度感知、泛在连接传输、实时智能分析、动态决策优化与精准反馈控制，实现制造业生产效率与产品质量提升，优化资源配置效率，不断创新生产模式与商业模式，推动形成新型工业生产制造和服务体系。因此，工业互联网是新一代信息技术与制造业深度融合的全新工业生态、关键基础设施和新型应用模式，是建设现代化经济体系、实现高质量发展和塑造全球产业竞争力的核心载体，是第四次工业革命的关键支撑。

从功能上，工业互联网可概括为网络、平台、安全三大体系，其中，网络是基础，是实现各类工业生产要素泛在深度互联的基础，包括网络互联体系、标识解析体系和信息互通体系，通过建设低延时、高可靠、广覆盖的工业互联网网络基础设施，能够实现数据在工业各个环节的无缝传递，支撑形成实时感知、协同交互、智能反馈的生产模式；平台是核心，是工业全要素连接的枢纽，下连设备，上连应用，通过海量数据汇聚、建模分析与应用开发，推动制造能力和工业知识的标准化、软件化、模块化与服务化，实现更广泛制造资源的连接与协同，支撑工业生产方式、商业模式创新和资源高效配置；安全是保障，可通过建立涵盖设备安全、控制安全、网络安全、应用安全、数据安全的工业互联网安全体系，有效识别和抵御各类安全威胁，化解多种安全风险，为工业智能化发展保驾护航。

二、工业互联网国际进展与我国实践

经过几年的探索和培育，国内外工业互联网发展均已从概念普及阶段进入全面应用推广阶段；美国、德国、日本及我国均发布了相应的技术参考架构，形成了工业互联网发展的技术顶层设计，在核心理念、发展方向和技术路线上形成广泛共识；国际标准化工作取得积极进展；工业互联网发展所需的产业生态、商业模式正逐步成型，先行企业的应用探索取得了明显进展，形成了一批可复制、可推广的最佳实践。

1. 国际工业互联网的进展

国际工业互联网最早由美国发起，以 2014 年美国工业互联网联盟（IIC）成立为契机，目前已扩展到主要工业化国家和新兴发展中大国，呈现以下特征：

（1）总体格局初步形成。由美国、德国两国引领，演化为美国、欧洲、日本、中国等多极阵营共进，受益于 GE、PTC、罗克韦尔、思科、IBM、微软、Intel 等诸多领军企业的带动，美国领跑者地位巩固，形成了领先的产业群体，并利用其硅谷优势培育了一批新兴企业。以德国、瑞士、法国为代表的欧洲影响力持续强化，西门子、博世、SAP、ABB、施耐德等工业巨头全面布局，日本、中国、印度等国也加快推进步伐，活跃度明显提升。

（2）融合创新驱动制造体系变革。一是时间敏感性网络、5G 等将打破工业网络封闭割据的局面，打通网络化改造最后 100 米，形成开放互通的工业网络体系；二是云计算、大数据、人工智能等技术将面向工业现场下沉到设备和工厂，形成边缘计算和边缘智能，融控制、通信、计算、数据、智能为一体，赋能工业全系统，并引发制造体系变革；三是数字孪生将工业机理、设备和产线信息模型、运行状态数据等融合集成，通过网络空间和物理系统交互协同与建模分析，实现对工业全系统精准优化的智能控制、服务和决策。

（3）工业互联网平台成为竞争焦点。GE、西门子、博世、施耐德、ABB、三菱、发那科等工业巨头，思科、SAP、微软、IBM、英特尔、AT&T、亚马逊等 ICT

巨头，以及达索、PTC 等工业软件巨头纷纷加快布局，全球工业互联网平台呈"井喷式"发展，成为工业互联网领域竞争最激烈和创新最活跃的领域之一。

（4）多层次产业生态正在汇聚。国家间、产业组织间及企业间开放合作发展走向深入，其中美国工业互联网联盟已成为全球最具影响力的工业互联网产业推进组织，汇聚了 30 余个国家和地区的 246 家会员，与全球 37 个国际产业组织和标准化组织建立了对接关系。美国、德国、日本等国的产业组织已开展了参考架构对接及相关研究合作工作。

2. 我国工业互联网的发展实践

近几年，在政产学研用各方共同努力下，我国工业互联网发展明显加快，从概念普及阶段进入实践生根阶段，与国际基本同步，形成了战略引领、规划指导、政策支持、技术创新和产业推进的良好互动局面。

一是三大功能体系建设全方位突破，工业互联网网络升级改造初见成效，标识解析体系五大国家顶级节点、十多个行业/区域二级节点初步建立。具有一定行业和区域影响力的工业互联网平台超过 50 家，重点平台平均连接设备数量达到 60 万台（套）左右。国家、省级/行业、企业三级协同的安全监测技术体系初步构建，企业安全意识、安全监测和防护能力进一步增强。

二是垂直行业加快应用探索，工业互联网已应用于石化、钢铁、电子信息、家电、服装、能源、机械、汽车、装备、航空航天等行业和领域，网络化协同、服务型制造、规模化定制等新模式、新业态蓬勃兴起，涌现出一批如航天科工、海尔、三一重工、中石化、富士康等优秀企业和应用标杆，形成了一批解决方案供应商和初创企业。

三是产业协同生态初步构建。自 2016 年 2 月工业和信息化部指导成立工业互联网产业联盟（AII）至今，其会员数量已从 143 家迅速发展到 1119 家，围绕工业互联网网络、平台、安全三大体系和关键技术产业，从工业互联网顶层设计、技术标准、测试床、产业发展、应用实践、产融推进、安全保障等多个方面开展工作。

四是国际合作稳步推进。在政府和产业层面,我国利用多边、双边合作与高层对话机制,推进工业互联网标准、政策、国际治理等方面的国际合作。工业互联网产业联盟与美国工业互联网联盟、欧盟物联网创新联盟、国际 MulteFire 联盟和日本工业价值链促进会签订战略合作协议,在参考架构、标准化、测试床、安全、产业推广等方面开展对接和合作。

三、工业互联网发展探索中的若干问题

1. 工业互联网的理论共识与国际实践差异

如前所述,美国工业互联网、德国工业 4.0、日本互联工业在发展方向、目标和技术基础方面高度一致,但在具体实践中,各国结合自身基础与优势也形成了差异化发展路径。美国基于其互联网和工业全面优势,侧重前沿技术突破与商业模式创新。其产学研合力开展技术研发、标准研制、生态构建、人才培训等相关工作,高度重视颠覆性业务模式创新,通过测试床等载体打通技术创新和商业推广间的壁垒,加速在制造、能源、医疗等各领域的推广应用。美国工业互联网是参与主体覆盖面最广和创新性最强的阵营。德国聚焦传统优势制造业的竞争力提升,确保其在生产和工程技术的全球领先,近年来也更加注重商业模式变革。德国政府通过系列战略和政策指引,将 4.0 概念和技术标准向全球推广,充分发挥其在制造体系和工业软件的优势,力图通过新一代信息技术在装备、自动化领域的集成应用巩固其制造业优势并开拓更大的发展机遇。日本重点发挥其机器人和自动化优势,以新一代信息技术带动制造业转型升级。日本面向具体场景构建自下而上的工业互联网架构,联合开发有变革意义的边缘计算平台,指导企业打造从传感器、自动化到云的数字化体系,并将其平台化、软件化和服务化,从而向全球输出数字化解决方案。

我国创新与补课并行,形成了最为丰富和多元化的发展模式。我国工业体系完备、场景需求丰富且信息技术产业与互联网应用的能力较强,但发展不均衡。部分具有较好数字化基础的大型龙头企业与国外巨头的实践路径类似,均借助工业互联网寻求系统性的优化提升与业务创新,实现产业升级。而相当多的中小企业由于技术、资金和人才的制约,其信息化与工业底层基础较为薄弱,一

直难以找到出路，当前则利用工业互联网进行数字化能力补课和单点创新突破，形成了制造能力交易、产供销一体化、产融结合、规模化定制等融通发展的独特模式。另外，我国工业的供给体系能力一直较弱，工业互联网引发的变革也给我国提升工业装备、工业网络、工控系统、工业软件、工业机理等方面的能力带来了新的机遇。

2. 我国工业互联网应用的路径与模式

近年来，围绕多样化的转型升级需求，我国不同行业、不同区域、不同规模的制造企业在工业互联网应用探索中，形成了多种典型的发展路径与模式。

从路径看，目前我国工业互联网已基本形成了三大应用路径：一是面向企业内部的生产率提升，即利用工业互联网打通设备、产线、生产和运营系统，通过连接和数据智能，提高生产率和产品质量，降低能源资源消耗，打造智能工厂；二是面向企业外部的价值链提升，即利用工业互联网打通企业内外部产业链和价值链，通过连接和数据智能全面提升协同能力，实现产品、生产和服务创新，推动业务和商业模式转型，提升企业价值创造能力；三是面向开放生态的平台运营，即利用工业互联网平台汇聚企业、产品、生产能力、用户等产业链资源，通过连接和数据智能实现资源优化配置，推动平台相关企业的生产运营优化与业务创新，打造面向第三方的产业生态体系和平台经济。

从行业看，对钢铁、石化、发电等原材料与产品价格波动频繁、设备资产价值高、排放耗能高、安全生产风险大的流程行业，工业互联网现阶段应用主要集中在全价值链一体化、资产管理、生产优化、能耗及安全管理等方面；对电子信息、家电、汽车等产品种类少、规模大的离散行业，其产品质量和生产效率要求高，产品多样性、个性化需求也越来越大，工业互联网现阶段的应用主要集中在大规模定制、产品质量优化、生产管理优化和产品后服务市场等方面，其中大规模定制成为我国特色应用模式；对航空航天、船舶、工程机械等多品种、小批量离散行业，其具有产品结构复杂、价值高、生命周期长的特点，工业互联网现阶段的应用主要集中在协同设计与仿真论证、协同制造、供应链高效管理、设备远程运维等方面。

3. 工业互联网对传统工业信息化和自动化的继承与发展

工业互联网推进中面临的一个重要任务是对传统工业信息化和自动化的继承与发展，其核心是通过对传统工业信息化和自动化系统的集成互联，融合云计算、物联网、大数据、人工智能等新兴技术，强化工业数据的采集、传输、计算和分析，在基于传统工业软件和自动化系统的流程驱动生产管理体系上，叠加数据驱动的敏捷响应和智能决策能力，推动制造体系走向数字化、网络化、智能化。

工业互联网与工业信息化相辅相成。一方面，发展工业互联网需要良好的信息化基础，当前，研发设计、生产管理、经营管理等数据和流程大量沉淀在传统工业软件中，信息化系统依然是工业互联网重要的业务数据来源，为后续数据分析和智能运用提供支撑；另一方面，工业互联网可以开辟企业信息化发展的新路径，如云化 MES、ERP 等新一代信息系统依托工业互联网平台快速发展，以低成本优势快速提升中小企业信息化水平，解决中小企业长期面临的技术、资金和人才制约，同时以集成化、可视化优势来提高大型企业信息决策水平。

工业互联网推动工业自动化走向柔性化和智能化。一方面，工业互联网能够大幅度提升装备和产线柔性水平，基于数据的深度分析和应用，推动自动化产线由生产单一产品向大规模个性化定制等新兴制造模式转变；另一方面，工业互联网能够显著提升装备和产线的智能水平，通过边缘计算、人工智能等技术与传统自动化设备的结合，实现具备自感知、自学习、自决策、自执行、自适应等功能的新型智能控制体系和运营方式，进一步带动制造体系的变革。

4. 我国工业互联网发展的长期方向与近中期重点

当前，我国工业互联网在应用、技术、产业、商业等方面取得了一系列进展，正逐步建立与经济发展相适应的工业互联网生态体系。而全球工业互联网也正处在产业格局未定的关键期和规模化扩张的窗口期，我国既面临难得的机遇，也面临深层次的挑战。

从长期看，我国工业互联网的发展是要将新一代信息技术创新及互联网模式创新的红利，与我国制造业转型升级的巨大需求充分结合，构建全面互联、数据驱动、智能决策、敏捷灵活的新型制造体系，实现工业数字化、网络化和智能化转型，使产品更加适应个性需求、资源配置更加高效灵活、生产效率与质量更高、服务模式更加多样、技术原创能力更强，进而使我国真正步入世界制造强国行列；同时，在此过程中打造高可靠、高安全、高性能、低成本、可定制、智能化的工业互联网基础设施体系；更进一步，通过工业互联网的发展带动第一、第二、第三产业及大、中、小企业的融通发展，推动实体经济全面数字化、网络化和智能化转型升级，有力支撑经济的中高速增长和高质量发展。

从近中期看，我国要从需求和供给两端强化工业互联网可持续发展的能力，继续探索适合中国国情的工业互联网发展道路，着力解决长期面临的基础性产业技术瓶颈。在网络方面，重点是充分利用 5G、时间敏感网络、软件定义网络等有变革意义的新兴网络技术，加快实现工业全体系的网络化改造，构建高可靠、广覆盖、大带宽、可定制的网络基础设施，打造满足工业全产业链、全价值链需求的标识解析体系；在应用方面，重点是要面向不同行业、不同类型企业和不同区域的痛点需求，拓展应用深度与广度，利用工业互联网重塑工业知识和技术供给体系，促进工业机理与数据科学及人工智能的融合创新，面向垂直行业打造一批典型应用标杆案例；在技术方面，重点是要着力突破基础软硬件、关键工艺和模型等一批"卡脖子"的关键技术瓶颈，并抓住工业互联网带来的数字化、智能化变革机遇，着力通过新型网络和人工智能等使能技术加快工业供给体系的改造升级，建立新一代信息技术与传统工业制造技术融合发展的新型综合技术体系；在产业方面，重点是以工业互联网平台为抓手，培育一批具有国际竞争力和行业资源整合能力的领军企业，打造一批技术领先、广泛适用的关键产品和系统解决方案，利用工业 App 变革新机遇，重塑工业软件体系，壮大一批高端化、融合型、技能型的人才队伍；在商业方面，重点是探索建立与工业互联网产业发展相适应的商业交易规则和服务体系，鼓励发展线上信用认证、融资租赁、交易抵押服务，促进工业互联网创新发展。在安全方面，重点是着力打造工业互联网安全管理、技术保障、融合创新及产业支撑能力，建立健全安全保障体制机制，加快构建工业互联网安全保障体系。

安筱鹏

工业互联网：通向知识分工 2.0 之路

安筱鹏，信息社会 50 人论坛成员、中国信息化百人会成员。

关于工业互联网，业界已经从技术、产业、商业、政策等多个角度进行过探讨。现在，我们换一个新视角，从经济学的角度来看工业互联网的价值和意义。从经济学的角度来看，信息通信技术扩散对经济增长的贡献在于提高两个效率，即生产效率和交易效率，交易效率的提高促进了产业分工深化，这是推动经济持续增长的重要动力。

我们可以回顾一下过去几百年来产业分工深化的历史进程。概括起来，人类产业分工已经历了五个阶段。第一个阶段：部门间的专业化分工，如农业、手工业、工商业的分工。第二个阶段：产品的专业化分工，即以完整的最终产品为对象的分工，如汽车、机械、电器产品的生产。第三个阶段：零部件的专业化分工，如有人生产汽车的发动机，有人生产汽车的轮胎。第四个阶段：工艺的专业化分工，如同样生产一个产品，按照工艺再分为铸造、电镀等。第五个阶段：生产服务的专业化分工，即除了产品，服务作为一种新的分工的形态跟产品绑定在一起，给客户创造价值。

今天，随着数字经济时代的到来，我们正在进入产业分工的第六个阶段——知识创造、传播、复用的专业化分工阶段。无论是多年前出台的《国家信息化发展战略（2006—2020）》，还是近两年关于数字经济的定义，都强调了数字化转型中知识创造、传播、复用的价值和意义。今天，如果用一句话来概括工业互联网的经济学意义，那就是，工业互联网推动了产业分工从基于产品的分工向基于知识的分工演进。

一、集成电路产业分工深化：知识分工 1.0 阶段的兴起

信息通信技术扩散重构了知识创造、传播、复用新体系，推进了知识分工的形成和发展。知识作为一种商品参与市场交易，从而形成了一批基于知识创造、交易的新型企业，构建了基于知识创造、传播、复用的产业体系。如果回头去看过去 40 年全球产业分工体系的演变，以及知识分工的特征和趋势，笔者觉得有一个产业特别需要去研究，这个产业就是集成电路产业。过去 40 年，集成电路产业分工格局的变化呈现鲜明的特征，代表了知识分工 1.0 阶段。

讲集成电路产业的特殊性，需要从美国国防高级研究计划局（DARPA）讲起。2010 年，DARPA 提出自适应运载器制造（AVM）计划，这一计划的关键词是"重新发明制造"。DARPA 调查发现，从 1960 年至今，随着系统复杂度增加，航空航天系统的研发成本投入复合增长率为 8%～12%，汽车系统研发成本投入增长率为 4%，但集成电路研发成本投入复合增长率几乎为 0，复杂度增加并没有带来设计、生产周期的明显增加。这一现象形成的原因是多方面的，其重要原因在于集成电路产业分工水平明显高于其他行业，形成了基于知识的产业分工新体系。

过去 40 年，集成电路产业逐渐构建了一个基于数字模型的研发、制造、封装体系，使产品设计、仿真、试验、工艺、制造等活动全部都在数字空间完成，待产品迭代成熟后再进入工厂一次制造完成，从而大幅度缩短研制周期，降低研制成本。AVM 计划的一个重要的方向就是向集成电路产业学习，其他大型宇航设备、武器设备，要像集成电路产业那样，在数字空间重建一套新的研发生产体系。

为什么集成电路的复杂度提高了但研发周期相对不变？我们可以简要地回顾一下过去 40 年间集成电路产业分工的演进。早期集成电路产业集整机生产和芯片设计、制造、封装、测试为一体，称为综合型 IDM 模式。伴随信息技术的不断演进，集成电路产业中的芯片设计、代工制造、封装测试等环节不断从早期一体化

模式中分离，成为独立的产业体系。自 1967 年美国应用材料公司成立后，集成电路材料和设备制造成为独立行业；1968 年，Intel 成立，形成了垂直型 IDM 模式；1978 年 Fabless（IC 设计独立）模式、1987 年 Foundry（台积电成立，IC 制造环节独立）模式相继出现，集成电路产业分工深化经历了全产业链集成—材料设备独立—IC 设计独立—IC 制造独立—设计制造 IP（Intellectual Property，知识产权）独立的演进历程。

二、集成电路产业链分工细化与产业模式变革

1991 年，英国 ARM 公司成立，同时逐渐涌现出一批专注于集成电路 IP 包设计、研发的公司，集成电路产业开始兴起架构授权的 Chipless 新商业模式，这标志着基于知识创造的专业化分工独立出现在集成电路产业链中，专有的工业知识被封装为代码化的电路，不再是有形硬件产品的附庸，开始成为独立的产品、商品进行传播、使用和交易。随后 IP 包作为一种知识产品被广泛应用到了集成电路设计、仿真、试产、制造等各个环节，大幅度提高了集成电路设计效率、产品性能、制造可行性及良品率，基于知识交易的新业态逐渐显现。

三、集成电路各环节 IP 应用

IP 的本质是集成电路工业设计和制造过程中各种技术经验、知识的代码化、模块化、软件化封装。集成电路大量的设计、制造工业知识被封装为 IP，固化在赛博空间，可以被重复地调用、使用和封装，并催生了 IC 设计、仿真、试产、制造等环节的工业知识交易市场。在设计生产过程中，70%～80%的工作变成对现有的 IP 进行调用、拼接，大幅度提高了芯片设计、仿真、制造、测试的效率及产品良品率。目前 IP 主要由大型 EDA 公司、制造业企业、专业 IP 设计公司研发提供。

我们可以从集成电路产品研发设计成本来看 IP 和知识的价值与重要性。以技术参数不太高的 28nm 的 SoC 芯片研发制造成本为例，设计 EDA 工具需要 500 万元，购买 IP 模块需要 500 万～1000 万元，制造成本为 1000 万元左右，封装成本为 50 万元。可以看出，在集成电路产业生态中，以 IP 模块、EDA 工具为代表

的基于知识投入的成本已成为产业研发制造支出的重要组成部分，这是基于知识的产业分工体系形成的重要特征。

如果我们用工业互联网的语言体系去分析这一现象，那么集成电路的 IP 就是微服务组件，就是一个工业 App。集成电路 IP 日益成为企业竞争力的重要组成部分，比如台积电作为全球最大的集成电路制造企业，其大概有 6000～7000 个制造相关的 IP，比其他集成电路制造企业多得多。在集成电路设计、仿真、制造、测试等各环节存在大量各类 IP，它们可以优化集成电路的生产，成为我们提高良品率的重要武器。

集成电路与航空航天等复杂产品的最大不同在于产业分工深化的水平不同，集成电路产业在其产业链和产业体系中形成了基于知识的分工。集成电路产业的蓬勃发展，得益于其在产业发展初期就在赛博空间里建立起了产品设计、优化、仿真的制造体系，沉淀了大量集成电路基础通用 IP 核及设计、仿真、制造等 IP 包，实现了新产品、新工艺的快速开发、上线、迭代。基于知识创造的分工深化极大地促进了集成电路产业的快速发展。

集成电路 IP 本质是软件化封装的知识，相当于一个个 App 和微服务组件。那么，什么是软件？软件就是物理世界运行规律的代码化、规律模型化、模型算法化、算法代码化、代码软件化，可用于优化物理世界。而在数字经济时代，工业知识正通过工业 App、微服务组件等方式去呈现。所以无论是集成电路 IP，还是工业互联网 App，抑或是工业互联网云平台上各种各样的微服务组件，本质上都是人们对工业知识认知的一个载体。集成电路产业代表了过去 40 年全球知识分工的特点，笔者把它称为"知识分工 1.0 阶段"。

四、工业互联网：通向知识分工 2.0 之路

工业互联网面对制造业数字化、网络化、智能化需求，构建基于云边协同的数据采集、汇集、分析服务体系，推动制造资源泛在连接、弹性供给、高效配置。工业互联网平台有四层架构，即数据采集层、IaaS 层、工业 PaaS 层、工业 App 层。工业 PaaS 层的核心是将工业技术原理、行业知识、基础工艺、研发

工具规则化、模块化、软件化，形成各种数字化微服务组件和模型。工业 App 层将工业技术、经验、知识和最佳实践固化封装为面向特定场景应用的应用软件。无论是工业 PaaS 层的微服务组件，还是工业 App 层上的面向角色的 App，都意味着基于工业知识的算法市场正在兴起，被封装的工业专业知识可以在更大的范围、更高的频次、更短的路径上创造、交易、传播，笔者把它定义为"知识分工 2.0 阶段"。

工业互联网平台的本质是重构工业知识创造、传播、复用的新体系，促进基于工业知识的算法市场崛起。对工业互联网而言，大量跨行业、跨领域的各类工业经验、知识、方法将以工业 App、工业微服务组件（类似集成电路 IP）的形式沉淀到工业互联网平台上。它的价值就在于：在过去的工业创新过程中，80%的人在从事重复性劳动，20%的人在从事创造性劳动；今天，在构建一个工业互联网平台后，80%的人在从事创造性劳动，20%的人在从事重复性劳动。

五、工业互联网平台：重构工业知识新体系

国家电网青海公司基于工业互联网平台，采集了大尺度、大空间、细颗粒的风电及环境数据，引进了清华大学、北京工业大数据创新中心、金风科技等 8 家算法服务机构，基于数据+算法的模式提供更加精准的风电功率预测服务，从而大幅度降低了风电弃风率，提高了风电企业的运营效率。在这一场景中，工业互联网平台不仅是一个技术、业务平台，也构造了一个算法市场。风电功率预测算法作为一种产品在平台上展示、交易、服务，推动了知识的创造、传播、交易、复用，加速了基于知识的产业分工体系的形成。

当前，传统软件正在加快向云端迁移，架构重建、代码重写成为许多工业软件企业转型的主线。传统软件在工业互联网平台上重构带来的一个重大变化是，工业互联网构建了一个知识交易市场。工业互联网的本质是实现了从基于产品的分工到基于知识的分工的转变，构建了新的交易市场体系。从长期看，工业研发、设计、仿真、制造、服务及管理等全流程的工业知识、能力能够被封装成各种可交易的、组件化的知识，通过这一市场体系进行高效率交易。

六、工业互联网构建了工业知识交易的市场体系

工业互联网平台构建了一个工业技术和知识的交易体系，促进了工业技术、知识、经验在更大范围、更宽领域、更深层次上的呈现、交易、传播和复用。工业 App 面向特定工业应用场景，通过调用微服务，推动工业技术、经验、知识和最佳实践的软件化，构建工业知识创造、传播、复用的新体系。

一是从交易对象来看，工业互联网平台为机理模型、生产工艺、流程逻辑等各种工业知识的 App 化、微服务化提供了丰富的工具和资源，创造了各种条件，实现了工业知识的产品化封装、平台化汇聚、在线化开放，被封装的工业知识能够成为一种大市场广泛交易的对象。

二是从交易主体来看，工业互联网平台构建了一个工业技术和知识的交易市场，它为工业 App、微服务组件、模型算法等交易对象的创造、传播、交易和复用提供了统一的场所，促进了工业知识、技术的供给方（大型企业、科研院校、开发者）与使用方（大、中、小企业）等交易主体在线显现。

三是从交易过程来看，传统的工业知识交易、变现在很多时候是一种长流程模式：一个开发者、小企业、经验丰富的老师傅的知识变现在过去机会很少、流程很长，要经过工业产品的创意—设计—研发—测试—生产—配送—交付全流程，把产品交付给最终客户后才能变现。今天，工业互联网平台的出现推动了工业知识短流程交易模式的出现，降低了工业知识的客户发现、知识定价、大规模扩张、契约签订、交付监督的成本。

工业互联网平台通过构建工业知识创造、传播、复用体系，提高工业知识的复用水平和效率，不断催生新技术、新模式，基于知识的产业分工新业态不断涌现。

自英国产业革命以来，基于产品的产业分工演进已进行了几百年，今天基于知识的产业分工才刚刚开始，尽管工业互联网的出现加快了这一进程，但从整体上来看，基于知识的产业分工仍处于星星之火阶段，燎原之势的形成，仍有待于业界共同努力。

郭 昕

工业革命与数字经济

郭昕，信息社会50人论坛理事、北京飞马旅发起人、中关村大数据产业联盟副理事长、两化融合联盟金融工作委员会秘书长，曾任美国盖洛普公司中国区董事、总经理和美国国际数据公司（IDC）大中华区总裁。

忽如一夜春风来，千树万树梨花开。

不知不觉间，以新产业、新业态和新商业模式为代表的数字经济改变了我们身边的一切：我们的工作模式、生产模式、社交模式、学习模式、消费模式、娱乐模式、生活模式，甚至我们的生存状态。

随着百余年大规模生产的深入，人们突然发现不论是对于福特的规模制造，还是对于丰田的精益制造，传统经济的驱动因素已经失灵：福特本身已经解体，被意大利的菲亚特收购；丰田也是步履维艰，曾经的零缺陷产品变成了召回最多的产品之一。仔细分析，我们突然发现，原来人们对汽车的定义发生了变化，原来汽车只是一个交通运输的工具，现在汽车除了满足传统的交通工具的需求，还可作为娱乐终端等，汽车逐渐变成了新的互联网信息节点，成为我们获取信息的途径之一。在汽车产品需求曲线的贡献率上，我们几乎看不到对物理产品需求的增加，而对善解人意等信息产品的需求在大幅度增加。从需求端出发，我们的经济发展形态产生了根本性的变革，我们已经进入信息经济时代。我们必须找到企业发展的新动能，建立新经济的生态系统。

时至今日，工业社会已经延续了两百余年，其间经历了三次大的产业变革。

而且每一次产业变革都非常剧烈，甚至，彻底颠覆了原有的经营模式，形成了新的产业和业态，人们通常把产业骤变比喻为工业革命。

第一次工业革命让生产活动从手工劳动中解放出来，进入了机器制造的时代。第二次工业革命造就了各产业的大生产模式，并且诞生了与大生产相匹配的管理科学，我们今天所熟悉的科层制的公司体系、经济学的原理，其实都是第二次工业革命的产物，是伴随着第二次工业革命的产生而产生的。第二次工业革命的精髓虽然有所延续，但是第二次工业革命的生态系统已经被第三次工业革命彻底摧毁了。很遗憾的是，我们的管理学和经济学并没有随着第三次工业革命的兴起而更新改造。第三次工业革命是始于 20 世纪 60 年代的信息技术革命，信息技术和制造、物流、金融、零售等技术相结合，产生了互联网商业模式。

第三次工业革命是基于互联网的革命，但遗憾的是，第三次工业革命几乎没有触及实体经济，实体经济和互联网经济几乎是割裂的。在互联网轰轰烈烈发展的时候，传统的第二次工业革命造成的庞大的工业体系并没有被触动，传统的实体经济不相信互联网经济，传统的互联网经济也不相信实体经济。实体经济和互联网经济产生了正面的冲突，冲突一直围绕着谁取代谁展开。斗争到最后，虽然新兴的互联网经济在电子商务、移动支付和网上社交等方面取得了突破性的进展，但传统经济并没有被取代，而且新兴的互联网经济似乎也并不能把它完全颠覆。显然，互联网经济并没有办法取代在物理空间上庞大的实体经济，第四次工业革命就在这种新需求的强烈冲击下诞生了。

第四次工业革命的基因性技术是人工智能，这次工业革命有两大特点：一是产业融合，包括跨界融合、两化融合、多产联动、信息和物理系统融合等；二是数字化基础上的决策智能化。人工智能的本质是将数据、算力和算法三大技术融合创新，形成新的产业发展基因技术。从现在起，所有的产业和经营活动都将逐步数字化、智能化，形成新的数字经济。

第四次工业革命不是消灭第二次工业革命的实体经济，也不是颠覆第三次工业革命产生的互联网经济。第四次工业革命的本质是把实体经济和互联网经济融合起来，让它们变成一种全新的、在网络空间和物理空间都能够有效运行的融合经济，或者称为数字经济。

观察事物的视角非常重要。按照量子物理学的定律，视角决定结果。不同观察视角会带来不同的观察结果。我们不能站在传统的第三次工业革命（互联网）的角度去看未来的产业，更不能用第二次工业革命发展起来的经济学和管理学去看待第四次工业革命。比如，我们在讨论人工智能的时候，许多学者和企业家都在担忧一个问题：如果未来90%的工作都被人工智能取代了，那么人还能做什么工作呢？这是一个典型的偷换概念的伪命题。第四次工业革命会为我们带来全新的产业生态系统，其中就包括重新定义工作。

八小时工作制是基于100多年前第二次工业革命的实体经济出现的。工作的定义就是到工作单位去打卡，去出力、去贡献智慧。互联网经济早已把空间和时间打通了，我们不必非得去一个地方才能上班，我们的工作可以不是为哪个公司贡献智力和体力，坐在家里打打游戏，也许就是我们未来的工作；坐在家里想吃一盘三杯鸡，也许就是我们未来的工作，因为我们创造了需求。第四次工业革命的产业融合肯定也要融合前几次工业革命的"工作"与"生活"的概念，因此，未来的"工作"不是第二次工业革命时代定义的工作，也不是第三次工业革命时代定义的工作。我们只能说传统经济所定义的工作，90%会被未来的人工智能所取代，而新经济所定义的工作将层出不穷，源源不绝。信息社会50人论坛的学者张新红说，从现在开始，我们值得把所有的事情都重新定义一遍，也包括工作。

数字经济是融合和智能化的经济，那么数字经济有哪些基本的驱动因素？它是怎样的一种经济形态？我们试图用图1所示的三力模型来表达数字经济的发展。

数字经济应该解决下面三个问题：第一，互联网技术对未来经济生态的各种技术的赋权，也就是决定某一种技术在未来传统经济形态中的权重；第二，传统的产业核心能力对未来经济的赋能，也就是让管理技术、生产技术能够在互联网的信息物理系统平台上得到传播和应用；第三，在基于CPS的新经济情况下的价值实现，也就是在创造产品的同时就可以得到价值，而不必经过现在金融体系的转换。

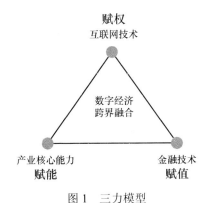

图 1　三力模型

第四次工业革命一定会带来新的生态系统，把互联网经济、实体经济和价值创造融合起来，其实现路径就是工业互联网和人工智能，它们都是下一代经济的基因性技术。

工业互联网技术架构就是产业融合的技术架构，它的核心是互联网的云架构，即基于 IaaS、PaaS 和 SaaS，同时在云平台上端加上需求，下端加上设备网关连接的设备和边缘计算。

传统经济学很难对需求进行计算，没有把需求作为一种产品来加工，更无法对需求进行赋能、赋值。在工业互联网中，需求首先会被数字化，变成数字信号，这样就把需求变成了机器可以读懂的一串字符。在对需求进行分类编码和理解后，我们可以把需求变成各种工业的应用软件，也就是工业 App。

当详细了解需求之后，我们就有了工业 App。这些工业 App 实际上是一些人工智能的智能算法，我们把算法升级固化，变成不同的 App，放在工业互联网上，这样就能够把需求作为产品在 CPS 的新的生态系统中传播、加工，并且找到合适的加工方法和最匹配的原料。工业互联网的下方连接着无数的加工设备和生产制造能力，这些设备能力通过云平台及需求 App 自动对接加工 App，并通过工业互联网分配特定的加工能力，机器按照 App 的特定需求进行加工，加工完之后，还可以按照工业 App 提供的路径配送。

产业融合还有很漫长的路要走，它不是通过把现行的实体经济产业进行简单的信息化升级改造就可以完成的，也不是通过把现实不同的产业简单组合、合并就能够实现的。工业互联网的真正实现在于把物理产品和虚拟需求变成一种能够互相识别、互相沟通的算法，也就是我们所说的工业 App。这种工业 App 能够被人、机器、互联网平台理解、复制、传播、操作和执行。

每一次工业革命的实质都是对产业重塑，将新业态和新商业模式从旧产业中分化出来，或者通过技术和商业模式创新创造出全新的产业。

新产业的形成包括下面四个最重要的指标。①新生产要素的形成。新生产要素中最重要的是基础性核心技术，即基因性技术。基因性技术指决定了未来产业的特点和基本商业模式的底层技术，如第三次工业革命的信息技术和第四次工业革命的人工智能技术，这些技术能让整个产业都带上它们的基因，使新产业的业态和模式完全有别于上一代产业。②新生产工具的整合和应用。新生产工具是对新技术的各种应用和整合，比如云平台技术、工业 App、移动支付等。③新业态的形成，也就是新的社会化企业的出现。④在新企业、新业态的基础上形成产业聚集，即新产业生态系统或新的产业的形成。

梳理起来，新产业的形成和发展路径大致是这样的：新生产要素（基因性技术）—新生产工具（工具对技术的整合和应用）—新企业、新业态（生产流程、员工和客户关系、新业态、商业模式）—新产业生态系统（产业聚集、价值链、新产业）。

以新产业、新业态和新商业模式为代表的"新经济"虽还在孕育过程中，但通过观察一些领军企业的"爬坡过坎"实践，可以归纳出未来新产业创新、发展具有以下几个趋势。

（1）智能化。新经济是数字经济、智能经济，其核心在于把生产过程和管理过程数字化。数字化是通过软件和算法实现智能决策的基础。未来的新商业主体应该优先进行人工智能能力建设，如建设计算机视觉、语音识别、自然语音处理等类似人类的感知、认知智能，这样才能最大化整合资源，做到人机合一、充分融合，以及智能决策和管理。

（2）产业融合化。按照新经济的产业发展路径，新产业一定会打破传统经济的产业分工，把完全不同的行业在新的生态系统中重新整合起来，形成融合的新行业。例如，通过分布式管理把分布在信息空间和物理空间的资源重新组合，形成新的生产流程和新的生产模式。还有一个关键点一定不能忽略，新的产业必须在信息系统和物理系统两个空间都形成自己的核心能力，形成 OMO 双力驱动。从这个意义上说，上一代经济发展起来的互联网企业和传统线下实体企业处在同一条起跑线上。

（3）社会化。社会化应该从企业和个人两个方面发展。对于社会化企业，在企业形态方面，企业的物理边界消失，变成了一个共享平台的管理者或平台上的节点（App）。在这个平台上，分布式工作、分布式利益共享成为商业模式常态。社会化企业的业务流程的变化更是颠覆性的：传统意义上的企业或个体转化成了共享平台上的海量节点，这些节点不像传统经济那样有着固定的上下游连接关系，而是按照需求在不同时间被一个"任务"所链接，这个链接形成一条数字线，这条数字线就是新的企业架构和业务流程。听起来有点复杂，其实很简单，未来社会化企业不以物理空间为企业边界，而是根据目标和时间确定任务线、数字线。

另外，社会化企业重新界定了个人与企业之间的关系。在社会化的共享平台上，每个人都是自由的、移动的经济体，其不受雇于某个企业，但其又是这个企业利益的创造者，和企业分享各种利益；每个个体既是消费者又是生产者，多种属性共同出现在一个平台上，根据时间、地点、任务的不同，每个个体的定位和身份也不同。在新经济中，传统的企业和员工都将被重新定义。

司 晓

洞察产业互联网演进规律的关键路标

司晓，法学博士、腾讯研究院院长、腾讯集团公共战略研究部总经理、法律政策研究部总经理，兼任国家网络版权产业研究基地副主任、深圳市版权协会会长、北京大学法学院法律硕士研究生兼职导师。

互联网行业的发展正在从消费互联网转向产业互联网。自 2018 年 9 月底以来，腾讯、阿里巴巴、百度等互联网领军企业纷纷调整、升级组织架构，强化 2B 业务，拥抱产业互联网。这一行业观察背后隐藏着以下三个相互关联且意蕴深刻的问题：

问题 1：产业互联网的发展为何一直滞后于消费互联网？

问题 2：互联网领军企业为何在这个时间点扎堆瞄准产业互联网？

问题 3：未来产业互联网的发展将会朝着哪些方向演进？

对这三个问题的思考和回答，将是引领我们洞察产业互联网演进规律的关键路标。

一、通用技术扩散非均衡："连接"推动消费互联网蓬勃发展

我们可以将第一个问题变换一种形式来析出重点：互联网作为一项新的通用技术（Generic Technology），为何首先在消费互联网领域取得了广泛应用，而在产业互联网领域却相形见绌？实际上，如果我们回顾历史就可以发现，从蒸汽机革命到电力革命再到信息技术革命，历史上每一个重大通用技术在应用到各个产业的时候，都会表现出速度和程度上的非均衡状态。创新经济学家们从技术扩散

的机理角度对此进行了大量的研究。

按照熊彼特（Joseph Alois Schumpeter）的观点，创新可以被简单定义为建立一种新的生产函数，而企业家的职责就是实现生产要素和生产条件的"新组合"（New Combinations）。在熊彼特关于创新理论研究的影响下，学术界通常将技术变革分为发明、创新和扩散三个阶段。通用技术只有实现了扩散，才能真正在各行各业体现出技术创新的价值。通用技术的扩散既有伴随价值流动或无价值流动的知识扩散，也有以技术、产品和服务形式的扩散；既有市场利益自发驱动的扩散，也有政府意志推行的扩散。技术扩散理论的开拓者之一、美国宾州大学的曼斯菲尔德教授（Edwin Mansfield）通过对四个行业中的十二项技术扩散过程进行实证考察，提出了著名的 S 型技术扩散模型，揭示了技术扩散的演化动态学原理。

就市场利益自发驱动的扩散来说，某一产业领域的市场竞争强度、空间布局结构、扩散网络结构、产品差异化程度、消费者价格敏感度、创新利用率、监管环境等因素都可能影响某项通用技术在该产业领域的扩散速度和程度。比如，大量的实证研究表明，当市场上产品同质化程度越高时，各家企业越有动力吸收来自其他企业的技术溢出，因此技术扩散的效率就越高。

回溯中国互联网二十余年的发展历程，互联网技术在哪些领域取得了显著成功？典型的领域包括电商、社交、搜索、资讯、共享经济、本地生活等。在这些领域，互联网技术适用的业务内容和商业模式可谓千姿百态，但究其本质，其发挥的价值主要体现在一点，即"连接"，包括人与人的连接、人与信息的连接、人与商品和服务的连接。

互联网技术的核心功能是连接，而连接的一个显著价值是解决信息不对称，或者说是提供和匹配信息。从社交到电商，从搜索到资讯，从本地生活到共享经济，互联网领域过去二十多年的蓬勃发展，可以说主要是基于互联网连接所带来的信息提供和匹配的技术力量。

但是，互联网连接作为一项通用技术，其在经济生活各个产业领域扩散的速度与程度相差很大，这是因为连接所带来的信息提供和匹配价值并不能解决所有产业面临的核心问题。比如，对于大型飞机制造产业来说，其所关心的显然不是消费互联网领域一直擅长的去找到分散在千家万户的买家信息并进行匹配。因此，一个最基本的判断是，互联网连接技术的扩散更适用于那些需求信息高频且分散的商业领域，这是产业互联网发展一直滞后于消费互联网的商业逻辑之一。

那么，互联网领军企业为何在 2018 年这个时间点纷纷调整战略方向，扎堆瞄准产业互联网？中国互联网行业在这个时间点转向产业互联网，背后有两股不容忽视的重要力量在"推"和"拉"。

推力是近年来所谓的互联网领域"人口红利"的迅速消失，标志性事件包括 2016 年中国网民数量增长速度首次开始下降，以及 2018 年微信月活跃用户量全球已突破 10 亿大关。拉力则是移动互联网发展带来的数据量暴增，以及与此相关的人工智能、大数据和云计算等技术逐渐展现威力。随着 5G 于 2019 年开始陆续商用，万物互联的 IoT 时代正快步向我们走来。我们身边的智能设备将会成百倍增加，更多的设备信息将被数据化并汇聚到云端进行智能运算，从而更多产业层面的商业价值和商业模式将被创造出来。

二、连接技术与 ABC 技术：互联网经济大幕才刚刚拉开

如果我们将互联网的价值仅仅局限于连接技术，那么可能就会一叶障目不见泰山。在过去二十多年里，互联网连接技术迅速扩散进经济生活的很多方面，确实造就了数不清的财富英雄，但这实际上还只是互联网经济这场百年难遇之大戏的序曲，更为宏大的场景正在我们面前徐徐展开。

来看一个行业案例。2018 年 3 月，荷兰瓦赫宁根大学面向全球发起了一场大型农作物养成与模拟经营类挑战赛——种黄瓜。一支由腾讯人工智能实验室和农业科学家联合组成的名为 iGrow 的团队参加了比赛。和传统的黄瓜种植过程比，iGrow 团队搭建了一个农业人工智能系统，通过创新的强化学习方法进行判断和决策，再驱动温室里的设备元件完成。最终在 4 个月里，iGrow 团队收获了 3496 千克黄瓜，其无论是产量还是自然资源利用率都显著优于传统种植方法。

再来看一个案例。乳腺癌是威胁女性患者的第一杀手，而防治乳腺癌的最佳

方式是早发现、早治疗，早期乳腺癌治疗后的五年生存率可以达到92%以上。中山大学附属第一医院吕伟明教授团队与腾讯觅影AI影像合作，在2018年7月牵头推出了乳腺肿瘤筛查AI系统，首次在国内利用互联网技术实现了乳腺肿瘤的良恶性判别，并自动生成乳腺影像报告和数据系统分级报告。该系统检测乳腺钙化和恶性肿块的敏感度分别达到了99%和90.2%，对乳腺肿瘤的良恶性判别敏感度和特异度分别达到了87%和96%，在检测病灶的核心指标方面显著优于传统单纯的医生人工筛查。

在上述两个案例中，互联网连接技术的价值在其中表现得并没有那么直接和明显，体现出来的技术能力主要为数据模拟与图像识别。当然，互联网连接技术依然是隐藏其后的能力之源，因为没有连接就没有数据，没有数据则相应的数据模拟与图像识别能力就无法发挥。

由此可见，互联网通过连接形成了两大方面的技术能力：一种是连接本身的能力，我们将其界定为"连接技术"，它的价值主要体现在通过连接实现信息提供和匹配；另一种则是在连接所产生的数据信息基础上进一步衍生出来的各种新的通用技术，目前的人工智能、大数据和云计算为其典型代表，因此我们暂且称之为"ABC（Artificial Intelligence、Big Data、Cloud Computing）技术"。

如果我们将互联网发展分为上下两个半场，那么可以说，上半场所依赖的技术能力主要为连接技术，它有力地推动了消费互联网领域的蓬勃发展。而随着技术能力迭代和资源要素禀赋相对价格的变动，下半场无疑将会成为ABC技术的广阔舞台，产业互联网的春风正扑面而来。

三、零售业数字化变革：连接技术与ABC技术在这里交汇

如果非要找一个产业领域来同时观察连接技术与ABC技术是如何各自发挥作用及次第展开的，可能没有比零售业更好的案例了。零售业的数字化变革之路，实际上就是一部从连接技术升级至ABC技术、从消费互联网扩展至产业互联网的浓缩史。

可以说，从互联网发展起来的第一天开始，以连接商品与千家万户消费者为

核心特征的电商领域就成为数字淘金者梦寐以求的天然宝藏。自 2000 年以来，以淘宝、京东、拼多多为代表的大量电商平台先后不断涌现，你方唱罢我登场，无数的造富故事让人们深刻感受到了互联网连接技术的魅力。苏宁、国美、物美等受到严重冲击的实体零售店企业也很快反应过来，顺势布局线上业务。此为零售业数字化变革的上半场。

自 2017 年以来，零售业发生了一个显著的变化，即以腾讯、阿里巴巴为典型代表的互联网领军企业不断通过投资收购、参股合作等方式，纷纷深度参与到为实体零售赋能的阵列中。腾讯称之为"智慧零售"，阿里巴巴将其叫作"新零售"，京东则将其命名为"无界零售"，但殊途同归，零售业数字化变革由此进入下半场。

如果说上半场所依赖的技术能力主要为连接，也就是连接人与商品，那么下半场将绝不只是连接，ABC 技术一定会在其中大放异彩。

过去零售业的要素流动路径为"货—场—人"，生产者不知道消费者是谁，线上线下割裂严重。而零售业数字化变革的下半场将基于消费场景重构要素流动路径，将其变为"人—货—场"。首先，依托大数据分析洞察消费者，增加连带率，提高客单价，提升人的效率；其次，数据赋能，用智慧供应链缩短供应链长度，减少其中附加的交易成本，提升货的效率；最后，发挥线下店的主体功能，赋能零售体验的场景感受，通过数字化支付等方式完成数据获取，实现商品、会员、服务一体化，提升场的效率。在这里，零售的本质并没有变，变的是"人—货—场"三者之间的要素流动路径。连接技术和 ABC 技术于其中有机配合，次第展开，共同推动零售业的数字化变革，实现需求提升和效率改进。

比如，腾讯优图实验室新近推出的优 Mall 智慧零售系统就是针对线下零售多种业态场景打造的一整套全场景解决方案，为零售业态注入新的活力，打造"知人知面更知心"的智慧门店。优 Mall 智慧零售系统以图像捕捉、识别、检索及语音识别等多种人工智能处理引擎为基础，精准数字化原本线下门店难以量化的用户行为，同时结合用户线上数据与大数据处理引擎，对用户行为进行交叉验证分析。它可以助力零售商超、服饰百货、高端餐饮、大型购物中心等商家"人—货—场"的全面升级，持续调优算法，降低铺设成本。

四、从需求侧到供给侧：产业互联网未来演进的方向

如果细细体味零售业近二十年来的变化历程，一个明显可以感知的趋势是，连接技术在其中发挥的价值在慢慢回归至均衡位置，而 ABC 技术的重要性正呈现快速上升的势头。一方面，ABC 技术通过对消费者的线上线下数据整合分析来继续实现需求匹配和提升价值，这依然会是互联网企业近期很长一段时间内的发力重点。比如，在门店管理优化方面，通过室内定位技术及图像热力图技术进行客流统计，以面部和情绪识别技术及行为和视觉追踪技术进行顾客分析，通过标签和射频技术及图像识别技术检测商品状态，利用智能终端技术和前置仓自动分拣技术有效提升店铺运营等；而在消费者体验提升方面，通过应用虚拟试用、智能导购、活动橱窗等技术吸引消费者兴趣，利用自助结算、室内导航、智能购物车、智能推荐、无人便利店和智能货柜大大节约消费者的时间。

另一方面，ABC 技术应用重心将逐步从下游延伸至上游，从需求侧贯通至供给侧，通过"人—货—场"的数据整合分析来提升整个产业链的生产效率，这会是未来零售业数字化变革的主导方向。可以预见，未来零售产业链的每个链条都将以数据的方式存在，研发设计、原料采购、生产制造、物流仓储、批发零售、售后服务、资金流转等各个环节都将逐渐融入 ABC 技术平台，实现商流、物流、信息流、资金流的一体化运作，使市场、行业、企业、个人联结在一起，最终实现以消费者为中心的零售业务完整生态构建。

从零售业的案例可以看出，ABC 技术在产业互联网领域目前的应用更多还是体现在需求侧。实际上，不仅零售业如此，目前互联网公司切入产业互联网比较成功的领域，主要还是在需求侧。比如，对于零售、教育、旅游、政府等行业领域来说，高频且分散的需求信息是其发展所面临的痛点，因此这些领域成为目前ABC 技术发力产业互联网的主战场。但是，如同零售业正在发生的变化一样，数字化资源将通过各种形式源源不断渗透进产业链的每个环节，ABC 技术在产业互联网领域应用的重心将逐步从下游延伸至上游，从需求侧贯通至供给侧；其价值贡献则将从过度依赖需求侧升级至需求提升与供给效率改进并重，这是产业互联网未来演进的方向。在这方面，以腾讯为例，其围绕量子计算、人工智能、5G 等

领域建立前沿实验室，充分利用公众号、小程序、移动支付、社交广告、企业微信、人工智能、云计算及安全能力等数字化工具，正在民生政务、生活消费、生产服务、生命健康和生态环保等五大领域持续发力。

其中，腾讯在汽车与医疗两个产业领域的探索尤为典型。在汽车制造方面，由汽车厂商、车载软硬件提供商、网络运营商、内容提供商及服务提供商等主体构成的巨大交互车联网生态圈，将为用户提供完整和全面的智慧出行服务。在此驱动下，人与车、车与环境、造车与用车之间的信息割裂将成为历史，汽车生产厂商的经营模式正在面临急剧变革，过去单纯的生产制造企业正朝着生产与服务提供商的方向转变，未来甚至会变为出行服务商。

在智慧医疗方面，目前中国医院数字化建设已经初具规模，数据标准化、系统集成是智慧医疗的关键突破点。腾讯与科技部携手建设医疗影像国家新一代人工智能开放创新平台，从创新创业、全产业链合作、学术科研、惠普公益四个维度驱动合作和创新，在"AI+医学"上致力打造"筛查、诊断、治疗、康复"等全流程的医疗解决方案，打造诊疗人工智能全流程的产品。未来在全面建立医疗机构的数字化管理流程和医患数据库后，以影像识别、语音识别等为典型代表的医疗 ABC 技术将会利用数据整合产业链上下游，帮助提升医院运营效率和医疗科技水平。由此可见，与消费互联网主要连接人与人、人与信息、人与商品和服务不同的是，产业互联网主要连接的是每个细分领域所特有的行业"诀窍"。如何打通 ABC 技术与各个产业场景之间的壁垒将是产业互联网发展需要解决的关键问题，而"药方"就在于熊彼特所界定的"新组合"式创新。概括起来，从消费互联网到产业互联网的演进规律如图 1 所示。

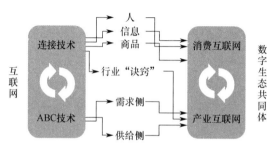

图 1　从消费互联网到产业互联网的演进规律

从线上到线下，从消费到产业，从服务业到工业和农业，ABC 技术正在不断融入社会经济生活的方方面面。站在这个新时代的门槛上，一个值得思考的话题是，消费互联网领域出现了很多赢者通吃和跨行业颠覆式创新的现象，产业互联网是否还会延续消费互联网的发展模式。随着连接技术与 ABC 技术在各个细分产业链中所起作用的不断调整，互联网企业及其通用技术在产业互联网各个细分市场中的价值贡献也在不断发生变化。一方面，互联网行业的总体贡献将随着产业互联网的蓬勃发展而成倍增加；另一方面，在成千上万的细分产业市场中，互联网将很难再出现所向披靡的跨界颠覆式场景，也不可能通过投资控股等方式全部加以控制。因此，产业互联网的发展必须坚持共生共赢的"宽平台"，破除零和博弈的"窄平台"规则，走"去中心化"的开放之路。发展的主体应该是产业自身，互联网企业更多的是与传统产业领域的竞争优势形成有效互补，以少数股权投资或战略合作等方式融入其中，成为传统产业和公共服务机构转型升级的数字化助手，做好连接器、工具箱和生态共建者，推动跨企业、跨行业、跨市场、跨国界的产业协同和资源优化配置，共同打造一个繁荣共享的"数字生态共同体"。

张新红

关于共享经济与智能制造融合的八个判断

张新红，信息社会 50 人论坛理事、国家信息中心首席信息师、分享经济研究中心主任、中国信息化百人会执行委员兼秘书长。

2019 年 3 月 19 日，中央全面深化改革委员会第七次会议审议通过了《关于促进人工智能和实体经济深度融合的指导意见》，明确提出"促进人工智能和实体经济深度融合，要把握新一代人工智能发展的特点"。人工智能的概念在 20 世纪 50 年代就提出来了，目前新一代信息技术为新一代的人工智能发展创造了更广阔的天地，也产生了更多的创新和推动力量。共享经济与智能制造的融合发展，有可能使中国走出一条制造业转型升级的新路子。下面重点谈几个关于共享经济与智能制造融合发展的初步判断。

一、数字改变一切，人工智能正得到广泛运用

钱德勒在 2000 年写了一本名为《信息改变美国》的书。经过这么多年，我们已经感受到信息不仅改变了美国，也改变了中国，改变了全世界，人工智能在这个过程中也得到了更广泛的运用。2018 年 9 月 17 日，习近平总书记在致 2018 世界人工智能大会的贺信中提道："新一代人工智能正在全球范围内蓬勃兴起，为经济社会发展注入了新动能，正在深刻改变人们的生产生活方式。"

从出租车到网约车，从方便面到外卖，从丰田到特斯拉，从大哥大到智能手机，从现金到扫码，从流水线到个性化定制，人工智能其实就在我们身边。透过

这些事例的表象，人们认识到一个新的时代已经来临，整个经济社会发展的动力基础和基本原理已经发生了很大变化，需要重新思考、重新认识。

二、"智能+"就是要利用人工智能解决我们面临的问题

智能制造既复杂又简单，就是用智能化的方法发现问题、解决问题，当然最重要的还是创造新价值。以前谈信息化的时候大家会强调降低成本、提高效率，现在大家关注的重点是它能创造新价值。

新价值怎么来？这里面牵涉到智能制造的几个关键点：首先，要把数据找出来，找到最有用的数据，用数据去发现问题；其次，要有一个好的算法，这个算法能够帮我们解决问题；最后，有了这些算法之后，把它们运用于实践，创造出新的价值。数据、算法、应用，循环往复，不断迭代创新。

所谓"智能+"，就是用智能化的方法解决我们周边的问题，如果用于制造就是所谓的智能制造。

三、智能制造是时代的产物

所谓智能制造，就是以智能技术促进制造业的创新发展，实现制造业的智能化，创造新价值，满足更高层次的需求。智能制造是一个时代的需要，是时代的产物，也是时代的象征。

为什么十年前不提智能制造或"智能+"？因为那个时候还看不清楚，很多技术还没有真正成熟到可以商业化应用的阶段。现在的技术，包括人工智能在内，像大数据、云计算、互联网、移动互联网、移动支付、数字地图、3D打印、现代物流等技术，都已经达到一定程度并开始应用于实践，成为一个新的时代的标志。几年前提出的"互联网+"指的是要把互联网的功能加到经济生活和社会发展的方方面面，现在我们到了把人工智能技术应用于所有领域、所有环节的时候了。

智能制造成为这个时代的象征是有其历史原因的。一方面，制造业发展有它自己的一条线，有它自身内在的需求；另一方面，技术的发展尤其是现代信息技术的发展有另一条线。这两条线在当今这个时代正好交汇在一起了。所以我们说

智能制造是制造业的内在需求与新一代信息技术发展自然耦合的必然结果，是一个必然现象。

当智能化成为一个时代标志的时候，智能化也将成为成功企业的内在需求和外在表现。什么是成功的企业？华为是成功的企业，海尔是成功的企业，腾讯、阿里巴巴都可以算是成功的企业。但它们更是时代的企业——它们感知了这个时代，适应了这个时代，最终引领了这个时代。

当信息革命发展到一定程度的时候，智能制造、智能社会、智能时代就自然到来了。我们以前讲信息化有三个层次或三个维度，即数字化、网络化、智能化。从发展现状看，目前的工业发展已经基本上实现了全面数字化，"互联网+"也使网络化取得很好的效果，而现在智能化可以说是正当其时。

四、制造业的全面智能化就是智能制造的基本内涵

我们谈的智能制造基本上就是指人工智能+制造业，结果就是智能化的制造。目前我们所说的智能基本上都是人工智能，不是虚幻的、纯科技的机器智能。

在理解和应用"智能+"的时候，有三个关键点需要把握。首先，在看待人工智能时，不能把人工智能仅仅看作一项技术，必须考虑它具有多重属性。人工智能既是一种新技术，又是新的基础设施，还是经济发展的一种新模式、一种新的文化及一种新的发展环境，甚至是一种新的思维。例如，当遇到跟制造相关的难题时，你可以考虑用人工智能的方法去解决，你会发现新的办法，这就是智能制造的思维。做"智能+"的时候一定要把人工智能的所有属性和所有功能都考虑到，都加进去。

其次，在考虑把人工智能加到什么地方的时候，要考虑制造业里面的所有要素及其运行的所有环节。将人工智能的所有属性、所有功能与制造业的所有要素、所有环节对应起来，就可以做出无数种匹配和组合，此时你就会发现有很多地方还没有做到位，人工智能可以在这些地方发挥特殊作用，这就是机遇所在。当所有组合都达到一定程度时，一个全面的智能制造就快实现了。

再次，"智能+"不能只关注人工智能技术，而且要关注以人工智能为代表的新一代信息技术的总和。"智能+"一定是全技术、全属性应用于全要素、全流程。用一个简单的公式表示：智能+=（全技术×全属性）×（全要素×全流程）。值得注意的是，这些元素之间都是乘的关系，会产生叠加效应、乘数效应、化学反应。我们也可以说，所有能智能化的终将智能化。

"智能+"会将制造业引向何方呢？总体趋势是数字化、网络化、智能化、个性化、服务化、平台化、生态化和社会化。"智能+"既会因应这些变化，更会强化这些趋势。

最终我们会发现，在以人工智能为代表的新一代信息技术的作用下，我们过去所熟知的一切都发生重大变化，一切需要重新定义。我们现在所熟知的关于人、资源、产品、研发、生产、管理、销售等的一切概念，都可以在前面加一个"智能"标签，或者在它们前面加一个"新"字，因为我们遇到的所有一切都是新的。

为什么智能制造会有这么大的影响力呢？这与智能制造的价值创新功能有关。熊彼特说所谓创新就是生产函数的改变，也就是生产要素的重新组合，这是一切创新的源泉。对于智能制造而言，它就是以智能技术促进制造业的生产要素的重新组合。这里面有两层含义：第一是对数据资源进行重新组合并进行智能化处理；第二是利用这些数据来驱动所有其他的生产要素的组合。人工智能技术可以对数据资源、制造资源重新组合，这就是智能制造的价值创新。

五、数据是智能制造的基础

如果离开数据或大数据，关于智能制造的一切都无从谈起。

这里所说的数据其实很简单，就是计算机能够识别的数据。计算机就识别两个数，一个是0，一个是1。随着技术的发展，所有的事物都可以转变为0和1。换句话说，所有事物及其变化的过程都可以用数据表现出来，这个时候机器就可以代替我们做很多的事情，信息革命引发的一切变化都因此而起。

约翰·惠勒有一句名言：万物源于比特。在他看来，万事万物都是信息，都是数据。

我们现在已经有了这样的技术，可以把这些数据找到，它们就成了我们认识世界的基础，所以说数据是信息社会的原始宝藏。对这些数据进行加工处理，使之变成有含义的数据，这就是我们常说的信息。对这些有一定含义的信息进一步分析处理，就可以总结出一些规律性的东西，我们称之为知识。当利用这些知识去改变世界，去进行各种各样的创新和价值再创造时，称之为智慧。智慧之上就是理念。

只有到了大数据时代，数据才真正成了战略资源，而智能制造的一切都将从数据开始。

六、共享经济是智能制造的重要体现和重要推动力

目前，应用人工智能、大数据、云计算这些技术最活跃、表现最突出的领域就是共享经济。我们可以把共享经济看作智能制造的一个重要应用方向。同时，共享经济又会反过来推动智能制造向前发展。

共享经济就是通过网络动员全社会的资源，通过使用权的分享来满足更多样化的需求。共享经济的概念和应用原形都产生于美国，但把它演绎得最好、最精彩的是中国。在最初的几年里，我们的共享经济发展都是在向美国学习，现在中国的很多创新模式已经成为全球学习的榜样。

共享经济对于智能制造而言有什么意义呢？一方面，目前智能制造的重要应用场景之一就是共享经济；另一方面，智能制造也是共享经济应用势头最猛的一个领域，会推动着智能制造向前发展。国家信息中心发布的《中国共享经济发展年度报告（2019）》显示，制造业正在成为共享经济的主战场，2018 年制造业共享经济领域的成交额已经达到 8200 多亿元，比 2017 年几乎翻了一番，而且未来发展势头也非常迅猛。

七、以共享经济促进智能制造

从供给角度看，共享经济分成六大类，包括产品的共享、空间的共享、知识

技能的共享、劳务的共享、资金的共享和生产能力的共享。这些领域的共享有很多对制造业的发展都有益。

在产品共享领域，仪器设备的共享对于很多企业来讲是需要的。有一些机器设备我们不一定全部都要自己购买，有人为我们提供服务，我们想用的时候直接去租用就可以。

在知识技能共享领域，猪八戒网、一品威客网等集结了上千万个团队，他们在等着给我们出主意、拿方案。

现在有很多共享平台可以为制造企业提供服务。如深圳的硬蛋科技把智能硬件相关的企业全部整合在一个平台上；在货运领域，运满满集结了主干线上80%以上的大型货车，运什么货其都可以帮我们完成。

换句话说，现在从创立、资金筹集、研发设计、生产加工、产品销售到流通服务等，都有各种各样的共享平台在为制造企业提供服务。共享经济可以让我们自身拥有的资源发挥更大的效用，同时让全社会甚至全球的资源为我们服务，我们只做我们最擅长的部分就可以了。

八、产能共享新模式大量涌现

按平台牵头单位来划分，产能共享大概有四种模式。

第一种模式是由互联网企业发起组建的产能共享平台，如淘工厂。以前大家都在淘宝网上淘产品，现在可以淘工厂。这个平台上集结了3万多家服装生产企业，只要有市场，我们想生产什么都会有人帮我们完成。

第二种模式是行业主管部门发起组建的共享平台，如航天云网。目前这个平台上已经集结了200多万家企业。

第三种模式是由行业龙头企业牵头打造的产能共享平台，如沈阳机床厂。传统的智能机床可以通过网络化实现共享，从而使每台机床在什么地方、是闲着还是生产着、有多少时间空当等信息一目了然，当有人需要使用机床时就可以给他推荐。

第四种模式是一些制造企业依靠自身的优势资源搭建的共享平台，如海尔的海创汇。目前已经有 2300 个创新团队在这个平台上进行创新，利用全社会的资源创造新价值。

相信用不了多久，每个行业细分领域都可能会出现一个新的产能共享平台，这对所有行业、所有地区、所有企业都是一个新的机遇。不仅大企业通过共享找到了新的生存发展之路，众多的小微企业也通过共享有了一步跨入信息社会、介入全球市场的机会。产能共享还可能帮助中国的制造业转型升级，走出一条与美国的工业互联网、德国的工业 4.0 不一样的路来。

总之，智能制造是时代的产物和象征，以共享经济来促进智能制造发展正成为中国制造业转型升级的重要途径。

姜奇平

解决产业互联网与工业互联网的深层矛盾

姜奇平，信息社会 50 人论坛理事、中国社会科学院信息化研究中心主任、信息化与网络经济室主任、《互联网周刊》主编，2009 年当选中国互联网 10 位启蒙人物之一，被《硅谷时代》评为"带领我们走向数字时代的 20 位中国人"之一。

一、认清形势与挑战，处理好产业互联网与工业互联网发展的关系

1. 面对互联网与产业结合发展，各国面临路径选择

工业互联网、产业互联网是一场业态升级，升级的必要性、可能性及需要克服的障碍，都与我们面临的现状有关。如果把世界比喻成丛林，一国综合国力与它在丛林的食物链上的位置相关。食物链高端的生物通吃低端，一国综合国力高的一个重要表现就是其在产业链处于高端。工业互联网、产业互联网代表的是业态升级，升级的结果表现为更高的附加值，就是在产业链上攀升。中国长期处于工业产业链的低端，要提高综合国力，必须解决转型升级的问题，工业互联网为此提供了机会。

对美国和德国等国来说，所谓的"再工业化"，意在将工业的业态改造为服务化的业态。这有两方面的含义：一方面，针对工业化高度发展之后金融虚拟经济造成的空心化，要求重新加强工业，加强实体经济，这是在补金融泡沫化造成的窟窿；另一方面，如果只把工业从中国转移回去而不转变业态（转向互联网虚拟经济，即智能的服务化），发达国家在工业回归中并不能获得更多的利益。因此，工业互联网就有特定的含义，就是既要把工业转回去，又不能转到低端去。所以我们可以把这里的互联网等同于升级，智慧化是升级的手段。智慧化的条条道路，

都是通向以差异化来提高附加值的。因此，无论美国、德国，还是日本、韩国，它们的布局都在高端，并不是要与中国简单争夺低端。对这种布局，我们应该从附加值角度来观察和认识，而不能简单从实物形态和功能角度来认识。

与上述国家相比，中国是在低水平产能过剩条件下发展工业互联网与产业互联网的。这决定了：第一，中国产业链低端的工业产能是过度而不是不足，我们要调整结构，要从低端主动向高端转型，千万不要把再工业化曲解成再低端化，一定要努力往上游方向升级；第二，中国是制造业大国，向工业互联网方向升级的基础还是相对比较好的，别人需要加两把劲实现的事情，中国只需要加一把劲，这就是要让集群、劳动力变智慧化；第三，中国工业转向服务化条件有限，亟待改善，中国的服务业在 GDP 中的比重刚刚超过 50%，服务业还没有现代化，还没有形成成功经验来供第一、第二产业借鉴。要在非常实、非常同质化的产业化整体氛围中发展出比较虚、高度差异性的服务化的人才和文化，特别不容易。服务化在一些人看来很虚，是虚拟经济，这种观念需要改变。

2. 工业互联网的矛盾焦点在应用，要抓应用、促发展

1）谨防穿工业互联网新鞋，走投资驱动老路

看待产业互联网这个问题，不能光从技术经济角度单纯将其当作技术问题、产业问题来看，而要从人的行为模式，包括发展模式、生产关系模式与利益模式等角度全面看待。

产业互联网发生在当前中国经济从投资驱动转向技术驱动、创新驱动的总背景下。发展产业互联网需要改变原有的模式。

现在的工业互联网大多是自上而下推动的，由政府进行规划，进行大规模投资、建设。国家从战略上重视工业互联网，投入真金白银，真抓实干，当然是好的，是中国之福。

但以往经验教训表明，自上而下推动，容易出现在投入、建设阶段大干快上，但在应用环节掉链子的问题。发展工业互联网，要注意避免延续以往投资驱动的传统模式，避免穿工业互联网新鞋走投资驱动的老路。投资驱动的软肋要害在应

用。生产出来没有人用，就是过剩产能。

2）抓应用、促发展是务实之策

一定要把好事真正办好。为此，对推进工业互联网，笔者提出如下两个针对性的对策性建议。

第一，建议把抓应用、促发展作为推进工业互联网的指导思想。要在政策上有针对性地引导解决应用掉链子这个问题。

第二，建议本着务实推进原则，对工业互联网中的国家投入进行全产业链管理。以往经验教训表明，当政府提倡一条好的产业发展路径时，企业看中国家对项目的大额投入，往往一哄而上响应，其中难免鱼龙混杂，出现劣币驱逐良币现象，难以保证投资见到实效。要解决这个问题，最有效的方法是对国家项目资金进行全产业链管理。

因此，自上而下推进工业互联网，特别要防止企业借新技术名目套取国家项目资金来充当利润的不良现象。工业互联网成功不成功，应以对产业转型升级发展有没有用为检验标准。

3. 产业互联网的矛盾焦点在利益，要发挥贴近最终用户的优势

1）自下而上发展之路更有活力

发展产业互联网（工业互联网）还有另一条相反的路，就是自下而上发展的市场之路。一般走这条路的人，如腾讯、阿里巴巴等所有互联网企业，往往不说工业互联网，而把它说成产业互联网。其实这两个词的英文是同一个词，现在中文一词各表，成了一种立场暗示。

腾讯的汤道生分产业、一个一个非常实在地描述了腾讯准备做什么来促进产业互联网发展。对此，陈清泰加以赞赏说：发展产业互联网，技术不发愁，关键是生态，过去的做法适合投资驱动，现在要变成创新驱动，希望像汤道生说的那样，能够在一个一个产业实现产业互联网发展，成功地形成模式，再在几十个产业推开。

2）预防"红旗法案"

自下而上推进产业互联网的难点在于，一旦触及传统产业的利益，其会受到各种"红旗法案"的掣肘。

专家包括互联网企业本身，在解释产业互联网时，往往都说是从消费互联网转向产业互联网。笔者认为这其实只是一种表面现象。所谓消费互联网转向产业互联网的真相：互联网上半场进入的是非管制领域互联网，下半场进入的是管制领域互联网。

产业互联网，从发展角度看，全部是机遇；从改革角度看，全部是挑战。它意味着改革要进入深水区，不光涉及各产业的业务，更触及各产业的利益直至灵魂。目前对产业互联网陷入乐观情绪的人们，往往没有看到这一点。

自下而上发展产业互联网，要避免单纯的技术观点，不要以为采用先进生产力，就一定会受到传统产业的热烈欢迎。对于像互联网交通那样引起的激烈利益冲突、制度冲突，人们要有心理准备。

从理论上说，矛盾的焦点在利益分配，属于生产关系范围。改革，就是改变不适合先进生产力发展的生产关系，就会触及人们的利益。如果现有生产关系、经济基础不调整，产业互联网面临的最大挑战，可能就是现有管理模式不适应生产力的发展。

为此，要做一个新的功课：研究政策，研究改革，研究怎么将分蛋糕与做蛋糕更好地结合起来。

3）在前进中用正能量化解矛盾

如果说，工业互联网过坎，要靠政府抓应用、促发展的政策来保驾护航，那么产业互联网过坎，就只能靠自己了。

一般我们以为，互联网企业进入传统行业，必定不懂业务，是外行面对内行。这完全低估了互联网企业的力量。互联网企业打得出租车行业难以招架，而它们是外行；互联网企业打得银行难以招架，它们也是外行；互联网企业打得零售行业难以招架，它们还是外行……历史已经说明，行业业务门槛不是绝对的。有一种力量，会超越行业业务门槛，这就是用新的生产方式，取代旧的生产方式。

笔者发现，OTT（越顶传球，篮球术语，比喻越过传统行业垄断力量直接接触用户）是传统产业无论如何也识别不出来、化解不了的专属互联网企业的跨行业竞争力。大规模 OTT 成功的经验，首先发生在互联网企业整体超越传统电信运营商的客户争夺战中。

2007 年，互联网企业与电信运营商几乎站在数据业务的同一起步线上，随后互联网企业采取 OTT 一举反客为主。

今天，当互联网企业提出产业互联网时，各行各业一如当年的电信运营商般不以为然。但现在互联网要进入的那些产业，并不比当年的电信业更垄断，它们凭什么在一个世界级的百胜军团面前那么自信呢？

因为产业互联网所面对的各个产业，往往在模式上比较保守、封闭。由于官僚主义、大企业病，以及与最终用户脱节，自大保守成为行业龙头们的致命弱点。互联网在进入各行各业时，要坚持一个原则，即立足于自身优势，帮助所有的行业企业，面向它们的最终用户创造价值。也就是说，互联网企业为行业企业所提供的服务，不应直接争行业企业的饭碗，而应越过行业企业这个顶，通过 OTT 直接接触行业企业的用户，帮助行业企业成功。

汤道生说，"（工业互联网）最终解决什么问题，是非常值得思考的。GE 为了建工业互联网而建平台，到最后是因为找不到问题（而失败的）。连接只是手段，不是价值。找不到价值点在哪儿，一切都是胡扯"。汤道生认为，互联网企业"在最终消费者端的能力，是可以用得上的"。

二、抓住机遇，转型升级，不辱工业互联网与产业互联网的使命

1. 工业互联网要走制造业服务化之路

工业互联网等反映的是全球范围信息经济全面发展这样一个大趋势和工业业态升级的现实需求。

第一，这些名为工业××的趋势，在本质上是信息化现象，而不是工业化现象。例如，有人把工业革命的某一阶段命名为农业4.0，则只能把这个阶段理解为用工业化、产业化的方式搞农业，而不能理解为工业革命在本质上只是一场农业革命。这涉及这场变革到底是体变，还是用变。

第二，工业互联网的核心，一是智慧化，二是服务化。

智慧化说的是技术范式变化带来的是技术和生产力上的正反馈，表现为要素越复杂，决策的能力相对越高。面对互联网时代多变的市场，智慧化会使工业发生从迟钝到灵活的转变，提高复杂性条件下工业响应市场的活力。

服务化指商务范式变化带来的是成本上的范围报酬递增，表现为市场需求越复杂，成本反而越低。与服务化相对的是产业化，产业化是同质化，服务化是差异化。过去工业都是按产业化的方式发展的，效率虽然提高了，但附加值较低；工业一旦从产业化转向服务化，就可以从同质化制造转向差异化服务，从而获得更高的附加值。

智慧化和服务化结合主要解决的问题，是让作用于提价竞争的差异化从成本不经济变为成本经济。因为从长远看，互联网更擅长的是降低差异化的边际成本，因此增值是它的最佳着力方向。

第三，工业互联网是工业业态的升级。具体到工业发展上，要从产业化的业态向服务化的业态发展。通俗地讲，未来趋势就是像发展服务业那样发展工业。

当前工业最大的现实需求是从低附加值向高附加值升级。低附加值是同质化造成的，高附加值必须走差异化的路。而服务业相对于制造业，就是提供差异化的产业。服务化因此可以理解为用差异化的思路来发展第一、第二、第三产业。其中工业互联网主要指工业的服务化，即以服务化的思路来发展第二产业，用发展第三产业的思路来发展第二产业。这是第二产业发展思路的一个飞跃。又由于服务业存在"成本病"，服务化必须以智慧化的方式来做，也就是通过计算机加人脑来克服服务业的"成本病"。

2. 激发产业互联网的使命感

自从互联网界提出产业互联网而产业界提出工业互联网以来，不断听到产业界的人士对我们互联网界的人士说：你们搞消费互联网的，不懂产业；搞产业要听我们的，互联网只是工具，你们要接受我们作为主导。意思是，互联网与产业融合，要听产业界的。这话不错，隔行如隔山，在业务上，互联网界要向产业界虚心学习，尽早从外行变为内行；而且，互联网界还要避免单纯的技术观点，要把商务效益问题摆在技术前面。但是，互联网界还要想一想什么事情是产业界做不了、非我莫属的，把它作为使命提出来。互联网界要把帮助各类行业客户亲近小批量而分散的用户当作自己的使命。

工业革命时期，在蒸汽机技术发明之后，农民会认为这个技术虽然厉害，但种麦子，农民是内行，还得听农民的。但是城里人持工业技术从事农业活动，并最终主导了农业，这不仅是因为他们学会了农业技术，而且是因为他们带去了工业的生产方式，利用工业生产方式更加先进这一点，主导了从事农业时间更久的农民。在中国，这个过程称为农业产业化，也就是用第二产业的方式发展第一产业，利用第二产业生产方式更加先进这一点取得主导地位。

今天，论发展各种产业，互联网人确实没有经验，就像当年搞产业化的人不懂农业一样，但同时要清楚地认识到，工业革命不是农业生产方式提高工业生产方式的过程，而是相反的过程；信息革命也绝不是传统生产方式指导先进生产方式的过程，而是相反的过程。互联网人要发挥自己的优势，在提高产业现代化水平上做文章，下功夫。这一点单靠懂产业的人很难实现。

互联网人在这方面可以充分借鉴阿里巴巴进入金融业的经验。金融业当初受到阿里巴巴冲击，不是因为阿里巴巴比其更懂金融，而是金融业服务方式落后，仅能从事单一品种、大规模的"三大"业务（大城市、大企业、大项目贷款），而阿里巴巴借助多品种、小批量的生产方式从事利润更高的小微贷，终于后来居上。

互联网人的生产方式不同于第二产业的地方在于产销合一。传统的各种产业发展到现在，仍然是建立在用户与企业相互隔离的基础上的。互联网有接近最终用户的优势，要帮助企业与最终用户结合。

以体验为例，对用户来说，增进体验是指满足用户的心理需求；对企业来说，增进体验则是"帮助企业成功"，特指透过企业客户，直接把握企业客户的用户的需求，从而帮助企业客户在满足它们的用户方面取得成功。互联网企业的优势是掌握数以亿计的最终用户，其在产业互联网中当仁不让的使命，就是做好企业的助手，帮助它们取得成功。为此，互联网企业需要谦卑地对待企业客户。

如果产业中的企业出于"懂产业"这种自大，对互联网企业不谦虚、不接受帮助怎么办？那将造成互联网企业更大的机会，实现 OTT。这是互联网企业一举超越电信运营商的实战经验证明过的。

三、突出重围，脱颖而出，中国互联网与产业结合要走出创新之路

在当前我国工业互联网的发展中，存在盲目照搬德国、美国战略，扬中国所短，避中国所长的问题，这会使中国错过本来对德国、美国制造业超车的机会。

要辨析清楚问题，第一需要搞清中国、德国、美国三国的工业互联网共通之处在哪里；第二需要搞清楚德国、美国两国制造业的所长在哪里，所短在哪里；第三需要分析中国如何补短扬长。

1. 中国、德国、美国工业互联网的共同挑战与机会

工业互联网（德国工业 4.0、美国工业互联网）从国外热到国内，反映的是全球范围信息经济全面发展这样一个大趋势和工业业态升级的现实需求。工业互联网起于多样性价值和复杂性成本之间的矛盾（如德国汽车工业）。这是中国、德国、美国工业互联网面对的共性问题。正如德国专家指出的，"人们将面临的挑战基本上是把现在的手持设备操作的简单性尽可能多地转移到工业开发和生产过程及产品上去。这通常被称为简单的复杂（Simplexity）"。

工业互联网核心的智慧化和服务化，都是从解决上述基本矛盾派生出来的。

2. 德国、美国工业互联网的短与长

德国提出工业 4.0，是为了解决不让中国像学仿美国制造业那样学仿德国制造业的问题。德国认为，美国制造业之所以让中国学仿追近，而德国制造业却幸存，是因为美国制造业的中间环节过于简单，而德国制造业的中间环节比较复杂且都以嵌入式软件形式加以固化。德国认为必须保护和发扬这种相对于中国的比较优势。同时，德国通过观察中国与美国，希望在原有优势上，补移动所短，但其方法不是搞移动互联网，而是把移动当作一种新的生产方式。

反观中国，在看到与德国制造业相比的短处后，中国也在强调智能化。补上智能化的短板是完全应该的。笔者认为，智能化这个定位要符合中国实际，一是要定位追赶，缩小与德国、美国的距离；二是不要冒进，不应提出不切实际的目标，要有所为，有所不为。

再看美国工业互联网。美国与德国不同，美国工业化中的许多主张都是一种应激反应，表现为从中国"夺回"制造业的努力，这忽略了中美劳动力工资的巨大差别，导致一些美国资本家用自动化来代替人工，从而解决不了美国就业问题。在这种情况下，我们不应冒进照搬，而应冷静观察。笔者认为，美国过段时间就会发现技术创新是它相对于中国的比较优势，就会把工业互联网定位在技术创新主导的可就业的"新硬件"上。

针对美国的优势，中国强调技术创新也是对的，但只是在弥补短板、缩小差距这个意义上是对的。如果我们以为中国能在短期内就把技术创新从弱势变优势，就会忽略这件事的难度。

基于以上两方面的分析，笔者认为中国在学德国工业 4.0 和美国工业互联网时，最好把追别人的长项当作副攻目标，主要以缩短差距、补自己的短板为目标，在局部领域提出高一些的目标。

3. 中国工业互联网与产业互联网如何扬长补短

互联网+××，就是希望能把互联网的成功"加"到各行各业，从而实现各行各业从追赶到超车的变化。

中国应发挥相对于美国、德国的市场创新所长，在"互联网+"中以市场创新为主、技术研发为辅，解决结构优化中的高附加值问题。

在市场创新中，业态创新具有核心重要意义。"互联网+"就是指一种新业态，即互联网+="基础平台+增值服务"。

中国互联网已在实践中摸索出一条以支撑服务业（也就是平台服务业）为带动力量，使产业超越美国的可行之路，将来工业互联网也要走这条路。

基础平台与增值服务的分离，相当于重工业与轻工业的分离，是服务业内部支撑服务业（"重"服务业）与应用服务业（"轻"服务业）的业态分离。

新业态的实质是重化服务业。从旧业态中长出增值服务这一价值增长点；以支撑服务业为新业态重点。其机理是，实现重资本与轻资产的分离，为多样性增值创造轻资产运作的条件，有效降低创造多样性价值的复杂性成本。

制造业的服务化，尤其是服务的重化，是德国所短，从长期来看，也不见得是美国所长，但它可以成为中国长期的比较优势和竞争优势。

因此对于工业互联网，中国总的思路应是，在德国和美国所长、中国所短之处，缩短距离；在德国和美国所短、中国所长之处，发力超车，经过长期努力，逐步把自己的短处变成长处。

4. 着眼超车，走中国特色的大众创新之路

中国工业互联网、产业互联网的路怎么走才能超过美国，这是一个正在变得现实的问题。中国互联网为什么能从跟随，渐渐变成在某些领域引领世界潮流呢？客观原因这里先不分析，只提主观原因，也就是人的因素。如果专讲引领超车，中国有一个方面可以同美国一争，这就是大众创新。

大众创新不同于熊彼特式创新，熊彼特认为创新是科学家和航海家的专利。著名经济学家费尔普斯认为，自下而上的大众创新，对于未来经济发展和社会繁荣至关重要。互联网不问出身，无数的创业者起初都不过是小小的"草根"，他们在这20年中通过互联网实现了自己的愿望，更显示出大众创新特有的魅力。中国

互联网的未来，无疑将是大众创新的未来，也是中国大繁荣的未来。

同为大众创新，中国与美国正表现出一种历史性的区别。美国发展的是少数人的创新，中国可能发展出多数人的创新。

对美国和英国工业化的繁荣，很多人原以为是企业家精神和精英的创新，但费尔普斯认为不是。费尔普斯在《大繁荣》一书中研究发现，决定三五百年这个级别的大繁荣的关键，在于有没有"草根"创新的机缘。他说美国的大众创新，就是"草根"创新，正是整个社会的"草根"创造了机会，才造成了今天的繁荣。但是，费尔普斯说的所谓大众创新，实际上不是指在"草根"状态创新，而是指先把"草根"转变为精英，再创新。这有两个门槛，一是知识产权，二是风险投资（VC）。够这个条件的"草根"，就从大众，变得少之又少了。

中国互联网实践出现了不需要这两个条件也可以创新的低门槛创新现象，如大众创业，万众创新，我们可以在互联网平台分享与开发工具的普及中看到这个现象。费尔普斯认为，必须得把"草根"转化为精英才能把创新成果发挥出来，也就是要靠 VC 和知识产权。而互联网平台分享与开发工具的普及可以是零门槛的，比个人开发专利、获得 VC 门槛低得多。所以这可以改变历史，不需要把"草根"变成精英，"草根"在"草根"状态就可以创新。降低大众创新门槛，这是中国超车的关键。

当前互联网正进入新的历史发展阶段，5G 时代的应用创新将引发互联网新业态的出现，并通过 API 走向创客化和个性化。以"草根"的方式做应用这种事第一次成为可能。

工业互联网的极致，是要激发人的自性（如创新）。互联网带动工业发展的最终形式是，可以分散地而不是集中地，由最接近客户的一线"草根"而不是控制中心的精英，从消费者出发而不是从生产者出发，以销定产而不是以产定销地做产品服务和体验。除了互联网，没有什么机制有这样广大的社会动员能力，能满足工业从集中模式向分散模式转变所需要的无所不在的创新。

如果中国大众创新的门槛比美国还要低，一线"草根"就能真正被激发出来，从工业互联网中就会产生百年级的大繁荣。

钟国兴

精实力：国家战略的制高点

钟国兴，中央党校报刊社原总编辑。

一、虽然强了，但仍然缺少精实力

改革开放四十多年，中国发生了翻天覆地的变化，生产能力和创新能力都得到了前所未有的提升。现在，似乎中国什么都能生产，各种商品远销世界各地，令人为之自豪。不过我们应该看到，表面上能力的强大，可能会掩盖更深层次实力上的问题。

中国正在面临这样的情况：尽管手机和各种智能产品畅销，高端芯片却是别国生产的；尽管自行车、洗衣机、冰箱畅销，精密仪器、重要的生产线却是别国生产的；尽管汽车卖到许多国家，高端发动机却是别国生产的；尽管廉价服装、箱包销往世界各地，中国人却在到处淘服装、箱包的名牌产品；尽管电影、电视剧和动漫在产量上绝对是大国，产生世界影响的影视精品却很少；尽管药品很大程度上实现了国产化，大部分尖端新药、特药却与我们无缘。中国不乏种类繁多的产品，但在许多领域都缺少真正的精品、核心产品。在社会治理上，我们保障了社会稳定发展，但是环境等问题比较突出；地方对许多问题解决得过于简单化，导致了一系列其他问题，因此距离科学化、精细化治理还有相当的距离。

从国家实力上说，中国确实比较强大，包括一般的硬实力、软实力。但是，我们仍然缺少一种实力，即精实力。所谓精实力，就是高精尖上的创新、制造和精准化、精细化、精致化的能力。

二、没有精实力，就没有核心竞争力

近几十年来，硬实力、软实力、巧实力等概念流行，而且成了国际上实力比较和实力竞争的重要范畴，不仅被用于国家能力的概括，而且用于城市、企业的评价。但是在这个系列中，还缺少精实力这样一个概念。

精实力是硬实力和软实力的核心。硬实力是否真的过硬，软实力是否真的有力量，关键并不在于表面如何，而在于这种实力是否既精又实，是否在高端、精准上超越了竞争对手。离开精实力，硬实力、软实力都可能是虚的、经不住重大考验的。所以，精实力是硬实力、软实力背后的真正实力，是它们的内核，是真正的核心竞争力。

精实力是核心竞争力的生命线。在当今世界上，美国的芯片、德国的机械、英国和法国的服装箱包等名牌产品在世界上畅销，靠的就是某些领域精致、精巧的高端能力。

成为真正一流的国家和企业，不是仅仅靠生产规模，也不是靠低端或普通的产品的销量，更不是靠过度的舆论炒作，而是要在某些领域具有无可比拟的精实力。具有强大精实力的国家和企业，才算得上一流；相反地，离开精实力，其就只能和一流无缘。

三、超越糙实力和普通实力，才有精实力

和精实力相对应的是"糙实力"，也就是低端的、粗糙的、表面化的实力。在精实力和糙实力之间，还存在着大片中间性的领域，它既不是精实力也不是糙实力，而是普通实力。糙实力和普通实力一定要尽快升级为精实力，才会真正成为高端实力。

中国在一些领域精实力不足，和多种因素有关。第一，发展本身有个过程，精实力不可能短时间到位；第二，几十年来过快的发展，导致人们的需求迅速升级，因此产品迭代很快，许多产品一拥而上，来不及精致化；第三，某些行业利

润空间过大（如房地产），形成对正常实业的冲击，影响提升产品质量；第四，网络购物发展快速，使得品牌市场受到较大的冲击，影响精益求精；第五，过去大轰大嗡的、运动化的做事方式和习惯，成为把事情做精做细的障碍；第六，由于属于后发展国家，有其他国家的创新可以借鉴，因此许多企业过度重视跟风和模仿，不重视实实在在的创造性、精致性的改进；第七，我们的体制和文化上还有许多值得反思的地方。

精实力缺乏并不可怕，可怕的是认识不到精实力的差距。对于任何一个民族和国家来说，精实力都是靠不断积累形成的，需要靠一代又一代人的持续努力来打造。

四、打造精实力，至少需要几十年

打造精实力，这比一般的上项目、扩规模难度要大很多，不是一朝一夕能实现的，精实力的形成需要几十年以上的努力。

打造精实力，首先要把精实力作为重要战略问题研究透彻。要弄清楚什么是精实力，精实力体现在哪些方面，我们还缺少哪些方面的精实力，打造精实力靠什么。

打造精实力，应是长久坚持的战略。唯有明确这一战略，才知道努力的方向，才会明晰要达到的目标，才会更加明确我们振兴中华的路径；确立这一目标，才会明确精实力打造的规范性标准，明确打造精实力的步骤，并从各个方面提供战略配合和保障。

打造精实力，应该不断地创新积累。在以往的观念中，创新似乎只是指重大的发明创造，这是对创新理解上的重大偏差。实际上重大发明创造只是创新的一种，产品和工作的具体的改进也是创新，而且是更为常见的、实用的创新。忽略了后一种创新，工作及产品就会趋于一般化、粗糙化。因此打造精实力，必须重视日常创新、全面创新、全员创新。

打造精实力，应该不断强化工匠精神。中华民族自古并不缺少工匠精神，但近几十年来由于社会变化迅速、产品迭代过快等原因，工匠精神一度严重缺失。

打造精实力，必须重新呼唤工匠精神，不仅要培养一大批具有工匠精神的科学家和工程师，而且要提倡和鼓励从事普通工作的人成长为精益求精的工匠。

打造精实力，应该厉行严格的质量管理。产品质量粗糙、工作只重视表面效果，一个重要原因就是缺少基本的标准或严格的管理。质量管理领域中存在的寻租和地方保护现象，尤其是出现问题时只象征性地罚款了事，是假冒伪劣问题大量存在的背后原因。在这方面，应该制定更加严格的惩处标准，建立有关部门监督与社会舆论监督的良性互动机制，并加强对监管部门本身的监管和反腐败工作。

其实，党的十九大报告中关于中国制造等许多方面的内容，已经明确包含了强化精实力的要求。到2050年，要达到建设成为社会主义现代化强国的目标，就必须在经济、文化、军事、社会治理等各个领域大大提高精实力，因此打造精实力应该成为一种重要的综合性战略。

打造精实力是对整个民族的一场全面考验，需要从多方面创造条件。只有顺利通过这场考验，我们的国家才能更加强盛。

大推进 数字化转型

腾讯研究院

从数字中国指数看数字化进程新趋势

习近平总书记指出："加快数字中国建设，就是要适应我国发展新的历史方位，全面贯彻新发展理念，以信息化培育新动能，用新动能推动新发展，以新发展创造新辉煌。"随着社会主义建设进入新时代，我国的数字化进程也进入发展的新阶段。消费端增长趋于稳定，产业侧有大量机会产生。数字化发展的主战场，"正在从上半场的消费互联网，向下半场的产业互联网方向发展"①。

基于这样的大背景，腾讯研究院编制了 2019 年度数字中国指数（总指数）。数字中国指数下设数字产业、数字文化、数字生活和数字政务四个分指数，选取了有代表性的互联网企业主要产品的 94 个指标来构建数字中国评价体系，描绘全国②31 个省、自治区、直辖市及 351 个主要城市的数字化发展水平，以求全面、精准地反映数字化进程的总体态势和阶段性特点。

一、数字中国指数总体情况

1. 数字经济占比继续提升，指数总体保持快速增长

根据指数团队测算③，2018 年全国数字经济体量为 29.91 万亿元，较 2017 年同期的 26.70 万亿元增长 12.02%，超过 2018 年我国国内生产总值（GDP）的增速，数字经济在 GDP 中的占比也由 32.28% 进一步上升至 33.22%。数字经济的持续增长对于我国经济的稳增长、调结构、提质量起到了相当重要的作用。

在数字中国指数框架下，2018 年全国的数字中国指数总和为 627.85 点，较

---

① 马化腾. 致合作伙伴公开信[Z]. 腾讯全球合作伙伴大会，2018.
② 由于数据获取困难等原因，本文所述全国情况不包括港、澳、台地区的相关情况。
③ 本文沿用《中国"互联网+"数字经济指数报告（2017）》中的数字经济估算方法。有关数字经济规模估算方法的细节，请参考《中国"互联网+"数字经济指数报告（2017）》。

2017 年增长 80.06%^①。从"互联网+"指数的省份分布来看，广东、江苏、北京位居前三，河南上升两位居第六位，上海超越湖南上升至总指数排名的第八位，河北首次跻身总指数排名前十的行列。

在具体城市排名方面，北京、深圳、上海和广州四个一线城市处于前四。除了北京保持着一定程度的领先，深圳、上海和广州的指数数值非常接近。西南双子星成都、重庆表现突出，分列第五位、第六位，与位居第七至十位的东莞、长沙、郑州和杭州等一同构成了数字城市的第二梯队。

2．四大板块的关联度与结构性特征

数字产业、数字文化、数字生活、数字政务四大分指数从 B 端、C 端和 G 端衡量数字化发展水平。数据显示，四大板块间呈现很强的相关性。据测算，板块间两两的相关系数^②均超过 0.8，体现了板块间的高关联度。

板块间也存在一定的差异性。在四大分指数中，数字产业指数增速最快，远超其他板块。板块聚集度^③则在数字产业板块最高，在数字生活板块最低。同时，数字生活、数字文化板块中的后线城市与头部城市差距相对较小，数字产业板块则是头部城市与后线城市差距最大的板块（见表 1）。

表 1 指数四大板块对比

对 比 项	数字生活	数字文化	数字政务	数字产业
聚集度（HHI）	87	100	72	209
板块内分化	8.17	8.41	10.37	11.27
与总指数排名分离	25.09	32.39	54.53	17.00
排名变化标准差	20.29	11.84	39.98	17.17

综合以上数据，我们能够推断数字化发展进程中的一些结构性特征：第一，

① 在指数架构调整后，研究团队重新计算了 2017 年数字中国指数及数字产业、数字文化、数字生活、数字政务四大板块的分指数。2018 年总指数与各分指数的增速均以重新计算的 2017 年指数为基准，可能与《中国"互联网+"指数报告（2018）》公布的数字略有出入。同时，指数的增速描绘数字化进程的趋势，并不直接等同于数字经济的增长速度。

② 即 Pearson Correlation Coefficient。

③ 使用 The Herfindahl-Hirschman Index（HHI）测算。The Herfindahl-Hirschman Index 是一种被学界广泛使用的测量产业集中度的指标。

数字产业仍然是最具活力和潜力的领域，但目前其发展还是集中在头部城市，后线城市数字产业发展潜力有待挖掘；第二，数字文化和数字生活衡量数字化的市场基础与消费潜力，在产业互联网成为数字化主战场的新阶段，文化与生活领域的数字化进程仍然会发挥重要的基础性作用；第三，2018年不同城市数字政务发展开始出现一定程度的分化，导致了政务板块排名的波动。数字政务整体发展将进入攻坚期，服务正在向解决"难、堵、痛"点的高价值领域下沉。

3. 数字中国指数分布区域特征

2018年数字中国指数增长呈现东快西慢的态势。根据测算，2018年东部地区数字中国指数增速为 84.64%，中部地区数字中国指数增速为 79.69%，西部地区数字中国指数增速为 68.88%（见图 1）。东部地区与中部地区数字中国指数增速接近，均高于西部地区。

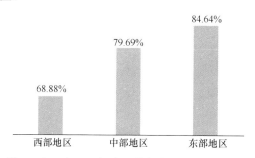

图 1 东、中、西部地区数字中国指数增速情况

我国南部地区、北部地区数字中国指数增速更加均衡。以秦岭、淮河一线为分界线，南部地区数字中国指数增速为 79.79%，北部地区数字中国指数增速为 80.51%，两者差异极小（见图 2）。根据 t 检验显示，南、北部地区数字中国指数的平均增速的差异在统计意义上不显著（p-value=0.44），显示我国南、北部地区数字化进程呈现均衡发展的态势。

我国在数字化进程中也体现出明显的集群效应，大型城市群在数字化发展过程中作用明显。京津冀城市群、长三角城市群、珠三角城市群、成渝城市群、长江中游城市群、中原城市群及关中平原城市群这七大城市群共 137 城在数字中国指数中的占比达到 64.46%。同时，这七大城市群中的城市 2018 年数字中国指数平均增速为 75.83%，显著高于其他地区数字中国指数 59.86% 的平均增速

（p-value<0.001），印证了数字化发展呈现明显的集群化特征（见图 3）。

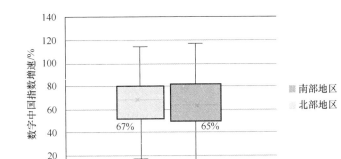

图 2 南、北部地区数字中国指数增速箱形图

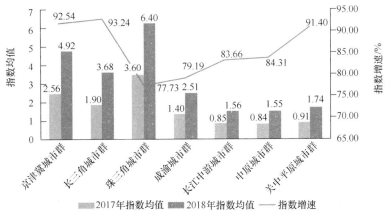

图 3 七大城市群数字中国指数均值、增速对比

4. 城市分线与数字鸿沟

研究团队根据数字化水平，通过聚类分析得到全国 351 个城市共 5 层的分层结构①。

---

① 数字一线城市（共 4 市）：北京、深圳、广州、上海；数字二线城市（共 14 市）：成都、东莞、佛山、福州、杭州、南京、苏州、天津、武汉、厦门、西安、长沙、郑州和重庆；数字三线城市（共 19 市）：大连、哈尔滨、合肥、惠州、济南、金华、昆明、南昌、南宁、宁波、青岛、泉州、沈阳、石家庄、太原、温州、无锡、长春、中山；数字四线城市（共 65 市）：保定、沧州、常德、常州、潮州、郴州、德阳、赣州、贵阳、桂林、海口、邯郸、河源、衡阳、呼和浩特、湖州、济宁、嘉兴、江门、揭阳、兰州、廊坊、聊城、临沂、柳州、龙岩、洛阳、茂名、梅州、绵阳、南通、南阳、宁德、莆田、秦皇岛、清远、汕头、汕尾、韶关、邵阳、绍兴、台州、泰州、唐山、潍坊、乌鲁木齐、湘潭、新乡、邢台、徐州、烟台、盐城、扬州、阳江、宜昌、银川、岳阳、湛江、漳州、肇庆、镇江、珠海、株洲、淄博、遵义；其他城市均为数字五线城市（共 249 市）。

2018 年，数字一、二、三线城市成为数字化发展主要增长点①，根据测算，数字一、二、三线城市 2018 年数字中国指数增速分别达到 89.99%、91.15% 和 86.02%，均大幅度超过全国平均水平。数字四线城市数字中国指数增速为 81.29%。数字五线城市增长略有放缓，数字中国指数的增速为 64.15%。由于数字中国指数增速的分化，数字一线至数字五线城市在全国的数字中国指数中的占比也出现了一定的变化，指数分布呈现了向头部城市聚集的态势（见图 4）②。

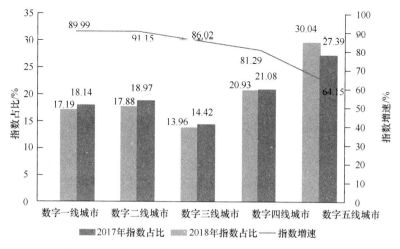

图 4　数字一线至数字五线城市数字中国指数增速与指数占比变化

2018 年，由于数字四、五线城市的数字中国指数增速不及数字一线城市至数字三线城市，后线城市与头部城市差距拉大。计算显示，2018 年用市级的数字中国指数计算的数字化基尼系数③为 0.59，较 2017 年同期的 0.55 有一定程度的上升，印证了数字化发展不均衡的程度在 2018 年有所加剧。

不同层级的城市在数字中国指数的构成上呈现明显的结构性差异。由数字一线城市到数字五线城市，数字产业指数的占比从 69.89% 下降到 37.90%，数字政务指数的占比则从 14.30% 上升到 35.07%，而数字生活、数字文化指数则呈现数

---

① 有关数字城市分线的详细内容，请参考《中国"互联网+"数字经济指数报告（2017）》。
② 根据新框架计算的数字中国指数，2017 年数字一线城市指数占比为 17.19%，数字二线城市指数占比为 17.88%，数字三线城市指数占比为 13.96%，数字四线城市指数占比为 20.93%，数字五线城市指数占比为 30.04%。
③ 研究团队使用数字化基尼系数来测度数字化发展不均衡的程度。有关数字化基尼系数的详情，请参考《中国"互联网+"指数报告（2018）》。

字一线城市占比大幅度低于其他城市、数字二线城市至数字四线城市占比小幅度上升的态势，具体差异如表 2 所示。

表 2　数字一线城市至数字五线城市的数字中国指数构成差异

分 指 数	数字一线城市	数字二线城市	数字三线城市	数字四线城市	数字五线城市
数字产业	69.89%	61.46%	57.07%	49.26%	37.90%
数字文化	4.81%	8.55%	10.00%	9.78%	9.47%
数字生活	11.00%	15.68%	16.25%	15.88%	17.56%
数字政务	14.30%	14.31%	16.68%	25.08%	35.07%

数据显示，不同层级的城市，数字化发展的主动力有所差异。数字化程度高的城市主要由产业驱动，而后线城市则由产业+政务双轮驱动，甚至主要由政务驱动。这在一定程度上印证了我国的数字化进程大致为一个从消费互联网主导逐步转向产业互联网主导的过程。随着数字政务发展进入攻坚期，其指数增速不及产业板块，导致后线城市整体增速与头部城市差距变大。可以预期，随着产业互联网发展逐步深入，后线城市的数字中国指数增长也会随之提速。未来数字化将会朝更加均衡的方向发展。

二、数字产业发展情况

1. 数字产业指数快速增长

数字产业指数体现我国 351 个地市的产业互联网发展程度。2018 年，我国数字产业指数达到 1538.64 点，比 2017 年的 541.60 点增长了 184.10%，在构成数字中国指数的四个一级分指数中增速最大、规模最大。

在 2018 年数字产业指数省级排名中，广东、北京和江苏稳坐前三，其中，广东以 288.39 点高居榜首；上海、浙江、山东、河南、四川、湖南和福建分别位列第四至十位，均无明显排名变动；安徽和江西排名上升较快，较 2017 年上升四位，具体的数字产业指数和增速分布状况如图 5 所示。

在 2018 年全国数字产业指数排名前十的城市中，排名变化较小，说明整体数字产业格局较为稳定。北京、上海领跑全国，前十名中广东省入选三市，深圳、广州和东莞分列第三、四、六名，西南"双子星"成都和重庆居第五、七位，郑州、苏州和西安紧随其后。

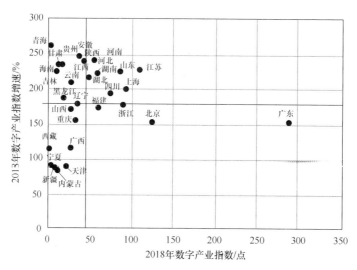

图 5　具体的数字产业指数和增速分布状况

2. 数字产业指数区域情况：东南部地区占比较高，中东部地区增幅较大

从区域占比来看，华东地区数字产业指数占比最高，达 32.67%，其次是华南和华北地区，合占比达 1/3，占比最少的是西北和东北地区，均为 5% 左右。在增速方面，各地区表现相对均衡，华中和华东地区增长相对较快，增速分别为 222.39% 和 205.74%。华北和华南地区的增速相对较小，分别为 157.99% 和 151.77%（见图 6）。

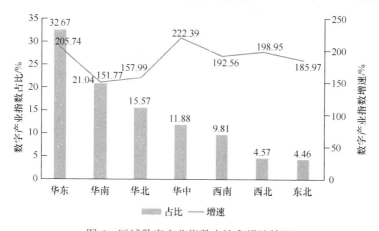

图 6　区域数字产业指数占比和增速情况

3. 数字产业指数分线情况：数字一、二线城市领跑，数字四、五线城市紧追

数字一、二线城市的数量虽少，但其产业数字化水平大幅度领先，其 2018 年数字产业指数合占总体规模近 1/2。数字三线城市的数量远不及数字四、五线城市，且其数字产业指数处于中等水平，指数占比仅为 14.44%。2018 年后线城市数字产业指数发展继续发力，其中，数字五线城市的数字产业指数增速高达 216.57%，相比于数字一、二线城市遥遥领先，保持迅猛的追赶势头（见图 7）。

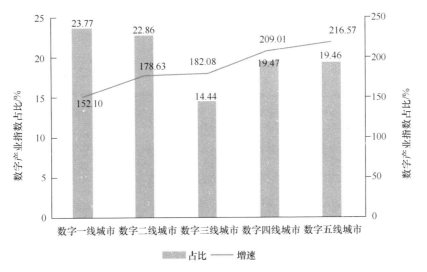

图 7　分线城市数字产业指数占比和增速情况

4. 用云量增长迅猛，地域分布集中

作为数字时代的重要基础设施，这几年我国云计算产业发展势头强劲，逐渐成为数字化和产业互联网的重要推力。云计算的发展可以用标准化用云量[①]来评估，标准化用云量的数据构成包括云计算算力、存储、带宽和金额，能相对客观地衡量各省市在云计算领域的发展情况。

2018 年，我国用云量增长迅猛，全年用云量为 464.78 点，较 2017 年的 146.04 点上升 318.74 点，增速达 218.25%。

[①] 本文中"标准化用云量"的测算与 2018 年 4 月 12 日发布的《中国"互联网+"指数报告（2018）》中的"用云量"测算方法类似，但选取指标不同。后者测算偏重 IaaS 基础层功能，指标数为四个。本文采用了 IaaS、PaaS、SaaS 各类云计算服务，指标数为十个。

（1）用云量排名：北京领跑，数字一、二线城市位居前列。

在 2018 年用云量省级排名中，北京用云量达 164.42 点，高居榜首，超排名第二的上海 41.68%。广东、浙江、福建和江苏分列第三至六位，排名前六的省份用云量合计占比为 88.75%。排名上升幅度最大的是广西和新疆，分别上升十二位和七位。

在 2018 年全国用云量排名前三十的城市中，用云量高度集中在数字一、二线城市。北京、上海、深圳排名前三，格局稳定，用云量合计占比达到 73.19%。云计算产业相关的聚集性强，后线城市的云计算产业占比较低，但有较大的增长空间。

（2）用云量分线城市情况：区域聚集度有所下降，数字五线城市奋起追赶。

从用云量占比来看，数字一线城市占比略微提高，数字二线城市由于增速相对较低，占比大幅度下降。数字一、二线城市用云量合计占比从 2017 年的 95.07%下降到 2018 年的 91.41%，用云量头部聚集度有所下降。从增速来看，数字五线城市用云量增速最高，达 806.12%，遥遥领先于增速最低的数字二线城市，同时，数字五线城市用云量占比增速高达 183.10%。云计算正在快速下沉进入后线城市（见图 8）。

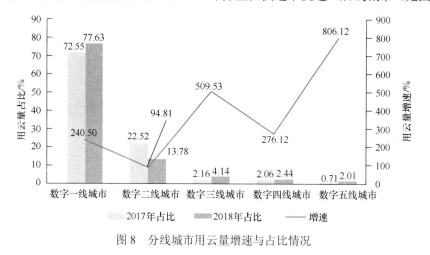

图 8　分线城市用云量增速与占比情况

（3）用云量相关性分析：和 GDP 显著正相关。

对用云量和 GDP 进行回归发现，用云量的增量和各城市 GDP 的增量具有显著的正相关关系（见图 9）。用云量每增长 1 点，GDP 大致增加 230.9 亿元（p-value<0.001），两者之间存在正反馈机制。云计算基础设施的进一步完善，会带来更高的劳动生产率和更好的服务体验，能极大地助力地区经济发展水平。而 GDP 高的地区有更多资金投入数字产业建设，促进数字经济与实体经济融合发展。

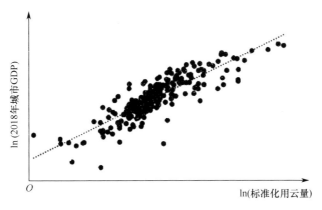

图 9　用云量和 GDP 的相关性

5. 细分产业增速普遍较高，线上线下融合成为趋势

2018 年全国细分产业指数规模较 2017 年增幅为 195.49%，各细分产业指数增速均值为 153.20%，其中，增速超过 200%的有四个产业——医疗、餐饮住宿、金融和教育，增速分别为 317.58%、273.00%、255.78%和 244.61%，这表明数字经济与实体经济融合部分已成为数字产业指数增长的主要引擎，也标志着我国数字化发展进入了动能转换的新阶段；增速低于 100%的仅有两个产业——零售、文化娱乐，这是由于这两个产业数字化发展时间最长，也最为成熟，其数字化水平已经进入常态化，指数增速较为温和（见图 10）。

三、数字文化发展状况

1. 数字文化指数快速增长

随着互联网和数字技术的普及，我国数字文化产业快速发展。2018 年，中国已拥有 6.75 亿名网络新闻用户、6.12 亿名网络视频用户、5.76 亿名网络音乐用户及 4.32 亿名网络文学用户等，在整体网民中占比均过半。数字文化已经成为当前大众文化消费和信息消费的主流形态，深刻影响着人们的生活方式、社交方式和表达方式。

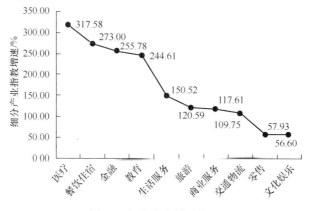

图 10　细分产业增速情况

从省份排名来看，2018 年 31 个省份的数字文化指数排名与 2017 年相比变化较小，数字文化市场整体格局相对稳定。广东以 13.54 点高居榜首，江苏、河南、山东、浙江分列第二至五位。

从城市排名来看，北京、深圳、上海、广州四个数字一线城市的数字文化指数排名与 2017 年相同，继续领跑全国前四。数字二线城市的重庆、成都、杭州、武汉、西安、苏州紧随其后，位列第五至十位。

2. 区域分布对数字文化发展的影响

从区域发展来看，东部地区数字文化消费活力的先发优势明显。数字文化指数的平均值体现了明显的东高西低的态势，中、西部地区与东部地区的绝对值相差较大（见图 11）。

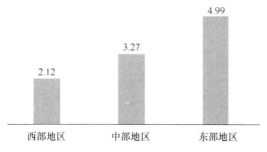

图 11　东、中、西部地区的数字文化指数平均值

在整体增速上，西部地区的数字文化指数增速明显高于东部地区，数字文化消费活力已经开始从市场基础较好的东部发达地区，向西部地区纵深发展。在2018年数字文化指数增速前十的省份中，西部占据六席。对西部省份的崛起，短视频、电影、音乐等市场拉动的作用较大。

3. 数字分线对数字文化发展的影响

从城市数字化分层来看，数字一、二线城市的数字文化消费活力仍保持明显优势。2018年，18个数字一、二线城市的城市数量占比为5%，却贡献了33%的数字文化指数，头部效应明显。数字四、五线城市占全国89%的城市数量和超七成的人口规模，虽然数字文化指数值相对低，但市场潜力不容忽视（见图12）。

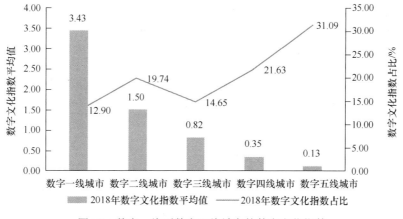

图12　数字一线至数字五线城市的数字文化指数

从增速来看，北、上、广、深四个数字一线城市整体增速领先全国，后线城市则呈现"后起直追"态势，数字五线城市增速赶超数字三、四线城市，和数字二线城市处于同一水平，追赶效应明显（见图13）。

4. 细分市场的多元化

从数字文化各细分市场来看，四大数字一线城市排名整体领先，数字二线城市紧随其后（见表3）。

对比各细分市场的头部集中度，新闻和视频市场的集中度最高，分别为

40.56%和35.57%，消费活力向头部城市集中；文学和短视频市场则集中度较低，分别为19.31%和16.89%，消费活力相对分散。

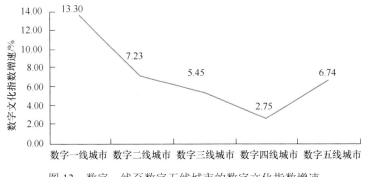

图13　数字一线至数字五线城市的数字文化指数增速

表3　数字文化细分市场的十强城市排行榜

排　名	新　闻	视　频	文　学	动　漫	短视频	电　影	音　乐	游　戏
1	北京	北京	重庆	北京	北京	上海	上海	深圳
2	深圳	深圳	深圳	广州	石家庄	北京	重庆	广州
3	上海	广州	广州	上海	深圳	深圳	北京	北京
4	广州	上海	上海	重庆	郑州	广州	深圳	上海
5	成都	成都	成都	深圳	重庆	成都	成都	重庆
6	重庆	杭州	东莞	成都	天津	武汉	广州	成都
7	武汉	重庆	北京	苏州	西安	杭州	苏州	东莞
8	杭州	武汉	苏州	东莞	沈阳	重庆	东莞	苏州
9	南京	西安	武汉	杭州	保定	苏州	武汉	武汉
10	天津	长沙	郑州	武汉	哈尔滨	南京	杭州	杭州

　　数字二、三线城市市场更多元，数字后线城市市场更集中。根据 HH Index 指标测算城市的数字文化市场平均集中度，数字四、五线城市的数字文化市场平均集中度高于（多样性低于）数字二线及三线城市，而且这种差距在 2018 年进一步扩大。后线城市各数字文化市场基础差异较大，发展不均衡程度更高，往往处于少数几个数字文化市场率先突破的阶段。而对于数字化基础较好的头部市场，其往往是多个数字文化市场"齐头并进"（见图14）。

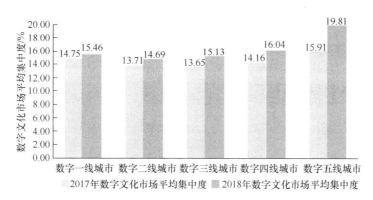

图 14　数字一线至数字五线城市的数字文化市场平均集中度

5. 数字文化市场价值的路径探索

（1）以 IP 为核心，向"文化+"延伸。

用户对各类数字文化产品的使用需求，与当地的数字产业发展有非常紧密的相关性。数字文化消费活力的价值开始打破文化产业边界，走向"产业的文化化"。

回归分析显示，数字文化指数每增加 1 点，数字产业板块的旅游产业指数大致增加 9.23 点，数字文化指数与旅游指数显著正相关（p-value<0.001），数字文化消费活力越大，对出行和游玩的需求带动越强 [见图 15（a）]。

同时，2018 年数字文化指数与数字产业指数也显著正相关（p-value<0.001），数字文化指数每增加 1 点，数字产业指数大致增加 21.49 点，数字文化消费活力越高的地方，数字产业发展水平越高，反之亦然 [见图 15（b）]。

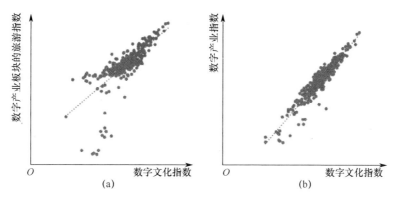

图 15　数字文化指数与数字产业板块的旅游产业指数、数字产业指数的相关性

（2）线上线下联动发展。

在科技和文化融合的时代背景下，数字文化消费活力和当地文化娱乐产业、公共文化服务的关联性也越发紧密。

回归分析发现，2018年数字文化指数每增加1点，数字产业板块的文化娱乐指数大致上升24.4点，传统文化娱乐产业的数字化发展水平与数字文化消费活力显著正相关（p-value<0.001）——数字文化消费活力越高，用户对于线上文化娱乐服务和消费的需求越旺盛，当地的文化娱乐产业数字化程度越高，反之亦然（见图16）。

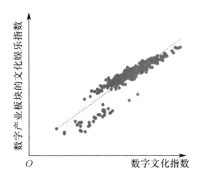

图16　数字文化指数与数字产业板块的文化娱乐指数的相关性

同时，数字文化消费活力和线下公共文化服务的发展也互为协同。根据回归分析，数字文化指数和博物馆、公共图书馆的流通人次数据具有显著正相关关系（p-value<0.001）（见图17）。线上的数字文化消费活力越高，越能带动线下的公共文化服务市场发展，反之亦然。

（3）加速文化和科技的融合生态。

科技创新是文化产业发展的重要动力。分析显示，数字文化指数与标准化用云量呈显著正相关（p-value<0.001），数字文化指数增加1点，标准化用云量大致增加16.03点（见图18）。数字文化消费活力越高，当地的文化和相关产业发展水平越高，数字化创新基础越好，越容易接受基于互联网的各类技术创新，用云量也随之增加。同时，云计算也可促进文化产业的发展，助力消费活力的释放。

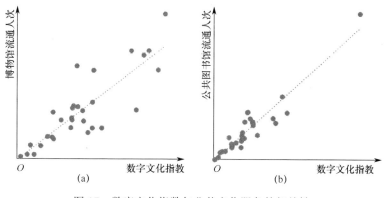

图 17　数字文化指数与公共文化服务的相关性

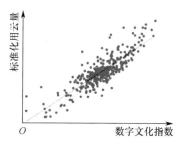

图 18　数字文化指数与标准化用云量的相关性

人工智能、大数据、区块链等新一代信息技术的高速发展，为科技与文化的融合带来新的空间和潜能。未来，更多前沿的"文化科技"类型之间的融合会逐渐成为显著趋势。

（4）后线城市的文化振兴正当时。

分线城市中数字化程度越低，鸿沟往往越大。其中，数字一线城市数字文化指数均值为3.43，城市间数字文化鸿沟为2.17倍；数字五线城市数字文化指数均值为0.13，但城市间数字文化鸿沟却达到24.13倍，远超其他线城市（见图19）。

文化振兴是乡村振兴的重要组成，乡村文化资源往往丰富而独特。创新的平台与媒介让优质文化资源以多元和丰富的数字文化形态实现连接及传播，为偏远地区提供与先进发达地区同等的创新条件。通向"最后一公里"的普惠连接正在逐步实现，文化振兴有望成为实施乡村振兴的重要抓手。

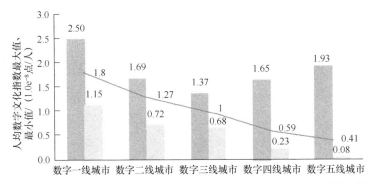

图 19 数字一线至数字五线城市的数字文化鸿沟

四、数字政务发展情况

1. 数字政务发展平稳，数字政务指数逐步提升

（1）数字政务整体水平稳步提升。

2018 年中国数字政务整体水平稳步提高，数字政务指数比 2017 年提高 32%，数字政务在全国保持了较平稳的发展态势。

从服务广度上看，全国数字政务服务的供给和需求都在进一步扩大。在供给方面，政务公众号总数继续快速增长，相比 2017 年，2018 年的增幅超过 61%；在需求方面，政务公众号累计"粉丝"数也在继续增长，增幅接近 45%。

从服务的深度上看，全国数字政务服务的种类进一步丰富。除了普通的政务信息查询，更多各行各业的政务办理类服务纷纷上线，使得政务服务向"多服务汇聚、全流程在线"方向不断深化。

从服务的活跃度上看，全国数字政务让政府和民众互动更紧密。全国政务公众号月群发文章增长了 57%，活跃"粉丝"数增长了 62%，政务公众号菜单月均点击人数的增长更是超过了 171%。数字政务服务持续活跃，已经成为民众数字生活的重要组成部分。

（2）数字政务指数排名情况。

从省级排名来看，在 2018 年省级数字政务指数排名中，广东位居榜首；北京、山东和浙江紧随其后，位列第2、3、4名；四川排名上升明显，2018年提升两位进入前5。从城市层面看，前10名的排位比较稳定，广州、深圳领跑全国，第3～10名依次为北京、上海、成都、重庆、佛山、长沙、东莞和杭州，表明头部城市的数字政务发展进入相对稳态。

2. 数字政务指数的社会价值关联

数字政务指数代表了各地政务的数字化水平，或者说代表了各地政务的数字化活跃情况。政务的数字化程度越高、使用越活跃，往往表明政务服务越丰富和便利。这种丰富和便利不只对政务体系有意义，由于政府政务与社会运行休戚相关，政务的效率必然牵动社会的效率，并对社会运行的结果产生影响。

（1）数字政务与营商环境强相关。

本文选取粤港澳大湾区研究院发布的《2018年中国城市营商环境评价》的评估结果与数字政务指数进行相关性分析。回归分析发现，数字政务与营商环境呈强相关关系。数字政务指数每增加 1 点，营商环境指数大致上升 0.02 点（p-value<0.01）。这意味着数字政务水平越高的地区，营商环境也会越好，反之亦然（见图20）。

数字政务与营商环境的强相关性，主要原因在于数字政务能够有效简化政务服务流程，提升政务服务的便利度，从而对营商环境中的软环境部分产生正面影响；而数字政务水平高的政府部门，往往需要打破传统的制度流程等的限制，也更可能开展有利于提升营商环境的制度创新。

（2）数字政务与地方经济强相关。

通过对数字政务指数与 296 个城市 GDP[①]进行回归分析发现，数字政务指数与 GDP 呈现较强相关性（见图21）。这意味着数字政务水平高的地区，GDP 也通常会较高，反之亦然。推测其原因，一方面是发展数字政务会带动营商环境的改善，而改善营商环境有利于促进 GDP 增长；另一方面可能是 GDP 高的地区更有资金投入数字政务建设，从而推动数字政务指数提升。

---

① 截至 2019 年 5 月，从公开渠道只能收集到 296 个城市 2018 年的 GDP 数据。

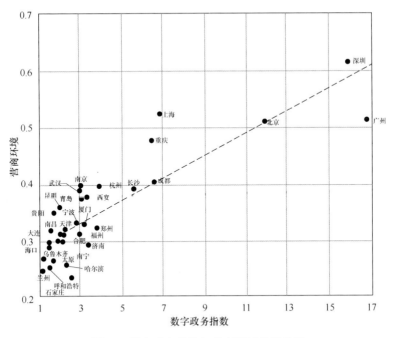

图 20　数字政务指数与营商环境的相关性

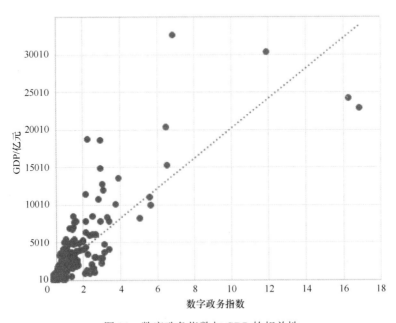

图 21　数字政务指数与 GDP 的相关性

3．数字政务指数发展的新趋势

（1）用户惯性已成，数字政务融入民众生活。

用户使用移动政务服务的习惯已经养成。截至 2018 年 12 月，微信城市服务累计用户规模超过 5.7 亿人，是 2016 年的 2.6 倍；用户增长趋于稳定，相比 2017 年增长 36.69%（见图 22）。362 个地级市共上线 13781 项服务，平均每个城市上线 38 项服务。

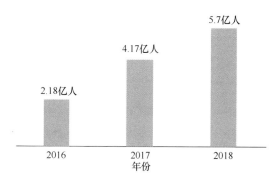

图 22　2016—2018 年微信城市服务累计用户规模

用户结构呈现两极化发展。2018 年基于移动互联网的数字政务用户向两极集中。数字一线和数字四、五线城市月活跃用户数增长最快，占比提高。其中，数字一线城市用户同比增速为 26.98%，数字四、五线城市用户同比增速仅次于数字一线城市，为 25.06%，两者所占比重分别比 2017 年提高 0.59 个和 0.39 个百分点；数字三线城市用户增速和所占比重均最低，分别为 16.24% 和 12.26%。

用户黏性持续提高说明了数字政务已经融入民众生活。2018 年用户整体回流率从 2017 年的 32.42% 提高至 33.23%。其中，数字一线城市凭借丰富而优质的服务，用户黏性最高，回流率达到 41.91%。

（2）入口上移。

随着政务集约化建设持续深入，政府对外提供政务服务的入口呈现由市级向省级上移的态势，建设如"粤省事"的省级服务平台成为各级政府的共识。2018年，除了广东"粤省事"的省级政务小程序，安徽、贵州、福建先后上线了政务服务微信小程序"皖事通""贵人服务"和"闽政通",为相应省份的全省居民提供"一次登录、全网通办"的服务。

除了统一的服务入口,跨地域、跨部门的全省、全国层面"一网通办"的服务逐渐增多。2018 年 5 月,安徽上线统一公共支付平台,并于同年 8 月开通了小程序服务渠道,同时入驻"微信城市服务"平台,为全省社会公众办理政府政务服务缴费和非税收入缴款服务。"中国政务服务平台"小程序则是整合国家级各部委和地方的高频民生服务的政务服务平台,实现了跨部门、跨地区数据共享和业务协同。

(3)服务向"难、堵、痛"点等高价值领域下沉。

随着数字政务发展不断深化,"互联网+政务服务"战略进入服务价值深挖阶段,各级政府着力用"互联网+"破解企业和群众办事的"难点"、政务服务的"堵点"和"痛点"。服务向高价值领域下沉主要体现在以下方面。

一是移动端的电子证照办理、公积金办理、税务办理、不动产登记等难点服务进一步丰富。2018 年,全国可在"微信城市服务"平台办理的服务同比增长了45.99%。2018 年,广州、肇庆等城市新上线不动产登记服务;同年 8 月,国家税务总局苏州市税务局升级"苏州税务微平台"并接入"微信城市服务"平台。

二是深入推进医疗、出入境等堵点、痛点服务流程的持续优化。多地通过微信实现了大部分就医流程的线上化,除看诊环节外,患者不需要到医院排长队,减少了患者的排队次数及等候时长。以佛山市第一人民医院为例,通过智能化就诊流程,该院门诊全预约率达到 92%,远超国家三甲医院评审标准的要求,大大缩短了患者排队等待的时间。

在出入境领域,国家移民局上线的"移民局"小程序可以为通过实名身份验证的微信用户提供在线预约所在区域出入境办理网点的服务,全国通办,无须返回户籍所在地,提升了出入境事务办理效率及服务体验。上线不到一个月,"移民局"小程序累计用户数达到 60.6 万人,累计线上预约 4.3 万次,累计续签申请 1.2 万次。

五、推动数字中国发展的建议

1. 数字产业

消费驱动的数字经济在过去几年取得了丰硕的成果，下一个数字经济的增长点可能由产业转型驱动。作为下一阶段互联网发展的主战场，数字产业领域有着巨大的潜力，数字产业化程度将在很大程度上决定各地的数字化建设水平。落实数字产业需把握以下三个要点。

一是夯实产业互联网基础设施。各地应大力推动高速光纤宽带网络跨越式发展，推进超高速、大容量光传输技术应用，升级骨干传输网，提升网络的高速传送、灵活调度和智能适配能力，有效推动宽带网络提速降费。

二是推动云计算的深入落地。各地需要进一步促进云计算创新发展，积极推动企业"上云"，鼓励工业云、金融云、政务云、医疗云、教育云、交通云等各类云平台加快发展，打造具有国际水准的产业互联网平台，促进实体经济数字化转型。

三是聚焦产业互联网建设中的人才建设。充分发挥科学家和企业家的创新主体作用，进一步推进产学研用一体化，鼓励科研人员在科研院所和企业之间实现双向高效流动，为科技创新营造良好的外部环境。

2. 数字文化

新一代科技与文化融合的大幕刚刚开启，在科技的创新推动下，数字文化产业呈现崭新的发展态势。

在文化共创和文化平民化时代，各地政府应着力于富媒体化内容形态的创新发展，不断更迭新技术手段，使地方数字文化产品多元化，同时增加用户群体数量和互动参与次数，为中国数字文化发展注入新活力。

在科技和文化融合的繁荣局面下，理性的认识也不应缺位。各地应着力推动数字文化产业的匠心发展，应当充分发挥地方文化特色，推动以 IP 为核心的文化和相关产业的融合发展，以及文化产业和文化事业的协同发展。以科技助力人文，以人文点亮科技，共同迎接科技文创繁荣新时代。

同时我们也应当认识到，中西部乡村地区数字文化发展仍然相对落后，数字文化鸿沟仍然存在。各地在推动数字化进程的过程中，应当着力实现普惠连接，为乡村地区的广大群众提供连接媒介和平台，并深度挖掘本地文化特色，促进线上线下文化的融合，用好数字技术和平台，推动乡村地区的文化振兴。

3. 数字政务

数字政务的发展不仅关系到政府的施政效率和民众的生活便利，更与营商环境、经济增长紧密相关，是数字中国发展的基础和保障。落实数字政务的建设，需要把握以下三个要点。

一是省级政府要构建统一、标准的基础平台，打造省级综合入口，将各地市的服务有效汇聚并提供给民众，放大网络效应。

二是市级政府间要进行协同联动，要积极融入省级平台，充分利用和共享通用的政务服务应用，尽量高效率地发展本地服务应用。

三是要积极向高价值的深度服务领域迈进，将政务服务融入民众生活中，不仅让民众能通过网络实现快速查询，也能便利办理，甚至能无阻碍沟通和投诉，形成完整的服务闭环。

参 考 文 献

[1] 国家统计局，中宣部. 中国文化文物统计年鉴 2018[M]. 北京：中国统计出版社，2018.

[2] 国家统计局城市社会经济调查司. 中国城市统计年鉴 2017[M]. 北京：中国统计出版社，2017.

[3] 国家统计局城市社会经济调查司. 中国城市统计年鉴 2018[M]. 北京：中国统计出版社，2018.

[4] 马化腾. 致合作伙伴公开信[Z/OL]. 2018，https://www.yicai.com/news/100049928.html.

[5] 麦肯锡全球研究院. 中国数字经济如何引领全球新趋势[R/OL]. https://www.mckinsey.com. cn/wp-content/uploads/2017/09/麦肯锡全球研究院_中国数字经济如何引领全球新趋势_2017

讨论文件.pdf.

[6] 盛来运，郑鑫，周平，等. 我国经济发展南北差距扩大的原因分析[J]. 管理世界，2018，
    34(9):16-24.

[7] 腾讯研究院. 产业互联网：构建智能+时代数字生态新图景[R]. 北京，2019.

[8] 腾讯研究院. 互联网+指数报告（2016）[R]. 北京，2016.

[9] 腾讯研究院. 互联网+数字经济指数报告（2017）[R]. 北京，2017.

[10] 腾讯研究院. 互联网+指数报告（2018）[R]. 北京，2018.

[11] 粤港澳大湾区研究院. 2018年中国城市营商环境评价[R]. 北京，2018.

[12] 中国互联网络信息中心. 第43次中国互联网络发展现状统计报告[EB/OL]. http://www.cac.
    gov.cn/wxb_pdf/0228043.pdf.

[13] 中国信息通信研究院. 中国数字经济发展白皮书（2017）[R]. 北京，2017.

[14] 中国信息通信研究院. 中国数字经济发展与就业白皮书（2018）[R]. 北京，2018.

[15] 中国信息通信研究院. 中国数字经济发展与就业白皮书（2019年）[R]. 北京，2019.

[16] 中华人民共和国文化和旅游部. 中国文化文物统计年鉴 2018[M]. 北京：国家图书馆出版
    社，2018.

辛勇飞

我国数字经济持续稳定快速发展

辛勇飞，信息社会50人论坛轮值主席、中国信息通信研究院政策与经济研究所所长。

数字经济是以数字化的知识和信息为关键生产要素，以数字技术创新为核心驱动力，以现代信息网络为重要载体，通过数字技术与实体经济深度融合，不断提高传统产业数字化、智能化水平，加速重构经济发展与政府治理模式的新型经济形态。数字经济是生产力和生产关系的辩证统一，包括三大部分：一是数字产业化，即信息通信产业，具体包括电子信息制造业、电信业、软件和信息技术服务业、互联网行业等；二是产业数字化，即传统产业由于应用数字技术所带来的生产数量和生产效率的提升，其新增产出是数字经济的重要组成部分；三是数字化治理，包括治理模式创新、利用数字技术完善治理体系、提升综合治理能力等。数字技术红利大规模释放的运行特征与新时代经济发展理念的重大战略转变形成历史交汇。发展数字经济，推动经济发展质量变革、效率变革、动力变革，正当其时。

一、数字经济量质齐发展

1. 数字经济规模持续扩大

2018 年我国数字经济总量达到 31.3 万亿元，按照可比口径，同比名义增长 20.9%，占 GDP 比重超过 1/3，达到 34.8%，占比同比提升 1.9 个百分点。2018 年数字经济发展对 GDP 增长的贡献率达到 67.9%，同比提升 12.9 个百分点，超越部分发达国家水平，成为带动我国经济发展的核心关键力量。

2．数字经济增速保持高位运行

数字经济的持续稳定快速发展，成为稳定经济增长的重要途径。2003—2018年，我国数字经济增速显著高于同期 GDP 增速，按照可比口径，2018 年我国数字经济名义增长 20.9%，高于同期 GDP 名义增速约 11.2 个百分点。未来，伴随着数字技术创新及其加速向传统产业融合渗透，数字经济对经济增长的拉动作用将越发凸显（见图 1）。

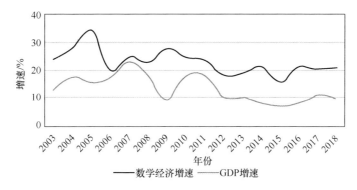

图 1　我国数字经济增速与 GDP 增速比较

资料来源：中国信息通信研究院、国家统计局。

3．数字经济结构不断优化

从数字经济内部结构看，信息通信产业实力不断增强，为各行各业提供充足的数字技术、产品和服务支持，奠定了数字经济发展的坚实基础；产业数字化蓬勃发展，数字经济与各领域融合渗透加深，推动经济社会效率、质量提升。2018年我国数字产业化规模达到 6.4 万亿元，占 GDP 比重为 7.1%[①]，占数字经济比重为 20.5%。产业数字化在数字经济中继续占据主导位置，2018 年产业数字化规模为 24.9 万亿元，同比名义增长 23.1%，占数字经济比重为 79.5%，占 GDP 比重为27.6%，产业数字化对数字经济增长的贡献度高达 86.4%。

---

① 受数据可得性限制，各省市数字经济测算不包括海南、西藏、香港、澳门、台湾，全文同。

4. 各省市数字经济发展各具特色

各地数字经济总量稳步提升。2018 年全国有 11 个省（直辖市、自治区）数字经济规模跨越万亿元大关，其中，广东全国领先，规模超过 4 万亿元；江苏位列第二，规模超过 3 万亿元；山东、浙江、上海、北京、福建、湖北、四川、河南、河北的数字经济规模均超过 1 万亿元。数字经济增速显著高于同期 GDP 增速。2018 年各省（直辖市、自治区）数字经济高速增长，增速为 10%～25%，显著高于同期各省（直辖市、自治区）GDP 3%～10%的增速。其中，贵州、福建领先全国，增速超过 20%，其余省（直辖市、自治区）均超过 10%。数字经济在国民经济中的地位显著提升。2018 年各省（直辖市、自治区）数字经济占 GDP 的比重均超过 20%，北京、上海的数字经济发展已占据主导地位，数字经济在 GDP 中的占比超过 50%，广东、天津、浙江、江苏的数字经济在 GDP 中的占比超过 40%，其余省（直辖市、自治区）的数字经济占比均超过 20%。

二、数字产业化稳中有进

1. 电信业基础支撑作用不断增强

2018 年，我国通信业大力推进网络强国建设，着力提升基础设施能力，对国民经济和社会发展支撑作用不断增强。网络提速效果显著，截至 2018 年 12 月底，移动宽带用户（3G 和 4G 用户）总数达 13.1 亿户，其中，4G 用户数达到 11.7 亿户。固定互联网宽带接入用户总数达 4.07 亿户，其中，光纤接入（FTTH/O）用户数达 3.68 亿户。移动数据流量消费继续高速增长，2018 年，移动互联网接入流量消费达 711 亿 GB，比 2017 年增长 189.1%，增速较 2017 年提高 26.9 个百分点。网络基础设施能力不断提升，互联网宽带接入端口"光进铜退"趋势更加明显，截至 2018 年 12 月底，光纤接入端口比 2017 年末净增 1.25 亿个，达到 7.8 亿个，占互联网接入端口的比重为 88%。

2. 电子信息制造业向高质量发展迈进

2018 年电子信息制造业发展呈现总体平稳、稳中有进的态势，生产和投资增速在工业中保持领先。从总体上看，规模以上电子信息制造业增加值同比增长 13.1，比全部规模以上工业增速多 6.9 个百分点。从细分行业看，通信设备制造业增加值同比增长 13.8%，电子元件及电子专用材料制造业增加值同比增长 13.2%，电子器件制造业增加值同比增长 14.5%，计算机制造业增加值同比增长 9.5%。

3．软件和信息技术服务业平稳较快增长

2018 年，软件和信息技术服务业向高质量方向发展步伐加快，结构持续调整优化，新的增长点不断涌现，正成为数字经济发展的重要驱动力量。从总体上看，2018 年，全国软件和信息技术服务业累计完成软件业务收入 63061 亿元，同比增长 14.2%；实现利润总额 8079 亿元，同比增长 9.7%。从细分领域看，软件产品收入实现较快增长，全行业实现软件产品收入 19353 亿元，同比增长 12.1%，占全行业比重为 30.7%。其中，信息安全和工业软件产品实现收入 1698 亿元和 1477 亿元，分别增长 14.8% 和 14.2%。信息技术服务加快云化发展，全行业实现收入 34756 亿元，同比增长 17.6%。嵌入式系统软件收入平稳增长，全行业实现收入 8952 亿元，同比增长 6.8%。

4．互联网和相关服务业创新活跃

互联网行业快速创新，共享经济、数字支付、跨境电商等新兴业态不断孕育发展壮大，对经济社会发展的支撑作用不断增强。从总体上看，我国互联网业务收入保持较高增速，2018 年规模以上互联网和相关服务企业完成业务收入 9562 亿元，同比增长 20.3%。从细分领域看，互联网信息服务收入增长保持领先，达到 8594 亿元，比 2017 年增长 20.7%。其中，电子商务平台收入 3667 亿元，比 2017 年增长 13.1%；网络游戏业务收入 1948 亿元，比 2017 年增长 17.8%。互联网数据中心业务保持稳步增长，完成收入 158 亿元，比 2017 年增长 8.0%。

三、产业数字化深入推进

各行业数字经济发展水平存在较大差异，表现为三产优于二产、二产优于一产的特征。2018 年，服务业、工业、农业中数字经济占行业增加值的比重（以下简称"数字经济比重"）分别为 35.9%[①]、18.3%[②]和 7.3%（见图 2）。工业数字化加

---

① 不含信息通信服务业、软件和信息技术服务业。

② 不含电子信息制造业。

快增长，农业、服务业数字经济增速保持稳定。2018 年，工业数字经济比重的提升幅度高于 2017 年 0.7 个百分点，农业、服务业数字经济比重的提升幅度较 2017 年增长约 0.3 个百分点。

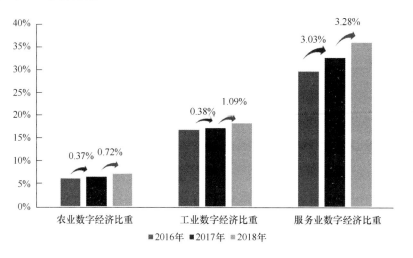

图 2　我国各行业数字经济比重

1. 工业数字化加快推进

2018 年，工业数字经济比重为 18.3%，介于服务业和农业之间，较 2017 年提升 1.09 个百分点。工业数字经济比重提升，且呈现加速增长态势。对于石油及天然气开采产品、黑色金属矿采选产品、纺织服装服饰、家具、医药制品、钢铁及其铸件、汽车整车和家用器具这几个工业典型行业，其 2018 年数字经济比重较 2017 年分别提高 1.0 个、1.3 个、0.8 个、0.8 个、1.0 个、0.9 个、0.9 个和 1.4 个百分点（见图 3）。

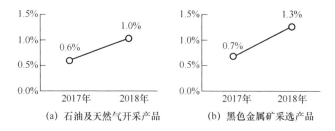

图 3　2017 年和 2018 年工业典型行业的数字经济比重增长情况

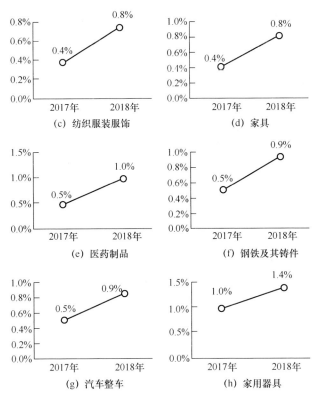

图 3　2017 年和 2018 年工业典型行业的数字经济比重增长情况（续）

2. 服务业数字化持续领先

2018 年，服务业数字经济比重为 35.9%，较 2017 年提升 3.28 个百分点，显著高于全行业平均水平，其数字经济发展快于工业和农业。保险及广播、电视、电影和影视录音制作的数字经济占据半壁江山，比重分别达到 56.4% 和 55.5%，资本市场服务等约 30% 的行业的数字经济比重介于 30%～50%（见表 1）。

表 1　2018 年服务业典型行业的数字经济比重

排　　序	行　　业	数字经济比重
1	保险	56.4%
2	广播、电视、电影和影视录音制作	55.5%
3	资本市场服务	48.7%
4	货币金融和其他金融服务	48.6%
5	公共管理和社会组织	46.0%

（续表）

排　序	行　　业	数字经济比重
6	专业技术服务	44.6%
7	邮政	42.7%
8	教育	40.0%
9	社会保障	39.1%
10	租赁	35.5%

3. 农业数字化相对滞后

2018 年，我国农业数字经济比重仅为 7.3%，较 2017 年提升 0.72 个百分点，农业生产数字化水平仍较低，发展潜力较大。其中，数字经济比重由高到低依次为林、渔、农、畜，比重最高的林产品行业数字经济比重仍不足 13%，远低于服务业和工业平均水平；比重最低的畜牧产品行业数字经济比重不足 5%，存在较大提升空间（见图 4）。

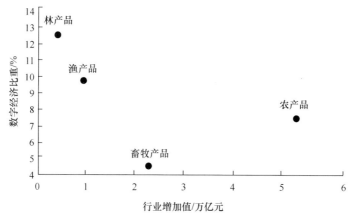

图 4　2018 年农业各细分行业数字经济比重

四、数字化治理能力提升

长期以来，我国政府对数字经济的治理一直秉持鼓励创新、包容审慎的原则，为数字经济的活跃发展提供了宽松的环境。我国在数字经济平台治理实践方面已逐渐形成党委领导、政府管理、企业履责、社会监督、网民自律等多主体参与，经济、法律、技术等多种手段相结合的综合治网格局。

1. 有利于平台经济发展的制度环境初步形成

监管部门通过现有法律法规对各方责任与义务进行初步明确，同时在新政策出台和监管实践中大力营造宽松环境。第一，平台责任的主要方向基本明确。互联网平台责任既包括平台自身违法违规所应承担的法律责任，也包括平台对其用户的违法违规行为所应承担的第三方责任。其中，平台的第三方责任认定，主要基于"避风港原则"和"红旗原则"来进行。第二，创新和竞争环境较为宽松。相较于欧美国家严格的不正当竞争监管和反垄断监管，我国对互联网平台等保持包容审慎的态度，对互联网行业中发生的各类竞争热点事件密切跟踪关注，尽量用市场规律解决问题，并在确实侵害到用户权益等情况下果断介入。

2. 政府管理的协同机制与手段建设逐步完善

监管部门探索建立了融合监管机制，明确了平台企业主体义务，加强了监管手段能力建设。第一，部门协同政企联动的治理模式初步建立。例如，腾讯联合反电信网络诈骗产业发布"守护者计划"，利用大数据分析、云计算和云存储能力，协助公安机关开展各类网络黑产打击行动。第二，平台企业的主体义务逐步明确。监管部门贯彻"以网管网"的思路，根据现行法律法规要求，平台积极履行秩序维护和内容管理义务，同时落实用户资质核验义务，加强对用户网络真实身份信息的管理。第三，信用体系应用不断加强。例如，工业和信息化部已上线信息通信行业企业主体信息库和企业违法不良记录信息库，探索建立不良名单和失信名单，明确对失信主体的重点监管和惩戒措施。

3. 互联网平台企业自治意识与能力显著提高

随着企业不断壮大，平台企业积极承担了部分治理责任，在自身能力建设和用户管理方面进行探索与创新。第一，平台规则制定和用户管理逐步完善。例如，微信在《微信个人账号使用规范》《微信朋友圈使用规范》等规范中列举了十余项违规内容类别及具体违规内容。第二，平台自身能力不断提升。一方面，加强消费者权益保护，例如，阿里巴巴根据消费者诚信水平推出极速退款、退货、维权等多项诚信分级服务；另一方面，加强安全防控和个人信息保护，例如，微信设置了账号冻结、解冻等安全工具，建立了用户投诉维权机制。

4. 企业联盟与行业组织的桥梁作用日益增强

经多方推动，第三方机构在平台治理中的角色逐渐明晰，效果逐渐显现。第一，企业联盟成为行业协同共治的重要形式。一方面，通过行业自律公约规范企业行为；另一方面，建立行业内信用信息共享机制。例如，中国互联网金融协会召集 17 家会员单位建设并启用互联网金融信用信息共享平台，对借款人的信用状况进行交叉比对。第二，行业组织成为政府、平台与用户的协调平台。例如，中国互联网协会设立 12321 网络不良与垃圾信息举报受理中心，利用多种渠道受理网络举报，协助相关部门处置不良 App、网站和垃圾短信。

5. 社会监管与公众参与的约束效应越发显现

近年来，社会媒体一直对互联网行业高度关注，同时，越来越多的网络用户也主动参与，通过评论、举报、自媒体传播等多种方式，对互联网平台及平台上经营者的经营活动进行监督。第一，媒体监督力度加大。央视 315、行业协会等社会媒体频繁曝光平台侵害个人用户权益的行为，引起全社会关注，推动相关部门和机构介入干预。第二，用户消费维权意识增强。近年来，我国互联网用户的法治观念与维权意识大大提升，在权益受侵害时主动维权，维护自身合法权益。

五、推动数字经济向更多领域、更深层次发展

在新一轮科技和产业变革浪潮中，我国发展数字经济具有良好机遇，同时也面临严峻挑战。一是我国数据要素市场尚处于发展的起步阶段，数据确权、开放、流通、交易等环节相关制度尚不完善，成为大数据产业乃至数字经济发展的制约因素；二是产业数字化转型三、二、一产逆向融合路径逐渐明朗，但工业、农业数字化转型仍面临较高壁垒，同时，平台经济、分享经济等新兴产业发展快但体量尚小，对经济增长支撑作用有限；三是数字化转型风险初步显现，数字经济发展使传统企业退出加速，拉大收入分配差距，造成结构性失业等风险；四是市场发展秩序尚待规范，目前市场发展显著领先于制度规范，市场乱象不断显现，而政府治理能力和治理水平亟待优化，目前政府监管体系不

能适应业态创新发展需要。

针对数字经济发展存在的问题，我国要推进数字经济向更多领域、更深层次发展，需要在以下四个方面发力。

1. 推动数据要素市场化发展

加快制定出台关于促进数据市场化的指导意见，明确数据市场化须遵守的法律秩序。鼓励和支持大数据交易所创新发展，完善大数据流通交易规则。鼓励电信企业、互联网企业加强内部数据资源整合，积极推进与传统行业的数据对接，推动工业大数据在全生命周期和全产业链的创新应用。强化数据保护与管理，建立健全大数据安全保障体系。

2. 推进实体经济数字化转型

大力支持数字技术与工业、服务业、农业深度融合。深入实施工业互联网创新发展战略，深入实施工业互联网创新发展重点工程，培育若干家跨行业、跨领域的工业互联网平台，开展百万家工业企业"上云"行动，加快推进工业互联网产业示范基地、创新中心、开源社区等创新生态载体建设。持续开展制造业与互联网融合发展试点示范，建设一批制造业"双创"平台，促进大中小企业融通发展，大力发展信息物理系统、工业云、工业大数据、工业电子商务，夯实融合发展基础。

3. 提高数字经济风险防范能力

提升网络安全水平，提升技术保障支撑能力，统筹推进国家网络与信息安全重点工程项目立项建设，加强对技术手段建设的顶层设计和分类指导，加强相关系统协同联动和数据共享，强化网络基础设施安全管理。有效防范数字经济运行风险，建立风险防范预警体系，完善传统企业退出机制，妥善应对结构性失业问题，建立健全失业保险制度，开展再就业实施工程，增强再就业和职业转换能力。优化数字经济区域发展格局，推动区域数字生产力科学布局，强化城乡间、中西部地区间数字基础设施互联互通和信息资源共建共享，加强对农村偏远地区、中西部地区发展数字经济的财政、税收、金融等支持力度。

4. 提升数字经济治理水平

坚持包容审慎的治理理念，在严守安全底线的基础上，包容互联网新业态发展。打造部门协同、社会参与的协同治理体系，建立高效的部际联席会议制度，建立互联网行业多方治理机制，打造政府主导、企业自治、行业自律、社会监督的社会共治模式。加强事中、事后监管，积极运用大数据、人工智能等新技术提高治理能力。加快修法、释法，及时出台行业监管政策，明确各方责任边界，使数字经济的发展有法可依、有章可循。

杨冰之

优化营商环境 赋能数字经济

　　杨冰之，北京国脉互联信息顾问有限公司董事长、首席研究员，浙江大学客座教授，曾任北京大学网络经济研究中心研究部主任、中国电子商务协会高级专家、国家信息化"十一五"规划起草组成员。

　　对于国家的发展、民族的进步、财富的增长，甚至重大创新发明，"商"都在其中扮演着很重要的角色。今天商人（企业家）不只从事交易活动，更进行生产与创新。如何更好地服务企业、优化营商环境，是当前政府服务关注的重点，也是每个企业、个体关注的话题。

一、2019 年：营商环境建设升级年

　　2019 年的发展充满巨大挑战，营商环境在成为热词的同时给政府，尤其是政务服务部门带来了巨大的压力。营商环境是政府部门工作的重中之重，2019 年也是营商环境建设重要的一年，我们看到以下几个特征。

　　（1）营商环境成为各级政府工作的重点之一，近年来的各级政府工作报告都会提到营商环境。

　　（2）组织机构、政策文件和实施举措亮点纷呈。全国不少地方宣布成立了优化营商环境办公室，专门处理营商环境相关问题；有些地方政务服务部门还出台了很多关于营商环境的政策文件和实施举措，在"一网通办"或"办成一件事"等方面，各地已初步形成一些有特色、有亮点的措施。

　　（3）全社会广泛关注，深情期待和积极探索。营商环境受到了全社会的广泛

关注和深情期待，各地也在积极探索如何优化营商环境。

（4）互联网、大数据和人工智能等新技术在营商环境建设中发挥极其重要的作用。流程优化再造、主动服务、智能问答、秒办等新技术服务形态正在不断涌现。

可以这样描述 2019 年的营商环境优化：一是各个政府部门主动作为；二是在 2018 年的基础上持续发力；三是期待 2019 年营商环境优化突飞猛进；四是各个地方在营商环境发展方面的举措风起云涌。

我国营商环境在 2017 年世界银行的全球排名中名列第 78 位，2018 年跃升至第 46 位，但作为世界第二大经济体，我国的营商环境还有极大的提升空间。

二、当今时代的认知：百年未有之变局

我国现在面临百年未有之变局，那么变的究竟是什么呢？变的是我们的时代，这个时代的发展框架、价值体系和动力体系都在变化，新的社会形态正在加速形成，新时代、新环境、新机遇和新作为同样赋予营商环境新的内涵及新的特征。不变的是什么？是变化带来了机遇与挑战，也带来了不确定性与确定性。

现今社会，数据正在成为新的生产资源，成为新的财富来源，也带来新的思路拓展。例如，利用大数据和人工智能来挖掘一直隐含的很多"暗知识"。2019 年 2 月，笔者与全国顶尖围棋高手柯洁在一起就餐时问道："您现在是不是在学习古代'最牛'的棋谱？"他说："不，我已经不向过去的人学棋谱，我现在向 AI（人工智能）学棋谱，以前人为的'棋谱'现在已经不适用了。"AlphaGo（专门下围棋的机器人）已经创造了很多人类理性思维难以理喻但能打败人类的围棋定式和棋谱。

三、不确定性时代的几个确定性判断

一是互联网正加速进化，数据时代已来临，AI 逐渐崭露头角，如今我们要做好互联网和数据的转型，深刻理解人工智能的价值；围绕互联网、大数据产生的新技术、新应用、新服务层出不穷，营商环境优化也要跟这些技术关联起来。二

是整个商业生态系统正在演化，一切业务数据化，一切数据业务化。三是组织架构正在重构，数据治理能力越来越重要，我们不但要"管人"，还要"管财""管数"，心中有"数"才能有效提升工作效率。四是现在商业竞争越来越激烈，对优化营商环境要求也越来越高。

四、深刻认识营商环境的极端重要性

全球正在进行一场无声的战争。美国之所以能吸引全球资源汇聚到本国，其物流成本便宜和企业家信心指数高密切相关。

营商环境是各种软实力综合起来的硬性大比拼，它反映了资源（资金、人才、信息等）的集聚能力，是一个多要素的综合体系（区域、交通、环境、安全、产业、金融、制度等），是城市与地区经济发展潜力的关键指标，跟经济发展高度相关。同样，营商环境也是我们改革开放新一轮的重要主题。改革开放 40 多年来，中国对民营企业的改革政策就是一部营商环境建设的发展史。从禁止、默许、许可、鼓励到支持，中国的营商环境越来越好，尤其是珠三角和长三角这些营商环境发展较好的地区，其经济越来越活跃，财富生产力越来越强。

五、深刻认识数字经济的极端紧迫性

数字经济究竟多重要？数字经济和营商环境关系紧密，浙江已把数字经济作为 2019 年的"一号工程"。

数字经济是新经济的典型代表，它能在实现经济的高质量增长的同时实现新旧动能的转化。现在数字经济增长主要靠数据，因为数据的介入，经济的质量发生了改变。数据最重要的特点是其有无限的可复用性、人本性、可替性和创新性，是人赋予了数据价值。数据如水，但比水更好，水越用越少、越用越脏，但数据越用越多、越用越活。

数字经济对营商环境极为重要，两者是相互作用、相互影响的。数字经济融入了太多的元素，包含了太多的情感与期望，与年轻人就业、创新、城市活力与竞争力等高度相关。

六、全面认识数字经济发展和营商环境之间的多重关系

数字经济发展需要一流的营商环境。数字经济发展对土地、资源、原料等外部资源依赖较低，而对营商环境极其敏感；数字经济的发展有助于营商环境的优化，数字经济发展状况将是一个地方营商环境好坏的重要体现。总体来看，数字经济和营商环境多维关联、相互促进、动态进化，并具有战略依赖关系。

营商环境和数字经济拥有十大关系：软和硬、虚和实、好和坏、动和静、主观因素和客观因素、长期和短期、技术和制度、主体和客体、线上和线下、外部因素和内部因素。

七、通过营商环境建设促进数字经济发展的若干建议

（1）引进还是培养？引进外地企业很重要，培养本地企业也不能忽视。

（2）主角还是配角？企业跟政府在营商环境中的角色是可以相互转换的，反映在建设、管理方面，政府可能是主角，但有时候政府也要当配角。

（3）甘当店小二。营商环境的本质是诚信、宽容、创新、服务，这就要求政府工作人员要对企业讲诚信，说到做到，要宽容创业失败，要做好服务，积极创新和鼓励企业创新。

（4）数字经济的成长环境基本需求是什么？数字经济的成长环境需要创新的土壤，企业在好的外部环境中才能安心发展。很多企业希望在当地的营商环境里做到人与环境和谐相处。

八、政府、园区与企业面临的挑战与应对策略

政府应有事不推、无事不扰，拥有良好的心态、能力和进取心，在具体建设方面，要用数据发力，用平台去打通堵点；园区要进行数据赋能，降低成本和风险，找到更多机会，促进合作，做好园区内部资源数据协作；企业要进行选择、建设、改进，要加快数据化转型。

不断降低企业的各种成本、增强发展信心是优化营商环境持续努力的方向，

成本包括经济成本、时间成本等。中央层面要降税，地方层面要减费，园区层面要少事。

九、结语

营商环境优化只有起点，没有终点；只有更好，没有最好。笔者对中国营商环境保持乐观，对珠三角地区的营商环境更乐观，期待和相信珠三角各个地方的营商环境越来越好并持续保持领先。

汪向东
关于农村电商扶贫的新思考

汪向东，信息社会 50 人论坛理事、中国社会科学院研究生院教授、半汤乡学院学术委员会主任；电商扶贫的倡导者、推进者，涉农电商、县域电商领域的知名学者，因提出"沙集模式"被评为 2010 年农村信息化十大年度人物。

近年来，农村电商扶贫政策不断出新、变化层出不穷、实践不断推进；同时，在"高难区+新定位"时间窗口下，电商扶贫面临诸多新挑战，国家乡村振兴战略也提出了新的要求。如何实现脱贫攻坚与乡村振兴的衔接过渡，"电商兴产"的发展方向和要点有哪些，对这些问题，经过团队的不断考察、思考和打磨，我们总结了五个要点并呈现于此，期待与有识之士共同探讨。

一、"高难区+新定位"时间窗口下的电商扶贫

近两年，在政府、市场、公益等主体积极参与和合力推进下，农村电商扶贫的力度越来越大。以 2018 年政府主导的电商进农村示范工作（以下简称示范工作）为例，从国务院扶贫办隰县工作会议到农村电商主管部门——商务部的黄冈会议，从商务部下发的商办建函〔2018〕391 号文件到 2018 年年底发布的《关于强化扶贫导向　做好当前电子商务进农村综合示范绩效评价有关工作的通知》[1]，都在强调农村电商工作的扶贫导向。特别是在 2018 年新增的 260 个电商进农村示范县中，有国贫县 238 个、革命老区县 22 个，示范项目进一步向深度贫困地区倾斜，主管部门以农村电商助力脱贫攻坚的政策意图空前清晰。在市场方面，农村电商的参

---

[1] 详见商务部官方网站。

与者们也是动作频频。比如，除了阿里巴巴、京东、苏宁等成熟电商平台企业，字节跳动、云集、拼多多等也都推出了新的电商扶贫举措。

根据对农村电商领域的观察，2018 年笔者曾发表题为《"高难区+新定位"时间窗口下的农村电商》一文①，认为我国农村电商及电商扶贫进入了"高难区+新定位"的时间窗口。近来笔者关于电商扶贫的一些新思考，主要就是围绕如何应对农村电商扶贫"高难区+新定位"的挑战进行的。

二、"高难区"电商扶贫需要创新方法

在《"高难区+新定位"时间窗口下的农村电商》一文中，笔者指出了农村电商进入条件相对更差的深度贫困地区（这在客观上进一步提高了农村电商的发展难度），并分析了"高难区"农村电商及电商扶贫面临的各种挑战。基于该文的分析，在这里，笔者想进一步指出的是："高难区"农村电商扶贫需要创新方法。

当然，农村电商及电商扶贫存在一般性规律，深度贫困地区也必须遵守。但当一般性规律用于不同场景、不同条件之下时，自然要求有不同的做法才行得通。举例来说，作为"三区三州"深度贫困地区之一，甘孜州有 18 个县。如笔者去过的乡城、稻城等县，人口仅有 3 万人左右，本地电商基础薄弱，电商人才奇缺；民族文化差异，大大加重了外来电商服务商的工作难度；县域产业规模不大，商品化、品牌化程度低，产品同质化明显，如果沿用以县域为主的农产品电商化做法，投入产出效益堪忧；面临高原苦寒、重峦叠嶂的区位劣势，开展电商所需的物流制约更加突出。因此，类似"高难区"的农村电商扶贫更难直接借用一般地区农村电商的方法，而需要立足本地的州情、县情，推出新的举措。

2018 年，笔者前后去过甘孜州三次，2019 年上半年又去了一次。甘孜州最吸引笔者前往的原因，就是其"全域统筹，整体推进"的电商扶贫新思路、新探索。2018 年，甘孜州提出在全州范围内实行电商扶贫项目、产业、资金、人才、服务"五个统筹"的想法，提出"1+18+N"的机制框架设计。其中，"1"指甘孜州；"18"

---

① 文章最初发表在笔者实名博客中，见 http://blog.sina.com.cn/s/blog_593adc6c0102xn4b.html；后收录在信息社会50 人论坛编著的文集《信息经济：智能化与社会化》中。

指其下属的 18 个县；"N"指多家企业（后来为区别于此前获批的 5 个示范县与后面整体获准的 13 个示范县工作中已然形成的差别，将这个机制进一步细化修改为"1+5+13+N"）。

笔者认为，"全域统筹，整体推进"，有利于突破当地县域农村电商规模不经济，相关的要素、资源严重不足的瓶颈，而机制的创新设计，也触及了"高难区"农村电商扶贫的深层要害所在、难点所在。难在哪？电商扶贫从整县推进转为整州推进，在机制上，不仅需要处理好政府体系内州、县之间的关系，更为关键的是，电商说到底是市场行为，还要处理好政府与市场，以及不同市场主体之间的利益关系。这个机制设计与落地实施更复杂，其难度要比此前整县推进时大得多。其实，2017 年云、贵两省已有 8 个市、州先期开展了统筹推进试点，一些地方的实施结果并不理想。尤其是当以整体统筹拿到示范项目后，如果政策资金仍按县域推进的方式切块分配下去，市、州层面的全域统筹就失去了重要的调节手段，以至于有名无实。我们希望看到真正更适合深度贫困地区的电商扶贫新模式出现，因此，我们对甘孜州和其他"高难区"的全域统筹新探索充满期待。

三、农村电商扶贫"新定位"的关键挑战是机制切换

关于农村电商及电商扶贫"新定位"的内涵，尤其相对于政府对示范工作的要求来说，"新定位"的"新"到底体现在哪里？

农村电商及电商扶贫的"新定位"，确实在很大程度上与政府主导的示范工作的政策安排与要求相关。经过五年时间，电商进农村示范项目已经覆盖了全国 1000 多个县。政府不仅投入资源推动农村电商扶贫，而且对方向目标、主要任务、量化指标、应该怎么做、不应该怎么做……都有明确要求。讨论"新定位"，我们首先需要明确两点：第一，示范工作是政府主导、政府购买服务的过程，而农村电商扶贫的内容则丰富得多，是一个多主体推进、多资源投入、多路径通达、多方式共存的过程；第二，示范工作是一个为期两年的阶段性任务，而农村电商及电商扶贫是没有终点的马拉松。即便 2020 年实现全面小康，建档立卡的贫困主体脱贫了，也不等于电商扶贫永远画上了句号。消除了现行标准之下的绝对贫困，还会有相对贫困主体的脱贫问题，仍需要用互联网、电商助力今后的扶贫脱贫。

近年来，国家强调示范工作的扶贫导向，对示范县开展农村电商扶贫给予资金扶持，明确任务要求，加强绩效考评，整改工作偏差。如果说这主要是"规定动作"的话，那么，在两年示范期结束后，各地的农村电商扶贫就要更多地做"自选动作"了。其不光要针对当时当地的实际"自选"后续"动作"，而且还要自筹资金，组织各种其他资源，来完成这些"自选动作"。当然，后续动作里可能仍会包含政府购买服务，但"自选动作"显然不应仅限于此。因此，"新定位"的"新"，会体现在参与主体、实施内容、资金来源、运作机制等诸多方面。

"新定位"要立足于构建农村电商扶贫长效机制，而电商扶贫要真正实现长效，还得基于市场。我们不会否认，电商进农村落地在基础薄弱、条件较差的贫困地区，尤其是深度贫困的"高难区"，需要政府在电商基础设施建设和公共服务方面更多地发挥作用，进行必要的资源投入。但同时，我们也必须看到，农村电商扶贫的这些建设内容，本身并不是目的。建，是为了用。一些地方片面追求农村电商站点的覆盖率，拿着政府扶持资金，建了一大堆"僵尸站点"，建了平时人气低迷的县级服务中心，其实没有什么实际效果；有的地方做示范项目，一切围着考核指标转，就算项目结束时获得好看的评估排名，后面的农村电商扶贫难以持续，其实也是自欺欺人。电商扶贫这种扶贫方式，不同于公益捐赠、政策兜底等，电商归根结底是商务，电商应用毕竟要遵循市场规律才可持续。所以，在"新定位"时，需要跳出示范工作靠政府买单、政府购买服务来推动的路数，更多地转到基于市场上来。

四、做好脱贫攻坚与乡村振兴的衔接

2018 年、2019 年连着两年中央 1 号文件都要求做好脱贫攻坚与乡村振兴的衔接。做好脱贫攻坚与乡村振兴的衔接，是实现"两个一百年"目标在"三农"领域任务的要求，是乡村振兴战略从近期目标向中远期目标过渡的要求。

精准扶贫、精准脱贫，是实现第一个一百年目标、全面建成小康社会的"底线任务"和"标志性指标"。这里的"精准"，对应的是现行扶贫标准，其中，农村居民人均纯收入，按 2010 年不变价计，为 2300 元。如果我们把现行扶贫标准之下的贫困主体理解为"绝对贫困"主体的话，在此标准之上还存在"相对贫困"

主体。到 2020 年，在精准地完成了"绝对贫困"主体脱贫任务后，仍会面对继续解决"相对贫困"主体的脱贫问题。换句话说，在未来全面实现民族复兴、建设现代化强国的中远期目标的过程中，解决发展的"不平衡、不充分"是一项长期任务。当前国家要求各地不要人为提高扶贫标准，这不等于未来也不需要新的扶贫标准。中央 1 号文件已要求"研究提出持续减贫的意见"，"及早谋划脱贫攻坚目标任务 2020 年完成后的战略思路"。就脱贫攻坚与乡村振兴的衔接来说，重要的是不要单纯就扶贫讲扶贫，而要把扶贫脱贫作为一个部分，纳入乡村振兴的整体部署之中。

再展开一点，做好脱贫攻坚与乡村振兴的衔接，在理念上和工作中，要处理好近期与长远、重点与全面、低要求与高标准之间的关系。一方面，摆脱贫困，是全面实施乡村振兴战略的前提和新起点，脱贫攻坚为乡村振兴奠定继续前行的基础；另一方面，乡村振兴战略的全面实施和不断推进，又会为当前的和未来的扶贫脱贫提供新手段、新资源，为贫困主体稳定脱贫不返贫提供新条件、新保证。而从"两不愁、三保障"到"20 字总要求"，则意味着从重点到全面、从低要求到高标准过渡。这当然不可能一步到位。不过，把扶贫脱贫纳入乡村振兴的整体部署，则是我们随实践发展，动态调整扶贫脱贫政策标准与工作，处理好局部与整体关系的需要。

五、做好脱贫攻坚与乡村振兴的衔接，对农村电商意味着什么

笔者理解，对农村电商来说，做好脱贫攻坚与乡村振兴的衔接，就是把农村电商扶贫纳入乡村振兴的整体部署，从以农村电商助力扶贫脱贫向助力乡村振兴过渡。

国家对于"十三五"期间农村电商扶贫，已经有一系列政策设计和工作安排。这是我们做好电商扶贫与乡村振兴衔接的前提，应该很好地完成，对一些地方在实施中出现的问题也需要加以改进。同时，又要以乡村振兴的新要求来充实、完善和提升已有的农村电商扶贫工作。做好农村电商扶贫与乡村振兴的衔接，意味着电商扶贫在目前"输血"与"造血"相结合的格局中，未来要更多着力于增强贫困主体的"造血"能力。只有贫困主体真正强化了自身的"造血"能力，才更能保证他们稳定脱贫不返贫，并由此走向富裕。其中，以农村电商助力乡村产业

振兴，或者说从电商扶贫到电商兴产，显然是题中应有之义和根本要求。

电商兴产，当前需要关注的重点，显然是农产品上行发展滞后问题。2015年，笔者曾在《电商扶贫：15 字诀》一文中①，提出农村电商要通过网络购销对接广域大市场，帮助贫困主体实现"卖得掉、卖得好、卖得久"和"买得到、买得对、买得省"。从这几年农村电商的实践来看，农产品上行发展滞后，既是当前农村电商扶贫突出的短板，也是下一步与乡村振兴衔接，以电商兴产业必须解决的问题。当然，这个问题解决起来难度大，需要一个过程，好在它已经引起方方面面的高度关注，农产品电商已经开始出现令人欣喜的势头。

要做好农村电商扶贫与乡村振兴的衔接，电商兴产在拓展方向上，要从现阶段主要着力于"卖得掉"逐步向"卖得好"和"卖得久"前进。当前，各参与主体通过电商扶贫和消费扶贫帮助来自贫困地区的产品对接市场，组织社会公益购买力购买和消费贫困主体的产品，解决"卖得掉"的难题是必要之举。进而，要更多发挥电子商务精准对接细分市场、货卖识家，以及倒逼产品提档升级、助力发掘产品潜在价值的作用，让好产品卖出好价钱。通过"卖得好"来进一步提高贫困主体的收入。另外，要以电商大数据为依托，找到调整优化乡村产品结构和产业结构的依据，解决"卖得久"的问题。我国农业已经进入结构性短缺与结构性过剩并存的阶段，如果贫困农村的主要产品不幸恰好是宏观上已经过剩的，即使短期可以靠消费扶贫来扶持，未来仍应该且必须根据市场去调整优化，这样才能为稳定脱贫和走向富裕提供可持续的产业保证。

六、下一步电商兴产应关注的几个重点

从国家乡村振兴政策上看，下一步乡村产业发展大方向、基本框架已经明确，更具体的内容还在不断完善和清晰中。近日，国家主管部门的官员称，做好脱贫攻坚与乡村振兴的衔接，需要做好规划的衔接、政策的衔接、投入的衔接。农村电商扶贫的参与者们在做好眼下工作的同时，需要抬起头来看看远方，相互之间多交流。这在考虑"新定位"的时候，尤其重要。

---

① http://blog.sina.com.cn/s/blog_593adc6c0102vkrr.html。收录在笔者与高红冰合作主编的《电商消贫——贫困地区发展的中国新模式》一书中。

笔者觉得，下一步围绕电商兴产，至少以下五个重点特别值得关注。

一是"质量兴农"。农村电商的服务商如果在做示范项目时，抱着打短线、挣快钱的心态，是很难有什么大出息的。反之，持有长线思维，志在深耕当地的有远见的服务商，将有参与未来以电商助力"质量兴农"的新机会，那将是与当地农村产业共同成长、分享成果的更大、更长久的机会。

二是"优化结构"。如前所述，"卖得久"要以市场为导向、以大数据为依托。电商人较之传统从业者，一般拥有更宽广的市场眼界和更强的数据意识，这是电商给他们带来的优势。而网络平台上既可沉淀丰富的数据，也有不少可用的数据工具。农村电商的参与者们应当利用自己的优势，在各地农村结构调优的进程中找到合适的位置。

三是"三产融合"。下一步农村第一、第二、第三产业的深度融合，将会带来更加广阔的发展空间，也有利于更好地解决农产品电商面临的困难。以电商促进农、加、文、旅结合，延长农村的产业链，以加工业助力农产品网货化、标准化、品牌化和增值，给农产品注入更多文化内涵，把农产品出村与消费者进村结合起来等，这是安徽三瓜公社和不少企业正在做的事情，也是农村电商未来的重要看点。

四是"绿色发展"。按照乡村振兴战略，未来的乡村产业必须走绿色发展的道路。对于贫困地区电商兴产来说，绿色发展不仅是"有所为、有所不为"的原则，更是扬长避短、发挥优势的重要依托。贫困地区的绿色产品、绿色生态乃至绿色文化，应该成为那里电商兴产的用武之地，成为消费者追求的心仪目标，甚至成为"物以稀为贵"的名牌奢侈品。

五是"对接海外"。一些县域要注意把农村电商与跨境电商结合起来。举例来说，化德县的羊驼绒絮片服装业是一个存续了30年、年销几十亿元的重要产业。这个产业季节性强，与天气转暖相伴的是市场销量下滑和产能闲置。而河南的一个电商扶贫的明星县——光山县的电商人，已经把他们生产的羽绒服卖到了120多个国家。如果化德县和更多这样的县域，能充分利用跨境电商，实现"卖全球""卖四季"，仅此就可以让农村电商扶贫上一个大台阶。

张永生

生态文明不等于绿色工业文明①

张永生，国务院发展研究中心绿色发展基础领域首席专家、发展部副部长，中国环境与发展国际合作委员会特邀顾问。

毫无疑问，工业文明代表了人类的巨大进步。但是，由于传统工业化模式的不可持续，生态文明成为实现可持续发展的必然选择。在讨论生态文明时，一个代表性思路是将生态文明等同于绿色工业文明，冀望在原有传统工业化模式下通过技术进步解决环境问题。实际上，不可持续问题乃是源于传统工业化模式的内在局限，绿色技术进步和效率提高固然极其重要，但不能从根本上解决人类的可持续问题。为此，我们必须跳出绿色工业文明的思路，按照生态文明的内在要求，推动发展范式的根本转变。本文无意对"文明"这个宏大概念进行全面讨论，只从经济学视角，对生态文明和工业文明各自依托的经济模式的内在逻辑及其含义进行揭示。

一、为什么传统工业化模式难以持续

1. 大规模工业生产要求大规模消费

就生产什么（What）和如何生产（How）而言，传统工业化逻辑有如下本质特征：一是生产内容以物质财富为中心，创造的价值主要用来满足人们的物质需求，而物质需求只是人们众多需求的一部分；二是采用大规模生产方式（Mass Production），生产单一同质化产品（Identical Products），以大幅度提高物质生产

---

① 原载于《美丽中国：新中国 70 年 70 人论生态文明建设》，中国环境出版集团，2019。

力；三是工业化视野更多只局限于人与物之间的关系，不太考虑"人与自然"之间更为复杂的相互作用。这些特征，就决定了工业化扩张的逻辑及其系列后果。

工业化大规模生产带来的高物质生产力，必然要求大规模消费（Mass Consumption）为其开辟市场。但是，在工业革命前生产力低下的农业和手工业时代，人们长期以来形成了节俭的消费习惯和文化宗教传统，而且，工业化以物质财富生产为中心，人们对物质产品的需求总有限度，不可能无限扩张。如果不能为大规模生产开辟市场，则建立在工业化基础之上的现代经济就无法持续。因此，传统的消费心理和消费模式，就成为大工业生产方式最大的阻碍之一。

2. 大规模消费必须系统改造社会消费心理

怎么办？出路就在于，将人们在农业和手工业时代长期形成的节俭的消费习惯，改造成同大规模生产相适应的大规模消费，以人为地创造大量市场需求。这就需要建立一个同大工业生产相适应的新的财富论述：虽然人们对物质的需求有限度，但如果让物质财富成为一个人事业成功和社会地位等的标志，则物质财富就不再只满足人们有限的生理需求，而成为满足人们无限心理需求的手段，对物质的需求也就不会再有止境。

美国梦就是这种新财富论述的代表，财富成为事业成功和社会地位的标志。20 世纪 30 年代欧美资本主义出现的前所未有的大危机，成为重塑社会心理和人们消费模式的一个里程碑。为解决产品过剩危机，其宏观上以刺激有效需求的凯恩斯主义的兴起、宽松货币政策为代表，微观上以广告营销为主，金融上则以消费信贷、信用卡等为代表。于是，围绕重塑"人与商品"之间的关系重塑人们的社会心理和消费心理，就形成了一整套支持大规模消费的制度安排，消费主义就成为现代经济运行的基石，消费社会成为工业社会的标志。随着后发国家不断加入工业化和全球化的行列，物欲和消费主义就在全球蔓延开来。比如，中国的"双11"购物狂欢。

3. 消费社会的形成是长期有意识的社会改造工程

高生产力的工业社会必须建立在消费主义的基础之上，而消费主义的兴起是整个经济体系的系统行为，不是某个单一个体的行为。只有所有人都"买得多、卖得多"，才会为所有生产者创造市场，出现皆大欢喜的局面。这种对社会心理的大规模改造，不是也不可能是某个政府或单个企业有计划地进行"社会改造工程"或"阴谋论"的结果，而是工业化和资本的内在要求，因而具有"自我实现"（Self-enforcing）的功能，成为大量分散的市场主体共同作用的结果。但是，现代消费实际上是长期有意识的社会改造工程的直接结果，却鲜为人知。正如诺贝尔奖得主指出，消费者真正的偏好，与市场中被操纵的偏好实际上是有区别的。

现代经济学亦对这种不可持续的发展模式起到了推动作用。第一，消费主义内置于标准经济学的分析框架之中。在这个分析框架中，消费者的效用是商品消费量的函数，消费量越多，效用越高，故消费多多益善，虽然在现实中人们对物质的消费不是没有限度的。同时，厂家的利润增加也依靠销量的扩大。第二，基于物质产品"买得多、卖得多"的工业化逻辑对人类福祉与生态环境的含义，则不在标准经济学狭隘的分析框架之中。一旦跳出标准经济学的局限，将经济学的结论放到"人与自然"更宏大的视野下进行审视，并引入福祉的标准，则标准经济学的很多结论往往就不再成立，或者存在一定的误导。因此，只有对标准经济学进行反思和重构，才能真正理解可持续发展问题。

4．工业化逻辑下的福祉和环境后果

工业化带来物质财富生产力的跃升，极大地促进了人类文明。但是，这种建立在物质财富消费主义基础之上的经济繁荣，却带来了福祉与环境两个方面的影响。第一，消费的扩张与人类福祉的提高往往背离。发展的终极目的是提高人们的福祉或幸福度，经济增长和消费只是增进福祉的手段。大量研究表明，包括中国在内的很多国家，在传统工业化模式下的经济发展并没有像人们以为的会持续同步提高国民幸福水平。斯密指出，市场经济的高生产力，乃由一个误导的信念所驱动，即物质财富带来幸福。"正是这一欺骗，激发并保持了人类产业的不断进步……从而彻底改变了地球的面貌。"

第二，全球不可持续的生态环境危机。传统工业化模式对生态环境的冲击，

表现在总量和逻辑两个方面。由于传统工业化模式必须建立在消费主义持续扩张的基础之上，这就不可避免地突破生态环境容量。相对于生态环境容量突破的后果，传统工业化逻辑侵入生态环境系统产生的破坏，则较少被关注。生态体系是众多主体（Agents）相互依赖形成的共生系统（包括自然系统及人与自然的关系），但传统工业化的逻辑，则是借助强大的工业技术和工业组织力量，将这个相互依赖的共生系统中人们认为"有用"的个别链条抽取出来，以大规模工业化的方式进行攫取或生产。当这个相互依赖的共生系统被破坏后，整个自然生态系统就可能出现系统性崩溃。

二、绿色工业文明能否解决可持续危机

实现可持续发展，目前最常见的是所谓绿色工业文明的思路，即在现有工业化模式下，用新的所谓绿色技术解决问题。毫无疑问，绿色技术创新对提高生产力和国家竞争力均极其重要。本文关注的重点，则是技术进步的另一面。技术进步和效率提高后，人们是选择用更少的资源生产同样的物品，从而有利于环境的改善；还是用同样或更多的资源生产更多的物品，从而加剧环境破坏？

遗憾的是，工业资本的内在逻辑决定着人们往往选择后者。因此，与人们直观认识相左的是，技术进步并不总是带来可持续的结果，甚至在某些情况下反而会加剧环境危机。杰文斯揭示的英国煤炭行业效率提高反而带来煤炭消费提高的反直观的现象，并不是偶然的孤例，而是源于发展背后的深层逻辑，即所谓发展的悖论。

为什么绿色技术进步有可能导致环境污染总量增加？原因其实很简单，虽然绿色技术和效率提高会降低单位产品的环境强度，但资本追逐利润最大化和消费者追求效用最大化的内在力量，一定会驱动总量不断扩张，而使总量扩张加剧环境污染的效果最终超过环境强度降低的效果。

具体而言，对追求效用最大化的消费者而言，消费总量越多，效用就越高。对于追求利润最大化的厂商而言，研发或购买绿色技术是为了获得更高的利润，当然生产总量越多越好。在这个过程中，厂商的逻辑和消费者的逻辑高度一致，

都是总量越多越好。于是，在给定资源约束条件下，生产和消费总是在不断扩张。长期来看，不会出现技术进步后资源消耗减少的结果。在标准经济学中，由于经济活动对生态环境（人与自然的关系）的影响不在其分析框架之内，只要有资源和技术可以用来扩张生产和消费，就没有折中的力量限制这种扩张。

因此，在传统工业文明的框架下，技术进步并不足以从根本上实现可持续发展，而所谓的绿色工业文明也无法实现。只有改变生产和消费的内容，让增长内容在很大程度上同生态环境破坏脱钩，才能避免经济扩张导致的环境不可持续。只有在生态文明这一更大的框架下进行转型，传统工业文明才有可能形成所谓绿色工业文明。至于通常所说的后工业社会，更多的是指生产侧的后工业化，其消费侧结构同工业社会并无实质区别，故称不上是工业文明的转型。

三、生态文明是发展范式的根本变革

从工业文明走向生态文明，是应对传统工业化模式不可持续危机的必然选择，意味着决定人类行为的底层逻辑发生根本变化。这种底层逻辑的变化，主要表现在视野和价值体系两个方面，由此带来发展范式的深刻转变。

第一，视野的变化。工业文明同生态文明的关系，有点像地心说与日心说的关系。经济是自然生态系统中的一个子集，而人们过去对世界的认识和改造，更多的是在狭隘的工业化视野和逻辑下进行的。人类经济活动对自然造成的影响，则不在现有标准经济学的分析框架之中。一旦在一个更宏大的视野下审视，则经济学中原先狭隘框架下形成的很多理论和决策行为，就要进行重新评估，关于成本－收益的概念也要重新定义。一些过去被视为有效率（Efficient，Cost-effective）的行为可能就不再有效，而一些新的机会则会被重新认识。比如，过去人们一直认为现有工业化模式才是最有效率的经济，而绿色经济则是在经济发展到一定程度时才能够负担得起的"奢侈品"。如果从新的视野来检视，则此结论会被改写，绿色经济才是更有效率的经济，而现有发展模式成本高昂。

第二，价值体系的变化。这意味着对"美好生活"和现代化标准的重新定义。人类社会发展的原动力，乃是对幸福和美好生活的追求，而对幸福和美好生活的

不同观念，又决定着不同的发展内容。前面指出，从农耕文明到工业文明的转变，是通过大规模改造社会心理（尤其消费心理）为大规模工业生产开辟道路的。同样，从工业文明到生态文明，亦需要相应的价值观念和社会心理的大规模转变来引领，以便推动消费内容和生活方式的深刻转变。纵观历史，对于什么是美好生活，从来就是一个动态的概念。比如，在很长的世纪里，中国人追求的卓越，就不是获取物质财富，而是在小康基础上对知识和艺术的培育。因此，现代发展概念和中国五千年文化哲学相结合，就有望演变出人与自然可持续，并且有丰富人生意义的美好生活方式。

第三，发展范式的转变。上述新的视野和价值体系，构成生态文明下人类行为新的坐标系，它决定着人们如何以新的不同于传统工业时代的理念和视角认识与改造世界，以实现对幸福和美好生活的追求。这一变化意味着，传统工业时代形成的传统发展范式需要全面而深刻地转型，很多概念均需要重新定义，包括发展的内容（What）和方式（How），并由此带来系统转型，即从发展理念、发展内容，到资源概念、组织模式、商业模式、体制机制、政策体系等的系列转型。

四、结语

中国改革开放后取得的发展成就在全球历史上绝无仅有，可以说中国也是传统工业化模式最大的受益者之一。但是，由于传统工业化模式的不可持续，而传统工业时代的发展理论又难以提供有效的解释和解决方案，中国基于自身发展经验教训和文化传统孕育了生态文明的概念。正如人们不能用流行的地心说解释很多现象，日心说就应运而生一样，新发展理论也成为必需。但是，现有的学科体系、学术体系及话语体系，很大程度上都是传统工业化模式的产物并为之服务，不能适应全球可持续发展的要求，需要在生态文明基础上进行反思和重构。

在新发展理念下，发展内容转向满足人们"日益增长的美好生活需要"，这意味着大量新的经济增长机遇出现，会促进而不是阻碍经济增长，只不过增长的内容会发生大的改变。这些新需求要由新的供给侧结构性改革来满足，可以成为经济增长新的重要来源。但是，从传统工业化模式向基于生态文明的绿色发展转型也是一个巨大的挑战，是对长期以来形成的发展概念及其支持体系的改变。如果说工业时代社会心理和市场体系的重新塑造乃是不同市场主体出于共同利益而"自我实现"的结果的话，那生态义明则更多的是传统工业化模式经过上百年发展后，其引发的生态环境危机和社会危机催生的转型的倒逼机制。工业文明向生态文明转变的问题，不是一个是否应该转变的问题，而是一个如何转变的问题。中国如果能够成功探索出生态文明的实现路径，则是对人类做出的重大贡献。

参 考 文 献

[1] Acemoglu D, Aghion P, Bursztyn L, et al. The environment and directed technical change[J]. American Economic Review, 2010, 102: 131–166.

[2] George A, Shiller R. Phishing for phools: The economics of manipulation and deception[M]. Princeton: Princeton University Press, 2015.

[3] Atkisson A. Life beyond growth: Alternatives and complements to GDP-measured growth as a framing concept for social progress[C]. Tokyo: Institute for Studies in Happiness, Economy and Society, 2012.

[4] Goodwin N, Nelson J, Ackerman F, et al. Microeconomics in context[M]. New York:M.E. Sharp, 2008.

[5] Easterlin R A, Morgan R, Switek M, et al. China's life satisfaction, 1990—2010[J]. Proceedings of the National Academy of Sciences of the United States of America, 2012, 109(25): 9775–9780.

[6] Etzioni A. The good life: An international perspective[EB/OL]. https://www.researchgate.net/publication/256065268_The_Good_Life_An_International_Perspective, 2012.

[7] Hallegatte S, Heal G, Fay M, et al. From growth to green growth——a framework[J]. Policy Research Working Paper, 2011.

[8] Michael H. Can pollution problems be effectively solved by environmental science and technology? An analysis of critical limitations[J]. Ecological Economics, 2001, 37(2): 271-287.

[9] Michael H, Huesemann J. Techno-fix: Why technology won't save us or the environment[M]. Gabriola Island: New Society Publishers, 2011.

[10] Jackson T. Prosperity without growth: Foundations for the economy of tomorrow[M]. Oxford: Taylor & Francis, 2016.

[11] Jevons W S. The coal question: An inquiry concerning the progress of the nation, and the

probable exhaustion of our coal mines[M]. New York: Augustus M. Kelley Publisher, 1865.

[12] Ng Y K. From preference to happiness: Towards a more complete welfare economics[J]. Social Choice & Welfare, 2003, 20(2): 307-350.

[13] Harriman N A. The myth of resource efficiency[J]. Economic Botany, 2010, 64(3): 274-275.

[14] Scitovsky T. The joyless economy: The psychology of human satisfaction[M]. Oxford: Oxford University Press, 1992.

[15] Skidelsky E, Skidelsky R. How much is enough?: Money and the good life[M].London: Penguin UK, 2012.

[16] Smith A. The theory of moral sentiments[J]. Journal of Economic Perspectives, 1759, 19(5): 131-145.

[17] UNEP. Towards a green economy: Pathways to sustainable development and poverty eradication [J]. Nairobi, Kenya, UNEP, 2011.

[18] Veblen T. The theory of the leisure class[M]. Oxford:Oxford University Press, 1899.

张 远

资产的未来：数字孪生和资产通证化

张远，盈频轻资链（深圳）软件技术有限公司董事长、中国数量经济学会前常务理事。

数字经济是随着信息技术革命发展而诞生的新经济社会形态。近年来，数字经济的发展非常迅速，不断推动产业和社会由工业经济时代向数字经济时代转型，发展数字经济已是全球共识。2018 年的《G20 国家数字经济发展研究报告》中提到，G20 国家数字经济保持快速发展的趋势，2017 年 G20 国家数字经济规模增速高于 GDP 约 2.12 个百分点，数字经济在各国经济的引领作用不断加强。各国都在不断强化数字经济战略部署，促使数字经济在各行各业加速渗透。可以认为，在未来很长一段时间，数字经济将是全球经济增长的主要牵动力。

数字经济时代，万物皆在进行数字化。数据变成像传统经济时代的土地、劳动力、资本、技术一样的核心生产要素。数据与实物不同，实物可以运输，但不能分享、传递；而数据不仅可以运输，还能复制、分享和传递，形成价值网络。根据梅特卡夫定律，数据这一生产要素的潜在价值远超出以往的实物生产要素。获取到的信息数据越丰富，企业或行业能够从数据中获取的收益就越大。

目前，我国传统实体行业的数字化转型尚在试点阶段。随着数字经济的发展，这些行业的转型绕不开设施设备等实物资产的数字化。统计表明，我国超过 99% 的企业都是中小微企业，这些企业贡献了 60% 以上的 GDP。然而，这些企业往往在融资渠道、融资成本上存在劣势，在发展过程中伴随"融资难、融资慢、融资贵"等问题。对此，实物资产的数字化有两个基本目的，一个是使资产的信息状况趋于透明，使企业能够更方便、更准确地对资产进行管理；另一个是通过信息透明化来盘活资产，提高资产周转率，减少企业运营和融资成本，促进企业良性发展。从这些角度来看，构建资产数字孪生，推进资产通证化与实物资产的数字化最为契合。

一、数字孪生的基本用途

数字孪生（Digital Twin），也被称为数字镜像、数字化映射等。该理念由 Grieves 教授于 2003 年提出，但受制于当时的技术手段和计算能力未能得以发展。随着技术水平的不断发展，数字孪生的概念又被重新拾起。2012 年，NASA 对数字孪生的定义：数字孪生是指充分利用物理模型、传感器、运行历史等数据，集成多学科、多物理量、多尺度、多概率的仿真过程，在虚拟信息空间中对物理实体进行镜像映射，反映物理实体行为、状态或活动的全生命周期过程。2019 年，数字孪生被美国 Gartner 公司列入"十大战略技术趋势"。

简单来说，数字孪生包含两个主体。其中，一个主体是现实世界中的物理实体对象，这些实体对象可以小到螺丝钉、转轴，也可以大到机床甚至整个工厂、园区；而另一个主体则是物理实体的数字化镜像，这个数字化镜像是通过对物理实体以各种测量方式进行测量，最后将所有测量指标以数据形式在数字世界中呈现而得到的。这个数字化镜像能够在数字世界中完全反映物理实体的特征，也能够在数字世界中模拟物理实体真实的运作过程。

数字孪生最为可贵之处在于建立了物理世界与数字世界全面而准确的实时联系。这使得现实物理世界中的设计生产、转移交付、维护服务等行为都能够在数字世界中以另一种形式完成。例如，在产品的设计和制造过程中，可以借助数字化镜像来模拟实际的产品运行，从而迅速发现潜在的设计问题，这将大幅度减少产品样机的制造次数、制造成本和时间；在转移交付过程中，数字孪生可以帮助实现数字化交付，可以将数字化镜像先于物理实体交付到客户手中，从而加快资金周转的速度；而对于已经交付运作的产品设备，将运行过程中的各种故障特征进行数字化，将这些数字化特征与专家处理方案结合，从而形成智能化诊断和自治处理方案，大幅度降低产品设备的维护成本。

除此之外，数字孪生还能在此海量数据的基础上创建比目前更加丰富的数据模型，对目前物理世界中不可预知、不好预知、不便预知的情况进行数字化呈现。这将帮助人们拓宽视野，形成对现实世界物体的"数据知觉"和新的互动方式，使人们能够对现实世界形成更加真实而全面的认知。

二、资产通证化及其应用

数字孪生的技术发展必然导致资产的通证化。资产通证化，即在区块链上将实物资产的权益转化为区块链通证（类似于代币），通过通证的转移交易来实现资产权益的转移。2017—2018 年，世界上已经出现了一些平台（如 TrustToken、Polymath），它们对资产通证化进行了探索。

资产通证化和资产证券化看上去有些类似。从本质上说，资产证券化是将缺乏流动性的资产或资产的收益权提前转移给其他投资者，以便达到降低流动性风险、盘活存量资产的目的。然而，资产证券化过程中通常需要先将相关资产转移到特殊目的载体（SPV）来规避交易风险，再进行资产风险评级和审计，最终通过证券的方式发行。

然而，一个典型的资产证券化过程不仅需要高昂的服务费用，还需要半年至一年的时间才能完成。造成这种高成本的核心原因在于交易过程中的信息不对称，参与资产证券化的各方需要在高度信息不对称的情况下达成协议，而因为信息不够透明，在这个过程中还存在违约和欺诈的风险（如同一资产多次抵押）。

资产通证化的本质是通过区块链来实现资产证券化。相比于资产证券化，资产通证化有诸多优点，总结起来最重要的有如下三点。

1. 信息可验证

资产通证化之后存储在区块链或类似区块链的分布式结构中。由于区块链是不可篡改的，资产整个生命周期的每个阶段、每次交易都可提供审查。这不仅使资产本身的权力所属更加清晰，也可以降低交易过程中的欺诈可能。

2. 资产流动性更高

区块链通证具备高度可分割的特性，对于大部分通证而言，其都可以拆分为若干位小数。相比于证券化打包出售的形式，通证交易允许购买比例极小的一部分资产权益，这大大降低了投资门槛，使得更多人能够参与投资。对于资产本身而言，通证化使许多原本无法证券化的资产（如流动性很低的艺术品、房地产等）有了进入市场的可能；而对于投资者来说，低准入门槛也使投资者能够更容易进行分散投资，从而使整体市场更加健康。

3. 运行效率更快

区块链的存储形式同样意味着不同实体将会使用同样标准的信息结构来进行数据交换，而非各自形成数据孤岛，这使得整个交易过程更加便宜便捷。更为重要的是，区块链允许引入业务逻辑，将业务以智能合约的形式存于链上，自动处理交易过程的身份验证、资金结算和权益归属转移等步骤，这将大大提高整个流程的运行效率。

三、技术更新促进资产数字化开始落地

对于实物资产而言，资产通证化仍然伴随着线下的中心化实物转移。因此，实现资产通证化的必要前提是能够在区块链上定位实物资产，即首先需要能够在区块链上创建数字孪生。而近年来一些新区块链概念，如分布式身份标识、可验证凭证等的提出，使得数字孪生的创建变得可行。

1. 数字孪生的创建

数字孪生的创建面临两个问题，即观测什么数据和如何存储观测数据。这两个问题可以通过分布式身份标识和可验证凭证来加以解决。

分布式身份标识（Decentralized ID，DID）是基于 W3C 的设计参考，是建立在区块链上的身份标识。从结构上来说，DID 是类似一个档案的区块链钱包，不仅包含唯一身份标识码，还包含公钥列表、公钥信息、私钥信息及 DID 的持有者向档案内添加的其他属性信息。DID 的运行包括三个角色：持有人（Holder）、发

证人（Issuer）和验证人（Verifier）。持有人可以向 DID 内添加各种属性信息，并向外声称 DID 具备这些属性信息。如果有人感兴趣，则需要对这些声明进行验证，成为验证人这一角色。持有人不必直接展示 DID 的原始信息，可以选择展示带有第三方发证人数字签名的认证信息。只要验证人信赖发证人，就可以认为持有人声称的 DID 信息符合预期要求。

对于实物资产的数字孪生而言，这些属性信息是从现实世界中观测到的与实物资产相关的各种信息。随着观测方式的不断迭代，实物资产的 DID 中所包含的信息就会越来越多，形成的数字化镜像就会越来越完善准确。

如果说 DID 是实物资产在数字世界的"信用根"，可验证凭证（Verifiable Credential）则是对信用根上添加信息的指导规范。在现实世界中，凭证是我们日常生活的一部分，例如，驾照能够证明我们拥有驾驶车辆的能力；学位证书证明了我们受教育的程度。对于实物资产而言，可验证凭证则是实物资产某个物理特征的全部信息，可证明实物资产具备某种属性或某种能力。对于实物资产而言，可验证凭证大致包含以下两种类型：①与实物资产本身相关的信息，如资产的照片、视频、名字等；②对实物资产的认证信息，如某些政府机构、实物资产的制造厂商给予的认证编码，权威第三方鉴定机构的鉴定认证信息等。对于实物资产或 DID 的持有者而言，可以通过数字签名和可验证凭证发布声明，以证明他们持有的实物资产具备某些特性。这样的证明形式可以快速传播，远比物理凭证更加便捷可信。

2. 可验证凭证的获取途径

在明确了如何创建数字孪生后，紧接着讨论的是有哪些途径可以获取可验证凭证。目前来说，可验证凭证的获取主要包含以下四种途径。

1）实物资产自身的属性特征

这类凭证是实物资产被制造出来时自带的属性特征，包括：外观特征，如形状、大小、颜色；属性参数特征，如规格、材质、工艺、性能；编码特征，如出厂序列号、设备编码等。

2）DID 使用过程产生的验证数据

DID 的使用过程伴随验证人发起的验证过程和发证人提供的认证信息。这个验证过程同样存储在区块链上，因此在一定时间范围内，其他人也可以将其作为可验证凭证。

3）实物资产附带的确权信息

实物资产和人必然存在物权上的权属关系。一般而言，物权法明确规定的物权包括所有权、占有权、使用权、处分权和收益权。这些权属关系同样是实物资产不可分割的属性，而权属关系本身就以具备法律效应的可验证凭证来体现。

4）物联网设备产生的监控信息

物联网传感器、边缘计算技术、人工智能技术等的发展使人们得以突破以往的观测手段，实现对实物资产的实时测量和感知。把 DID 植入传感器后，可以获得可信的传感器数据，利用这些传感器对实物资产进行监控，则产生的数据同样可以作为可验证凭证。

3. 保护数据隐私

区块链具有公开透明、不可篡改的基本特征，这与数据隐私是天然相容的。因此，使用 DID 创建资产数字孪生的过程必然需要考虑隐私保护问题。对于这个问题，可以使用零知识证明（Zero-Knowledge Proof）来解决。

零知识证明是由 S. Goldwasser、S. Micali 及 C. Rackoff 在 20 世纪 80 年代初提出的密码学概念。所谓零知识，是证明者能够在不向验证者提供任何有用的信息的情况下，使验证者相信某个论断是正确的。这个过程就好比需要证明某个人拥有某个房间的钥匙，只要这个人每次都能拿出这个房间的东西，就能证明他确实拥有这把钥匙，而不需要他把钥匙拿出来展示给大家看。

在区块链上实现零知识证明时，可以不必将 DID 的所有数据完全存放在区块链上，而是将数据存储在本地。在进行验证时，可通过零知识证明来进行点对点通信验证。这既能充分证明实物资产的属性信息或权益信息是合法真实的，又不会把有关信息泄露出去。

四、资产数字化的展望

随着 5G 技术的落地，数字孪生技术已经具备落地的可能。5G 提供了边缘计算的统一标准，使得边缘设备之间能够相互兼容，从而实现超大规模的设备链接（mMTC）。而低时延、高带宽等特性也允许边缘设备通过 5G 网络对数字孪生中的检测信息进行实时更新，保证实物资产的信息能够准确及时地反映在数字孪生中。

从短期来看，数字孪生起码可以为实物资产提供以下两类服务。一类服务指向实物资产本身。在边缘设备监控的情况下，通过监控数据对实物资产的状态进行监控，对应的数字孪生则可以通过这些状态进行智能分析，自动对实物资产进行维护和保养，初步实现实物资产的自治管理。另一类服务则指向资产外部。资产本身也可以认为是一系列服务的集合，利用数字孪生则可以将资产包装成相关的服务，从而更加灵活地进行租赁、交易和使用，提高资产的利用率。

而资产通证化则更为遥远一些。一方面资产通证化本身依赖数字孪生，另一方面资产通证化的过程也面临一些尚不明确的挑战。例如，通证化后权力分散化、跨区域化，应如何对这些资产进行监管审查？这方面的法律法规、政策制度都还不明确。而即便实现了资产通证化，相关实体资产的转移过程仍然需要通过中心化处理，那么这些中心化机构和区块链的关系又如何？这些细节问题，都还有待进一步探讨。

建设数据中台 赋能创新

车品觉，香港特别行政区创新及再工业化委员会委员、红杉资本中国基金专家合伙人、促进内地香港跨境数据专责小组成员、北京市大数据工作领导小组专家咨询组专家、贵阳市大数据委员会委员、上海市司法局大数据实验室专家、中国计算机学会大数据委员会副主任。

信息及数据的收集及处理自古有之，几千年来变化不大，直到个人计算机的普及才开始出现极其微妙的改变。物联网的加入让我们在不知不觉间每天都生产着数据，甚至消费着数据，可以说，几乎全民都参与到了大数据的生命周期中。大数据的组成和几年前很不一样，因为需求的细分及终端的发达，其变得越来越零散，同时，数据安全的规管也改变了大家分享数据的形式及难度，汇聚数据的成本正在不断提高。但是，我们都知道大数据的核心价值来自分享，数据的分享增加了预判及还原现实的可能性。所以成本效应成了企业及政府机构数据化的绊脚石。

如今企业都意识到数据是重要的资产，也意识到有效数据治理是数据资产化的前提，近年来笔者在国内市政府和一些互联网企业当咨询专家及顾问时，都涉及如何建立横向的数据治理系统的问题。这个经验最早期来自阿里巴巴，当时在企业飞速的发展过程中，其发现数据使用面临如下挑战：

（1）各部门低水平重复开发数据集，浪费了大量的存储和计算资源；

（2）数据资源缺乏沉淀机制，导致计算能力的提升和进化非常低效；

（3）数据割据，算法分离，带来数据混乱及其质量的不确定性；

（4）在业务变更时，数据及数据产品反应不及时；

（5）组织架构制约了数据的共建和共享，缺乏标准及激励机制。

经过内部总结发现，数据的"汇管用"过程伴随着三个现象：数字业务变化速度非常快，数据处理技术及方法都很类似，数据及算法中间层能产生巨大效能。因此，做好数据治理工作成为笔者当时在阿里巴巴的主要任务，随之诞生了阿里巴巴数据中台。

无独有偶，企业内的一些数据治理问题，在各地的市政府机构内部也重复发生。因缺乏顶层设计，数字化步伐都在追随各个职能部门的发展，数据体系也是基于业务单元垂直积累的，从而形成了烟囱式数据体系。烟囱式数据体系的优点是紧贴场景、反应敏捷，缺点是数据分散、不标准，难以共用关联成为合力，大数据价值优势被削弱。此外，烟囱式数据体系还会造成混乱的数据调用和复制，以及造成在系统功能建设和维护方面的重复投资，不仅致使人力、财力等资源浪费，更重要的是时间及数据质量参差不齐！在目前高速发展的互联网市场大环境下，商机是稍纵即逝的。

在认同大数据是未来创新核心的前提下，需要把数据战略的先进性、前瞻性放到优先考虑的位置；否则，大数据的能力会随着粗放式营运而变得停滞不前，沦为有名无实。数据越乱，建立大数据的能力门槛越高，从信息化到数据化的时间节点都会影响数据治理的难度。管理层必须明白：从信息化到数据化再到应用，必须有强大的技术支持、灵活的政策保障，以及开放的生态支撑，这样方可马到成功。

一、数据共享才是数据生态的核心

为了提升企业内部对数据挖掘、更新、使用的效率，笔者在阿里巴巴内部尝试建立了数据公共层，对线上及离线的数据按交叉使用量、紧缺风险等进行盘点，并基于现况及未来需要做出中长期战略预估。这里汇聚了阿里巴巴内部共用最频繁或最关键的数据，这些资源如生产中所需要的必备部件，可以加快生产速度及降低重复性。数据公共层作为数据中台的核心部分，积累了最关键的数据资源，同时也是最具品质保障的主数据。

简单地看，数据中台像一条生产流水线，负责从原始数据收集到提炼成稳定数据的生产流程。在这个过程中，需要有一套生产管理流程体系，用以保证数据品质、时效性、一致性等。数据中台与生产流水线的差别在于，数据中台不仅关注数据生产过程中的效率问题，它还具备以下能力：①收集数据被消费之后形成的反馈闭环；②解决多源异构的数据组合效率问题；③具备业务发生变化时的快速自适应力；④保障数据服务的稳定性。

数据中台围绕数据生命周期的各阶段（产生、存储、增强、使用、传输、共用共创、更新、销毁等）而建立，服务的对象可以是 IT 研发者、数据科学专家、产品经理、分析师、决策管理者等。使用者会根据需要加工数据。数据生产过程中还有一种极其重要的数据，即元数据，又称作数据中的数据。对元数据管理得当，就可以让数据在生产过程中变得更精准、稳定及可被追溯。元数据管理须记录生产过程中各项数据因素，包括生命周期、调度情况、品质保障、安全监控、数据字典、数据关系等。元数据是数据中台的精髓，有利于数据在生命周期中的监督、成本管理或分摊、数据价值追踪。因此，一般数据中台的价值体现为可以将数据开发化繁为简，进一步理解就是可以节省开发成本。

二、数据服务赋能快速创新

一切数据都是受业务目标驱动而形成的，产生于业务又服务于业务。松耦合的数据服务可带来业务的复用，例如，淘宝和天猫有着各自的买家评价服务，但在防止刷屏的时候，它们会使用相同的数据模型来鉴别虚假评价。所以尽管业务场景不一样，但很多的基础数据模型及算法可以被重复使用。

经过清晰的沉淀，算法可以通过重新编排、组合，成为服务接口，响应业务的基本需求。由于具备快速编排、组合数据服务的能力，企业可以以较小的成本投入来构建一个创新的前端业务，这在传统模式构建的系统中是前所未有的。

三、需要相应的组织结构与激励机制

缺乏完善的组织结构及激励机制，数据中台便不可能顺畅运行。多年来的经验证明了技术架构和治理组织的建立同样重要，而近年来很多企业及政府也纷纷设立独立的数据治理委员会。数据中台的核心理念是"以通促用，以用带存"，这里的"通"不仅指数据的联通，也关乎人员组织结构的联通，而且横（功能部门之间）、纵（数据生命周期）都要通。

与此同时，数据中台管理需要制定并形成有效的规范，可由治理小组从实例中自下而上地提炼出大纲，再由固定团队负责制定工作机制（互惠互利及激励方式）等。

四、构建符合大数据时代的数据中台

数据中台之所以成为攻坚大数据能力的重要途径，一是因为数据中台确实解决了数据竖井（之前各自为政）问题，二是因为数据中台能推动轻盈的前台业务创新，同时能把应用中的数据回流，形成更丰富的中台资源。数据中台作为推动数据化营运的利器，同时也能成为营运数据的中心（两者结合为闭环）。根据多年的经验，笔者可以大胆地说，数据中台的建立刻不容缓。因为在大数据时代，业务与数据之间具有强联系，但数据的内容及结构更新速度非常快；数据算法上的技术很雷同，但各师各法；数据质量人人都说重要，但不知该由谁负责。

数据及其服务能力的汇聚与集中管控，在很大程度上会促进企业的一体化运维能力。归纳起来讲，大数据时代的数据中台的特点：一方面具备海量多源异构数据的整合能力；另一方面具备促进创新且为变化多端的业务前端服务的能力。数据中台的建设及行业普及如今还处于摸着石头过河的状态，任何数据中台都是在不断互动回馈的过程中成长起来的。但是可以肯定的是，这是个"一把手"工程，必须具备打破传统管理的决心，做好长期斗争的准备。

胡延平|

多维数据保护指引：第三条道路，探寻个人数据保护的中国方案

胡延平，DCCI 互联网数据中心首席专家、未来智库专家。

在中国社科院举行的个人数据资产保护研讨会上，笔者第一次系统阐述了多维数据保护指引（Multidimensional Data Protection Guideline，MDPG）及这个体系的两个前提、八个架构原则、一个核心提法、九个体系建构维度、两个落地路径和一个最终目标。

一、数据规则是未来世界秩序的基石和基本准则之一

姜奇平在他的文章《中国需要什么样的 GDPR》中写道："胡延平关于以网络所有制的权属关系为中心确立数据资产保护立法的观点，尤其引起我的共鸣；我完全赞同胡延平的观点并认为，拥有权与使用权两权分离的产权思路，可能是中国数据立法既不同于强调公平的欧洲，也不同于强调效率的美国的一条大思路，中国要走出一条兼顾公平与效率的数据立法之路。"

在我看来，从数据规则角度理解这件事的实质，比从个人信息保护角度理解显然更深切一些。国际关系准则、贸易规则、数据规则、网络规则、知识产权规则、金融资本规则，是未来世界的六个基石，也是未来世界秩序的六个最基本的准则。而各个国家开始出台的个人信息保护规则中对数据，尤其是个人数据的理

解、立法，是在更大范围内建立数据规则的基石。所以，第一步很重要。

二、选择的十字路口，数据规则在中国需要六点初心

实际上，对作为未来世界秩序之一的数据规则，中国不仅处在选择的十字路口，也处在历史的十字路口。在数据保护方面，中国向欧盟靠拢还是向美国靠拢，这表面上是个技术问题，实质上是个未来谁进入谁的规则和体系的问题。中国无须特立独行，无须关起门来自成体系，但是中国至少需要逐步形成适合中国国情的、与数据生态网络业态匹配的、面向现在和未来的、兼顾规范和发展的、兼顾不同主体的、与世界开放对接的数据规则。在笔者看来，这六点"初心"是相关思考、选择、决策的基本起点。

三、追随 GDPR 或 CCPA，要为难堪结局做好准备

从目前进展来看，GDPR（欧盟的《通用数据保护条例》）诞生虽然是历史性的，但是这个号称史上最严格的公民隐私数据保护条例，乍一颁布就问题多多，不仅落后于这个时代，和数据业态不同频，落地执行也有困难。巴西、印度、俄罗斯等国相关立法与 GDPR 状况基本类似。尽管 FTC（联邦贸易委员会）多次听证，两院不断有议员在推动，但是到现在为止，美国还没有形成全国性的专门法案。其 2012 年拟定的《消费者隐私权利法案》不足以覆盖当前的领域和问题，而且要到 2020 年左右才可能生效。加州 2018 年出台的 CCPA，也就是《加州消费者隐私法案》，被认为是美国其他各州在这方面立法的风标。但是，CCPA 除了对主导互联网世界的大企业、大平台及其技术体系的各种关怀和照顾，并没有完全涵盖不同规模的涉及个人信息的商业机构，并且其在基本出发点、根本思路、立法框架上存在和 GDPR 同样的问题与局限。美国学者 Roslyn Layton 认为，GDPR 和 CCPA 仅仅着眼现状，在数据保护上未能有效考虑增强隐私的创新和消费者教育，导致大的企业占了便宜，中小企业受到惩罚，并让人们以为他们获得了更多隐私，而事实上他们处于更大的风险中。GDPR 的情况看起来比 CCPA 更糟糕，虽然目前还没有到德国学者 Dr. Winfried Veil 所言的"为 GDPR 在实践中遭遇彻底失败做好准备"的地步，但是他所分析的 GDPR 无法自洽的种种结构性缺陷和乌托邦式的不切实际，的确是客观存在的。

四、GDPR 与 CCPA 的问题

迄今为止，对于 GDPR 与 CCPA 的批评，往往没有抓住问题的根本。这些批评要么只看到了相关条文的内在矛盾，要么只看到了它可能造成的不良后果。在笔者看来，GDPR 和 CCPA 的问题如下。

（1）从一开始，GDPR 与 CCPA 的基本理解、基本起点、基本思维、基本原则就出了问题。也许是西方数百年来形而上学思维根植于心所形成的机械切分的潜意识在作祟，在 GDPR 与 CCPA 里主要看到的是"个人"及其"同意"，对与个人高度相关的其他主体及其与个人的关系涉及甚少。而个人及其信息并不是脱离对象场景孤立存在的。

（2）严格有余，严谨不足。比如 GDPR，其条例连篇累牍，但最基础的"个人数据"的定义却普遍被外界认为非常模糊甚至模棱两可。个人数据在 GDPR 中的定义："任何已识别或可识别的自然人（数据主体）相关的信息；一个可识别的自然人是一个能够被直接或间接识别的个体，特别是通过诸如姓名、身份编号、地址数据、网上标识或自然人所特有的一项或多项的身体性、生理性、遗传性、精神性、经济性、文化性或社会性身份而识别的个体。"其对什么叫相关的信息没有说明，而就这一点，CCPA 比 GDPR 强很多，其至少进行了 11 个方面的具体列举。

（3）总体来说，GDPR 与 CCPA 因为局限于基于"识别"的"个人"信息，其相关立法的基础定义和治理范围比较传统，有些脱离实际甚至一开始就有点脱离时代。其往往无法解释隐私以外的个人信息，甚至连对隐私本身的界定都比较困难。个人数据基本被窄化为个人信息、个人信息数据，殊不知仅就信息社会的每个公民而言，其需要保护的个人信息已经远不止基于"识别"的"个人"信息。可以说 GDPR 与 CCPA 把旧问题堵住了，但并没有解决新问题，甚至根本没有涉及。

（4）GDPR 与 CCPA 是采用一种基于"同意"的对"个人、识别"信息进行保护的立法思维，而不是采用重点对个人信息使用进行规范的立法思维。其忽视

了使"使用"成为可能的其他主体，尤其是为个人提供服务的其他主体在这些信息的产生、存储、流动等过程中的现实的角色、作用、价值和权利。使用才是价值本身，使用才是真实场景，并且场景是高度多样化、动态变化的。

（5）除了对各种状况的界定简单化，GDPR 与 CCPA 最大的缺陷在于缺乏开放性、流动性、变化性，缺乏与开放、流动、变化的数据业态真正的交互能力。另外，GDPR 与 CCPA 没有注意到的是，个人信息的自由流动和个人与其他多个主体之间基于"使用个人信息"的服务价值流动是两回事。

（6）从技术角度来说，个人信息、数据及其问题于立法而言无法"可察""可见""可追"，这是显而易见的问题，在客观上造成了 GDPR 落地难、执行难。

五、追随 GDPR 还是迎合 CCPA？根本思路决定个人信息保护的中国出路

尽管如此，在《金融时报》看来，中国是最直接接受 GDPR 的国家，而且可以清楚地看到，中国目前拟定的《信息安全技术个人信息安全规范》参考了 GDPR，该规范的起草人曾公开称 GDPR 是其起草时主要的灵感来源。中国的互联网企业，尤其是规模较大的有跨境业务的公司，第一时间依照 GDPR 调整了自己的用户服务协议。《信息安全技术个人信息安全规范》是全国信息安全标准化技术委员会于 2017 年 12 月 29 日正式发布的规范，于 2018 年 5 月 1 日起实施。2019 年 4 月，公安部网络安全保卫局、北京网络行业协会、公安部第三研究所在"全国互联网安全管理服务平台"官网联合发布了《互联网个人信息安全保护指南》。从对个人信息的定义来看，其解决了当前最基础、最紧迫的隐私意义上的个人基本信息保护问题。受 GDPR 影响，其在思路起点、深入业态、解决现实和未来潜在问题方面并没有相差太远，其个人信息保护范围甚至不及 CCPA。

所以，未来还是要有中国自己的个人信息保护法。

六、MDPG，个人信息保护新思维

MDPG 是一个关于个人数据保护的参考性框架。MDPG 不具有任何约束力，

不具有任何企业、商业、行政或个人色彩，是一个完全独立的第三方的、源自学术领域的讨论框架和议题草案。MDPG 的所有信息、内容、讨论、意见都仅供各方参考。MDPG 的出现，只是希望在越来越紧要的个人数据保护进程中，创造更为立体、多元、宽阔、前瞻的视野和更为开放的框架体系，对有关各方在选择的十字路口做出正确的历史抉择有所裨益，贡献微力。

MDPG 的核心要义，在于建立对于数据规则的深度理解，回归到个人数据保护的六个初心；帮助有关各方对 GDPR 与 CCPA 的价值、实质和局限形成完整认识；在与有关各方一起形成恰当的基本理解、基本起点、基本思维、基本原则的基础上，以开放的讨论，形成基于现在、面向未来的、贴合现实和数据业态规律的个人数据保护框架指引；从根本上避免个人数据保护脱离国情、方向跑偏或自我封闭，尤其需要避免 GDPR 与 CCPA 出现的六个方面的典型问题。

七、MDPG 的两个基本前提

第一，明确数据权属关系是保护的基础，但是只从权属关系角度去认知和界定相关问题远远不够，不仅要以个人的识别和同意为基础，更要以个人数据的使用需要、使用场景、使用特性、使用过程、围绕使用所形成的多方协作交互关系为基础；第二，用相对多维的角度、相对立体的框架来认识和解决问题，不做一刀切，不妄图用一个定义、一个角度、一个方法来一劳永逸地解决问题。以相对复杂的体系来让问题变得更简单，而不是用简单来切分本来的复杂。

八、MDPG 体系建构的八个原则

（1）多维度。MDPG 认为个人数据本身的维度远不止于个人信息，个人数据本身相对区分为四个维度，即个人基本信息、个人行为数据、个人应用数据、个人持有数据，其中，个人基本信息的范畴基本相当于 GDPR 与 CCPA 中所定义的个人信息，其他三个维度是 GDPR 与 CCPA 所没有的。个人行为数据不仅是传统意义上的浏览访问使用行为，它还是网络交感、在线影像、人工智能等各种因素综合下的网络对于个体的立体乃至实时的全程感知，与 GDPR 与 CCPA 所述消费者画像不是一回事，在网络无隐私的当下，个人行为数据尤其具有现实和未来意义；个人应用数据是个人在使用某种互联网应用或服务过程中必然会提交或产生的以内容或服务方式存于云侧或端侧的应用数据，个人应用数据不只是用户数据；个人持有数据是用户存储在端侧或云侧的、过往由用户自身获得或应用产生的、只和用户自身对这些数据再应用行为直接相关的数据。

（2）多主体。尤其在个人应用数据这个维度，应用数据的产生是多主体基于协议的协同行为，应用数据的产生本身也是个人从服务商持续获得服务及其价值的过程，在一定程度上数据即服务，服务即数据，价值-服务-数据是三位一体的。在这种情况下，尤其不能将个人数据简单视为个人单方面支配的权益，更不能将其等同于个人基于识别的同意，所有数据及其权益是多主体协同共生过程的阶段性结果，也是服务及其价值在时间意义上能够由服务商持续不断交付给个人的关键。

（3）开放。这里的开放有三种含义：一是基于数据规则的个人数据的自由流动；二是规则本身要考虑开放平台等方面在技术角度的特性、规律和需求；三是与外部世界数据规则的开放对接。

（4）动态。数据规则需要充分考虑即使最传统意义上的个人基本信息，个人或消费者基于"同意"的赋权范围和方式等也存在动态调整的需要，要为每个用户和服务商在时间线意义上的变化和调整创造可能。

（5）个性。每个个人、用户、企业的状况都是不一样的，其对于个人信息和数据的保护需求也不尽相同，对愿意让渡的方式和对回报的要求更不尽相同。数据规则要像数据系统一样，为用户和服务商等多个主体之间创造个性化协议，甚至类似 RTB 意义上的可调节的可能。

（6）标注。数据可标注是 MDPG 和 GDPR、CCPA 最显著的区别之一。数据标注源自对数据技术的理解和对数据规律的尊重，并且数据规则因此而使被保护者受益。在四个维度的个人数据中，个人基本信息是可以通过采用"数据标签""数据水印"等技术管理起来的。

（7）追溯。数据标注是数据追溯的基础，但实现数据追溯需要更进一步地建立隐去用户实名信息等关键个人信息的数据追溯机制，这种追溯机制可以是全过程的，有多种技术手段可以保障数据追溯机制的实现。数据追溯的好处在于在个人在同意后、服务商在数据流动过程中、开放平台在各种数据合作过程中，可以及时有效地了解个人基本信息是被哪些主体使用及如何使用的。

（8）统计。标注和追溯是统计的基础，但是统计的作用更在于信息反馈和价值回馈。统计不仅让过程量化、价值量化、获得收益成为可能，更让每个用户作为个体从自身的个人信息中获得回报成为可能。这是一个真正的公开透明、各方受益的过程，而不是个人用户被单方面利用，甚至滥用的过程。

九、网络所有制：MDPG 的一个核心提法

介绍到这里，想必懂行的从业者已经猜出了 MDPG 的探讨方向，知道了其未来可能有助于形成什么样的数据规则。但是，在进一步展开 MDPG 的讨论体系、指引框架前，我们有必要厘清一个最核心也最实质性的问题，那就是：数据保护为了谁？数据规则为了什么？尽管这似乎是一个不是问题的元问题，但是在 GDPR、CCPA 那里这个问题是最大的问题，也是 FTC 连续举行多场的"21 世纪竞争与消费者保护"听证会的关键议题之一。

在 MDPG 的初步框架中，数据规则与真实的数据业态保持实质上的一致，不同主体之间是共生、共存、共有、共享的共同关系；关系并不对立，利益也并不冲突；同一数据可以有不同的主体，且可以不限于一个主体。究其实质，这是产权、权属关系在数字经济下的嬗变。在过往国内一些研讨会上，笔者讲过一个提法：网络所有制。这并非一个耸人听闻的提法，网络所有制其实是信息社会价值连接与数字经济资源要素的关系实质。不同于工业经济阶段形成的以物权为重心的传统产权制度，网络所有制的产权、权属关系很多时候是基于应用的多主体协同、基于服务的价值共创，不同主体之间是共生、共存、共有、共享的，所有权和使用权可以是统一的，也可以是分离的。使用不必拥有，拥有不必独有，使用才是价值关键，而价值可以流动、转移、变化、分享。当信息成为数据，数据变成服务，数据和服务可以复制，信息的产生者及数据的使用者呈现分离、分布、流动的状态时，新的产权制度呼之欲出。

十、MDPG 的九个体系建构维度

（1）协议、协商、选择、议价、调节机制。变堵为导，以"使用"而不是单纯的"同意"为重心，从多个维度为多类主体之间的数据授权、流动分享、价值回馈建立开放灵活的协议通路和选择机制，并且给相关机制装上调节按钮。

（2）让权属关系成为彼此可选择、可调整的多选项。除了所有权，还有共有权、共享权，所有权与使用权可以分离，数据的产生和使用、流动可以分离，数据共生、共存、共有、共享不仅在数据规则层面成为可能，也在各个数据系统层面成为可能，同时在各个环节的使用主体、利益主体层面成为可能。当然，个人基本信息作为个人数据的最基础的维度，可以是"非卖品"，可以流通也可以不流通。

（3）让可公开程度成为由用户自主掌握的隐私"边界"或"个人数据保护红线"。传统意义上的个人信息保护，尤其个人基础信息保护，是由法律法规来约定、通过用户协议来保障的。MDPG 可以创造这样一种可能：隐私其他谁说了都不算，只有用户自己说了算，用户自己通过上述两种协商选择和调节调整机制来确定自己可让渡的信息，确定自己个人信息的保护范围和公开方式，由此实现个性化的个人数据保护。以可公开程度替代"隐私"，这会是一场冒险吗？

（4）明确数据主体在数据流动过程中的收益权，并且通过机制在数据系统中获得保障。要通过机制来清晰地确保用户不会成为那个贡献了信息却被完全剥夺的人；个人主体、企业主体、机构主体，均有从数据的产生、存储、使用、转让过程中因为创造价值而获得收益的权利。数据及依托数据所创造的服务价值的贡献者，所获得的收益可以是货币化的，也可以是非货币化的。

（5）以过程透明确保数据确权。在数据的产生、存储、使用、转让等关键环节，要公开透明，以此保障不同程度、不同形式、不同主体的数据"确权"。

（6）明确保障唯一或第一数据主体的基本使用权益。基本使用权益包括数据相关服务的应用权。应用背后用户相关数据的调看权、传播权、复制权、迁移权。

（7）明确保障唯一或第一数据主体的基本变更权益。基本变更权益包括修改权、删除权、让渡权（转让或转售）、转用权（转作他用）。

（8）明确保障唯一或第一数据主体的基本决定权益。基本决定权益包括选择权、知情权、否决权等。

（9）数据规则的探讨，时刻把握是否有利于创新发展这一度量衡。比如 FTC 听证会所讨论的一个基本议题是，各州、联邦及国际层面的隐私和数据保护法规如何影响美国及国外产品的竞争、创新与供应。

十一、MDPG 付诸实施的局部技术路径

前面已经提及，数据标签、数据指纹技术是以 MDPG 为思路的数据规则得以实现的基础。可以说，各种各样的数据技术，才是数据保护这座大厦的坚实根基，离开数据技术构建数据规则，无异于纸上谈兵、空中楼阁。所以，MDPG 对有关各方要产生实际价值，今后需要更多聚拢数据库、数据管理系统、各种基于数据的业务系统、开放平台、中间件、数据指纹、数据加密、数据存储、云计算等方面最为专业的技术人才，充分听取他们的意见，这样 MDPG 才能够真正落到实处。当然，政策、法律、产业方面专家的意见，也非常重要。此外，区块链其实也是未来数据规则的重要基石。目前知识产权多个领域，如数字版权方面，已经引入区块链作为追溯统计与价值回馈的核心机制且运作良好。区块链在数据保护领域也有望大显身手。以技术为基础、面向未来的数据规则，至少在局部将可能实现基于协议进行选择、基于选项进行议价、基于数据标注进行追溯和统计，以此形成数据价值回流，形成对用户有回馈的"开放闭环"。

十二、MDPG 如何避免 GDPR 等数据规则的笼统和一刀切问题

个人数据保护有三个关键的前置问题需要厘清，否则容易出现定义模糊、规则笼统、大而化之的情况，要么不切实际，要么难以落地，要么简单粗暴没有针对性。这样的规则如果还要求有很大的执行力度，那么越用力反过来造成的问题越多。

第一个关键的前置问题：必须厘清个人数据具体包括哪些数据，目前各

方的定义和范畴是否足以囊括和界定这些数据，是否足够细分、足够明确，老问题、新情况、潜在状况是不是都体现在内。事实是，GDPR 只有非常空泛的一句话，CCPA 稍微具体一些，但基本上也只是用几句话来泛指，没有具体明确的类目罗列。国内可见的各类规则基本仿效欧盟，几行字，仿佛把什么都说了，又具体什么都没说。用这样的规则去治理互联网，可谓连治理对象都没甄别清楚。

第二个关键的前置问题：各种各样的个人数据规则，如何避免一概而论、一刀切？不同类型、不同层面、不同指标的个人数据都应该适用同样的保护原则吗？不同类别的个人数据是否需要采取不同的保护原则、力度和方法？按照常识，问题的答案应该是，不能一刀切，应该根据情况区别对待。不同类别的个人数据因为敏感、重要程度存在差异，其产生、流动、存储的情境和使用需求不太一样，甚至根本不同，因此应该适用不同的保护力度和保护原则。

第三个关键的前置问题：在个人数据保护过程中，如何处理好规范和发展、保护和创新、限制和利用之间的关系？如何处理好政策与市场之间的关系？如何在保护数据的同时保障用户自主决定自身信息数据的处置权利？用户应该有哪些权利？企业服务商应该有哪些权益？如何处理个人数据、企业数据和政府机构数据等不同数据主体之间的关系？对这些问题的回答，如果脱离具体情况、具体数据、具体的数据特性，不仅容易流于空泛，而且容易南辕北辙，甚至出现为了所谓"保护"而损害相关数据主体利益的情况，其影响甚至有可能是破坏性的。数据产生、数据主体、不同主体关系、数据结构与数据关系、数据使用及数据背后的各类权益等，所有这些关键事项的明确，需要数据规则的制定者时刻有这样的意识：当在界定数据主体、规定数据关系的时候，明白其是就什么数据而言的。

可以说，对于以上三个关键前置问题，回答任何一个问题，都离不开一项基础工作，那就是把个人数据的范畴、类别阶段性彻底理清楚。基于以上认识，在MDPG 框架产生之前，一项最基础的工作便是从根本上厘清个人数据范畴和类别，在此基础上建立系统的由用户和专家来评估与决定的指标体系。要征求用户和专家的意见，尤其要广泛征求用户对每项指标、每类数据的意见，由用户自己来告诉数据规则的决策者每项数据对其的重要程度、可公开程度、隐私涉及程度，该数据的使用、流动和保护的相关权利应该在谁手里，以及数据保护的规则应该如何制定。企业、服务商或平台应该不应该及如何存储和使用这些数据，第三方对这些数据使用的部分或整体原则及如何使用的规则，需要由用户和服务商来决定。主体自主协商、市场发挥作用，是两个重要原则。简而言之，我们把涉及个人的所有数据类别整理出来，让用户自己出来说话，让用户自己说自己的权利是什么，让用户自己决定应该如何保护和使用自己的数据。个人数据保护规则的制定也好，数据规则的制定也罢，用户不能缺席，更不能被遗忘。

在 MDPG 的前置工作中，个人数据分为 4 个大类、16 个子类、120 项具体指标，详见表 1，该指标体系由用户和专家共同扩展、动态调整、不断完善。

表 1　MDPG 个人数据指标体系

大　　类	子　　类	具体指标
个人基本信息	个人身份信息	姓名
		出生日期或年龄
		性别
		民族和国籍
		身份证号码/驾驶证号
		护照号码
		地址
		其他身份信息
	网络身份信息	手机号码或 eSIM 号码
		电子邮件
		即时通信账号
		社交网络账号
		金融卡号或用户名
		本应用注册账号
		第三方账号信息
		硬件 ID 或身份唯一性信息
		软件 ID 或身份唯一性信息
		通信 IP 或身份唯一性信息
		其他网络身份信息

（续表）

大　类	子　类	具体指标
个人基本信息	个人生物信息	人脸识别面部信息
		头像拍照或上传
		指纹
		声纹
		眼睛虹膜
		DNA
		血型
		身高
		体重
		其他个人生物信息
	个人家庭信息	家庭成员信息
		财产信息
		职业信息
		教育信息
		健康信息
		兴趣爱好信息
		其他个人家庭信息
个人行为数据	生物活动监测	摄像监控、图像追踪
		声音记录、识别、追踪
		访客识别、顾客画像
		基于其他唯一性标识的个体识别
		位置追踪监测
		运动监测
		脉搏心跳监测
		心电监测
		血糖监测
		血氧监测
		血压监测
		其他生物活动监测信息
	访问使用行为	浏览器访问记录与使用行为
		本 App、程序或软件使用行为
		开放平台小程序使用行为监测
		终端内其他 App、程序或软件安装列表
		终端内其他 App、程序或软件使用行为

（续表）

大　类	子　类	具体指标
个人行为数据	访问使用行为	本软件或应用下载、安装、卸载情况监测
		终端内其他应用下载、安装、卸载情况监测
		其他访问使用行为
	终端使用行为	移动网络
		WiFi
		蓝牙
		NFC
		开机、关机
		电量与耗电监测
		流量监测
		终端系统设置与使用习惯
		终端定位查找
		其他终端使用行为
	行为权限让渡	自动更新
		自动浮窗、弹窗
		应用内下载安装其他程序
		自动保存其他应用的用户名和密码
		自动本地备份
		自动同步或远程同步
		远程分享
		远程管理
		其他重要权限让渡
个人应用数据	应用产生内容	文章、文字、文本
		图片、图形、图像
		视频、直播、短视频
		音频、音乐
		聊天、私信
		视频通话、音频通话等
		评论、留言
		邮件
		其他用户产生内容
	应用产生消费	购物消费记录
		商品浏览轨迹记录
		支付转账等交易记录

（续表）

大　类	子　类	具体指标
个人应用数据	应用产生消费	物流配送、外卖网购信息
		记账、理财等财务信息
		银行、证券、保险等金融应用信息
		交通、票务、酒店、旅行行程等行踪信息
		扫码记录、到店消费记录
		游戏娱乐痕迹
		其他服务消费痕迹
	诉求与取向数据	搜索
		关注
		收藏
		转发
		点赞
		问答
		其他需求取向数据
	重要数据权限	日历与行程
		记事本
		获取通话状态、拨打电话、读取通话记录、呼叫转移
		发送短信、读取短信
		读取通讯录、修改或删除联系人
		读取剪贴本数据
		存储权限
		其他应用数据读取权限
个人持有数据	自建私有文档	Word、PDF、PPT、Excel 等文档
		个人/家庭照片、图片、视频、音频
		其他自建私有文档
	各途经获得历史文档	Word、PDF、PPT、Excel 等文档
		公开途径或复制获得的牌照、图片、视频、音频
		其他历史文档
	网络下载文档	Word、PDF、PPT、Excel 等文档
		网络下载的图片、视频、音频
		其他网络下载文档
	数据网络存储	个人云或私有云
		其他个人持有数据网络权限

综上所述，对数据规则的建构，到了必须走出 GDPR 和 CCPA，以使用为重心、以兼顾规范与发展等为初心、以多维开放等为原则、以九个方面的体系建构为保障、以数据技术为基础的新阶段。新阶段需要新思维，更需要实事求是、因地制宜、充分尊重个人等数据主体权利和权益的规则与措施。相信个人数据保护领域内的中国智慧，能够做好时代给予我们的选择题，能够在历史的十字路口，向着未来的方向迈出正确的一步。

大繁荣 智慧城市

中国信息通信研究院政策与经济研究所

中国信息消费发展态势及展望报告（2019 年）

近年来，随着新一代信息技术与经济社会各领域的广泛融合，我国信息消费持续蓬勃发展，消费规模持续快速增长，消费结构进一步优化，重点领域创新活跃，覆盖群体持续扩大，为提高人民群众生活品质、推动经济高质量发展做出了重要贡献。

一、我国信息消费呈现扩容提质态势

据初步测算，2018 年我国信息消费规模约 5 万亿元，同比增长超 10%，约为同期 GDP 增速的 2 倍。信息消费结构持续优化，信息服务消费占比由 2013 年的 27.3%持续提升至 2018 年的 46.8%。

1. 信息消费领域创新活跃

从信息服务方面看，信息技术与各领域的融合日益深入，催生了智能零售、数字创意、短视频等大量新应用、新模式、新业态，不断满足大众的个性化、多样化消费需求，推动信息服务快速增长。2018 年，我国移动互联网接入流量消费达 711 亿 GB，比 2017 年增长 189.1%，增速较 2017 年提高 26.9 个百分点。短视频应用迅速崛起，在网民中的渗透率超过 70%，满足了碎片化的应用需求。从信息产品方面看，智能手机、平板电脑、智能家居、智能网联汽车等多形态的智能硬件生态日益成熟，形成了完备的消费链条。2018 年，我国智能手机出货量为 4.14 亿部，其中国产品牌占比达 89.5%。智能可穿戴、虚拟现实等新型产品层出不穷，消费级无人机等产品达到全球领先水平。

2. 线上线下深度融合

ICT 企业通过人工智能、大数据、物联网等新一代信息技术与生产、生活场景的深度融合，延伸服务半径，扩大经营规模，提升经营效率，培育形成无人零售、生鲜超市等新模式，推动百货商店等传统业态加速数字化转型，拓展信息消费空间。目前，全国范围内有过百万商业门店实现了线上线下打通，实现了门店仓库化、客流数据化、消费连续化，推动线上线下深度融合发展。据测算，2018年，全国限额以上单位通过互联网实现的商品零售额占限额以上单位消费品的比重为10.2%，比2017年提升2.3个百分点。

3. 覆盖群体持续扩大

随着信息基础设施覆盖不断完善，智能终端日益普及，各类信息应用逐步丰富，信息消费覆盖群体持续扩大，人均消费持续走高，成为驱动消费升级的重要力量。例如，美团数据显示，在信息消费渗透率较高的北京，2019年春节期间，交易用户数仍保持了14%的快速增长，外卖笔数同比增长20%，交易额同比增长31%。与此同时，信息消费加速向三、四线城市和广大农村地区拓展，推动消费潜力持续释放。2018年"双11"当天，阿里巴巴平台的三、四线城市支付用户同比增长22.24%，高于一、二线城市的18.42%。80后、90后等互联网原住民成为消费主力，展现出兴趣优先、注重体验等新消费特征，有力促进信息消费的快速发展，推动信息消费向个性化、品质化方向升级。苏宁平台上80后占比达38%，90后占比达42%，90后首次超过80后。2019年春节期间，京东平台上80后、90后用户销售额占比超过70%。

4. 支撑能力不断提升

在信息基础设施方面，截至2018年年底，我国光纤用户渗透率近90%，位居全球首位，百兆宽带用户占比达67.5%。4G用户渗透率达74.3%，覆盖水平位居全球前五。在移动支付方面，其广泛渗透衣食住行等各类场景，发展规模全球领先。2018年，我国移动支付交易达605.3亿笔，金额达277.4万亿元，同比分别增长61.2%和36.7%，有效支撑了信息消费进一步扩大升级。在智慧物流方面，得益于算法、物联网、人工智能等技术驱动，现代物流智能化水平大幅度提升。2018年，全国快递业务量达505亿件，同比增长25.8%，规模连续5年居世界第一。配送时效由最初的"天级""小时级"缩短至"分钟级"。如盒马鲜生可为消费者提供"3千米范围内30分钟达"的极速达服务，大幅度改善了用户消费体验。

5. 新型理念深入人心

共享模式广泛应用，各界对共享经济的态度逐步回归理性，"使用而不购买"的共享消费理念向知识技能、物流运输、生产制造等领域加速渗透，有效提升了实体经济的创新能力和生产能力。以知识技能共享为例，目前出现了包括在线回答、网络直播、创意众包等在内的众多新兴业态。付费模式日益普及，越来越多的用户愿意为优质创意和个性化的视频、音乐、游戏、教育等资源付费。以数字内容领域为例，2018 年喜马拉雅"123 狂欢节"的内容消费总额达 4.35 亿元，是 2017 年的 2.2 倍，参与用户超 2135 万人，付费听书、为喜爱的内容付费订阅课程正成为人们习以为常的生活方式。

二、信息消费发展指数持续走高

为全面客观反映我国信息消费发展水平和走势，中国信息通信研究院构建了信息消费发展指数（ICDI），对全国信息消费发展综合水平进行量化监测。

1. 指标体系构成及测算方法

ICDI 从消费需求活跃度、产业供给水平及基础支撑能力三个方面，综合选取 10 项二级指标、14 项三级指标进行测算。其中，消费需求活跃度主要反映消费者对信息产品和信息服务需求的活跃程度，由居民可支配收入、人均信息消费规模等指标构成；产业供给水平主要反映信息服务和产品提供水平，由人均基础电信业收入、人均电子制造业收入等指标构成；基础支撑能力主要反映信息消费全流程中的关键支撑能力，由固定宽带网络平均下载速率、平均受教育年限等指标构成（见图1）。

ICDI 在指标选取上，考虑公开、可获取、可统计、可量化、可对比原则，以确保指数监测可以定期持续开展；在测算周期上，每半年更新一次；在计算方法上，采用阈值法实现数据去量纲化，确保其在不同时间可比。

2. 全国信息消费发展情况

信息消费总体呈现蓬勃发展态势。ICDI 从 2015 年上半年的 0.58 快速增长到

2018 年上半年的 0.87（见图 2）。我国 ICDI 持续走高，其背后与我国消费需求活跃度的稳步提升、产业供给水平的持续增强、基础支撑能力的不断完善等关键要素密不可分。

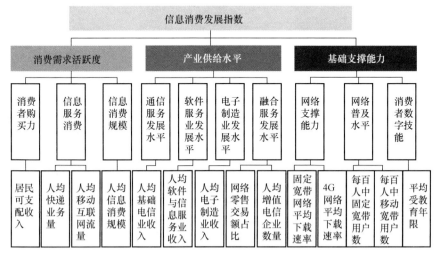

图 1　信息消费发展指数指标体系构成

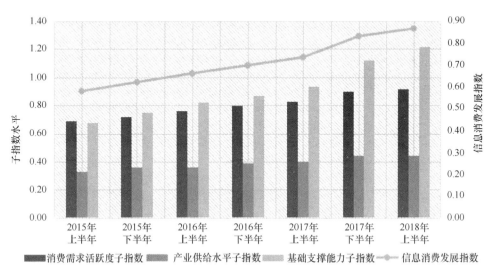

图 2　2015—2018 年全国信息消费发展指数变化情况

从消费需求活跃度子指数看，信息消费需求日益旺盛。监测结果显示，信息消费需求活跃度子指数从 2015 年上半年的 0.69 快速增长到 2018 年上半年的 0.92。

从具体指标看,消费者购买力显著提升,人均可支配收入从 2015 年上半年的 10931 元提升至 2018 年上半年的 14063 元,为信息消费提供基础支撑。同时,消费结构升级势头明显,居民用于在线旅游、医疗健康、在线教育等个性化、高品质服务的消费支出快速增长。信息服务消费蓬勃发展,视频、游戏等高带宽应用日益丰富和普及,带动移动互联网接入流量爆发式增长,总量累计达 266.3 亿 GB,同比增长翻番,每月每户使用移动流量达 4.2GB。智慧物流发展更加高效便捷,支撑电子商务迅猛发展。信息消费规模持续扩大,信息技术创新不断加快,信息领域新产品、新服务、新业态大量涌现,不断激发新的消费需求,带动信息消费呈现快速发展态势。

从产业供给水平子指数看,产业供给水平持续提升。监测结果显示,产业供给水平子指数从 2015 年上半年的 0.33 提升至 2018 年上半年的 0.44,这主要得益于以下两方面。一是 ICT 产业自身的不断壮大。随着产业结构持续优化、技术创新迭代升级和信息设施加速普及,行业收入规模稳步攀升。人均基础电信业收入由 2015 年上半年的 417.7 元提升至 2018 年上半年的 483.4 元;人均电子制造业收入由 2015 年上半年的 3710.7 元提升至 2018 年上半年的 4870.9 元;人均软件与信息服务业收入由 2017 年上半年的 1478 元提升至 2018 年上半年的 2094.7 元。二是融合创新服务的快速发展,互联网加速与传统领域渗透融合,以数字文化、共享经济、在线教育等为代表的融合业务飞速发展,带动互联网企业数量不断增加,成为推动信息消费蓬勃发展的重要动力。2018 年上半年,即时通信服务的网民使用率达 94%,网约出租车用户规模半年增长近 20.8%,互联网企业数量达 5.4 万家,是 2015 年年底的 1.6 倍。

从基础支撑能力子指数看,基础支撑能力显著增强。监测结果显示,基础支撑能力子指数从 2015 年上半年的 0.68 加速提升至 2018 年上半年的 1.22。其驱动因素主要有以下三个。一是网络普及水平大幅度提升。我国固定宽带用户人口普及率由 2015 年上半年的 15.1% 提升至 2018 年上半年的 27.2%,与发达国家平均水平的差距由 14 个百分点缩小至 4 个百分点左右;移动宽带用户人口普及率由 2015 年上半年的 49.3% 提升至 2018 年上半年的 90.4%,与发达国家平均水平的差距由 37 个百分点缩小至 6 个百分点左右。二是网络提速工作扎实推进,截至 2018

年上半年，我国固定宽带网络平均下载速率达 21.3Mbit/s，是 2015 年的 3.9 倍；4G 网络平均下载速率达 20.2Mbit/s，在这方面我国已进入全球较快国家行列。此外，随着城乡义务教育一体化发展、高中阶段教育加快普及和高等教育质量保障体系不断完善，我国居民平均受教育年限逐年提高，消费者数字技能得到全面提升，为信息消费的广泛普及提供了基础条件。

三、信息消费发展展望

1. 消费提质升级趋势加快

一是商品消费向中高端方向升级。随着居民消费结构的变化，主流消费群体也呈现高端化和年轻化趋势，消费者也从单纯追求实用性产品转变为追求人性化、高品质、创新型产品。以家电、汽车、日用品、酒店等热点领域为代表的中高端商品越来越受消费者青睐，需求潜力巨大，市场规模保持较快增长，成为满足人民群众日益增长的美好生活需要的重要体现。例如，酒店市场由过去经济型占绝对主导的"金字塔"结构逐渐向中高端占比扩大的"橄榄形"结构不断转变，传统酒店依托互联网平台，引入云计算、语音交互及 AI 技术、VR 全景展示、网络支付等科技元素打造智慧酒店的模式成为未来发展的重要趋势。

二是服务消费向提质增效升级。我国服务类消费一直保持较快增长，占居民消费支出的比重已超过 40%，但与发达国家普遍高于 60% 的水平相比，仍蕴藏着巨大潜力。旅游、文化、体育、健康、养老、教育培训等领域消费十分活跃，需求旺盛。例如，作为美好生活的一部分，旅游休闲正逐渐升级为"幸福必需品"。80 后、90 后和 00 后组成的新生代成为旅游消费的主流群体，消费升级与差异化趋势将更为明显。科技不断进步将驱动旅游和体验方式的变革，快速改变游客的消费行为和消费理念，给旅游产业带来更为广阔的想象空间。

2. 融合创新应用持续迸发

一是媒体融合向纵深发展。2019 年年初，习近平总书记在中共中央政治局第十二次集体学习时强调，推动媒体融合发展、建设全媒体成为我们面临的一项紧迫课题。传统媒体与新兴媒体融为一体的趋势将持续深化，人民日报、新华社、中央广播电视总台、央视网等传统主流媒体都在加快探索和实践，积极发展网站、微博、微信、电子阅报栏、手机报、网络电视等各类新媒体，无人机、视频直播、大数据、人脸识别、虚拟现实等新技术将越来越多地运用到传统媒体的生产环节，为大众提供更多更好的互动式、服务式、体验式的信息服务，既传播正能量，又丰富信息消费体验。

二是 5G 开启超高清视频应用新时代。根据工业和信息化部部署，2019 年我国将进行 5G 商业推广，一些地区将会发放 5G 临时牌照，从而使大规模的组网能够在部分城市和热点地区率先实现。5G 技术的逐步成熟将对各类超高清视频应用起到相辅相成、相得益彰的作用。2019 年央视春晚深圳分会场首次利用 5G 技术开展了 4K 超高清的视频直播，开启了基于 5G 网络的超高清视频应用时代。5G 与视频的结合也将加速超清视频在垂直行业的广泛应用，让远程直播、远程教育、远程医疗、智慧交通、智能安防等泛视频业务更快融入生活，带来全新的、更丰富的数字生活体验。

三是在线教育蓝海持续爆发。随着全面二胎政策的实施，我国教育资源更加供不应求，从而使我国快速成为全球最活跃的在线教育市场之一。线上线下一体化的青少年教育、幼儿早教等新兴市场前景广阔，教育录播、教育直播等新型方式加速推广，有望催生一大批新业态、新应用。以互联网、云计算、大数据、人工智能等为代表的信息技术在教育领域的应用更加广泛，在线教育市场不断下沉，三、四、五线城市用户的渗透率将不断提升。在线音乐陪练、在线美术课堂、在线思维训练等有助于素质提升、个性发展的课程内容将越来越受欢迎，发展潜力、增长空间巨大。

3. 新型智能硬件成为竞逐焦点

随着 5G、物联网等技术加速演进升级，万物互联成为推动智能社会变革的最强动力和新型基础设施，智能化趋势不可阻挡。智能手机、智能音箱、无人机等新型智能硬件不断迭代成熟，产品创新水平和供给质量不断提升，成为信息消费领域持续增长的重要热点。

一是面向消费者的 5G 终端将陆续上市。2019 年是 5G 终端商用元年，电信运营商和设备制造商纷纷加快布局终端市场，抢占发展先机。在电信运营商层面，中国电信计划将在 2019 年第三季度发布 5G 试商用机；中国移动提出"5G 终端先行者计划"，并计划 2019 年上半年推出 5G 智能手机和首批中国移动自主品牌的 5G 终端产品；中国联通计划将于四季度实现 5G 商用终端上市。在设备制造商层面，华为在 2019 年世界移动通信大会上发布了首款 5G 折叠屏手机，并将于年中实现大规模量产；高通公司也表示 2019 年将至少推出 30 款 5G 终端设备，其中大部分是智能手机。据 IDC 预估，在 5G 智能手机消费驱动下，2019 年全球智能手机出货量将止跌回升，同比增长 3%左右。

二是智能家居消费加速从智能单品向全屋智能升级。着眼于提升生活品质的全屋智能化正逐渐成为新的家庭时尚风向标。在前装市场（新房市场），精装交付越来越成为中国住宅市场的新潮流，房地产企业与智能家居厂商、家装公司不断加强合作，为用户提供一体化智能家居解决方案，全屋智能作为高端新房产品交付标配的趋势愈加明显。在后装市场（存量二手房市场），智能家居市场也在不断扩大，"懒人经济"不断吸引年轻消费者，越来越多追求舒适又个性的 80 后、90 后对智能家居产品的消费意愿强烈，在装修改造时更愿意选择智能门锁、智慧客厅、智慧卧室、安心厨房等全屋智能家居系统。全屋智能化升级推动智能家居行业市场规模持续扩大，据前瞻产业研究院预测，2019 年我国智能家居产品市场规模将近 2000 亿元。

4．政策推进营造良好环境

一是信息消费政策体系进一步完善，为信息消费扩大和升级提供指引。《扩大和升级信息消费三年行动计划（2018—2020 年）》部署了新型信息产品供给体系提质、信息技术服务能力提升、信息消费者赋能和信息消费环境优化四大主要行动，地方主管部门也建立或正加紧推进多部门联动的工作协同推进机制、发展规划、项目建设等工作，为信息消费向更好更快方向发展营造良好的政策环境。2019年，信息消费城市行活动将持续开展，以便充分调动各地积极性，发挥各地资源禀赋优势，进一步扩大信息消费影响力。同时，新型信息消费示范项目的遴选也将加快推动各类新应用、新业态的实践推广，促进信息消费扩大和升级。

二是信息消费环境进一步优化，为信息消费健康可持续发展提供保障。在市场监管方面，"放管服"改革将深入推进，政府仍将秉持包容审慎的监管态度，支持新业态、新模式发展，促进平台经济、共享经济健康成长，激发信息消费潜力和活力。在信用体系建设方面，以社会信用体系建设为重要依托，以失信联合惩戒与守信联合激励为核心内容，跨部门、跨领域、跨地区的诚信约束与协同管理的大格局将加速构建，为居民信息消费提供更加诚信、敢消费、愿消费的市场环境。

我国共享住宿发展态势分析

随着互联网等新技术飞速发展、城乡旅游消费和服务升级、个性化消费理念流行，共享住宿成为越来越多人的出行选择。共享住宿是指以互联网平台为依托，整合共享海量、分散的住宿资源，满足多样化住宿需求的经济活动总和。

一、基本概况

近年来，我国共享住宿发展迅速，交易规模稳步增长，业务创新不断涌现，安全保障水平持续提升，国际化步伐加快，市场整体处于快速上升阶段。

1. 2018 年市场交易规模增长 37.5%

2018 年我国共享住宿行业继续保持快速发展态势，市场交易额从 2017 年的 120 亿元提高到 165 亿元，增长了 37.5%；房客数达到 7945 万人，服务提供者人数超过 400 万人。2018 年，主要共享住宿平台房源量约 350 万个，较 2017 年增长 16.7%，覆盖国内近 500 座城市；共享住宿房客在网民中的占比约 9.9%，略高于 2017 年；主要企业实现融资约 33 亿元，较 2017 年下降 10.6%（见表 1）。

表 1　2018 年我国共享住宿发展概况

名　　　称	2017 年	2018 年	年增长率
市场交易额	120 亿元	165 亿元	37.5%
融资额	36.9 亿元	33 亿元	−10.6%
参与者人数	7800 万人	8345 万人	7.0%
房客数	7600 万人	7945 万人	4.5%
服务提供者人数	200 万人	400 万人	100.0%
房源量	300 万个	350 万个	16.7%

2. 一线和准一线城市依然是主要市场

目前来看，共享住宿发展仍然集中在直辖市、省会城市和计划单列市等主要城市，从房源量、间夜量、活跃用户数来看，北京、上海、广州均位于全国前十位，且居于前列（见图1～图3）。

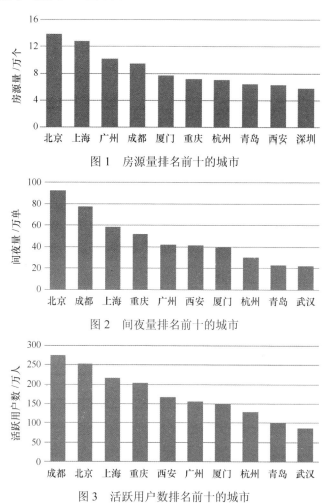

图1　房源量排名前十的城市

图2　间夜量排名前十的城市

图3　活跃用户数排名前十的城市

经过近10年的发展，一线和准一线城市仍然是共享住宿的主要市场，这主要是由于以下三方面原因：从市场环境来看，一线城市经济发展水平较高、基础设施完善、商业形态丰富、互联网渗透率高，从而使共享住宿等新兴产业拥有更为优越的发展土壤；从市场需求来看，一线城市为人们的主要出行目的地，商务、旅游、教育、就医等多元化的住宿需求十分旺盛；从市场供给来看，一线城市房源供给较为充足，居民对新事物的接受度比较高，人们更有意愿通过网络平台将闲置房源进行分享。

3. 二、三线城市加速崛起，部分城市爆发式增长

随着我国城镇化进程的加速、城市配套设施的完善，尤其是小城镇和农村居民旅游需求日益旺盛，加之各地纷纷将旅游业作为促进消费、拉动内需的重要抓手，共享住宿是提升旅游供给品质、刺激旅游需求的创新举措，在政策利好及需求提升双向驱动下，二、三线城市成为越来越多人的出行目的地和选择。根据小猪平台的数据，2018 年，把二、三线城市作为出行目的地的人群占整个出行人群的 76.10%（见图 4）。

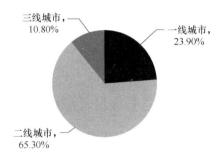

图 4　小猪平台用户出行目的地构成比例

在共享住宿从一线城市向二、三线城市渗透的同时，一些特色旅游城市也出现爆发式增长。2018 年，作为重要的旅游目的地城市的丽江、秦皇岛、桂林，其业务量增长速度均进入全国前十位，其间夜量增幅分别为 650%、600% 和 300%。

4. 乡村民宿发展势头迅猛，近郊成为新热点

近年来，随着国家乡村振兴战略的实施，乡村民宿作为促进乡村经济增长、带动旅游发展的重要抓手，成为一大发展热点。预计到 2020 年，我国乡村民宿消费将达 363 亿元，年均增长 16%，远高于同期国内旅游消费年均 8% 的预计增速[①]。

从旅游业态来看，乡村民宿以其优美的自然风光、独特的人文风情、舒适的慢生活体验、较高的性价比优势，赢得了越来越多消费者的青睐。各大平台的乡村民宿业务均呈高速发展态势，爱彼迎乡村民宿业务增长超过 3 倍，途家乡村民

---

① 雒树刚. 丰富民宿供给 深化全域旅游. 2018-11-30.

宿增速也超过 300%，大大高于同期全国乡村民宿增长速度。

在乡村民宿共享快速发展的过程中，近郊成为新热点。在小猪平台上，近三年，北京、成都、杭州、上海的近郊民宿订单增速均呈现加快态势；相比 2016年，其 2018 年增速分别提高了 3.1 个、4.3 个、20 个和 13.4 个百分点（见表 2）。

表 2 2016—2018 年部分城市周边订单增长情况

城　　市	2016 年	2017 年	2018 年
北京周边	1.30%	2.40%	4.40%
成都周边	2.60%	4.30%	6.90%
杭州周边	9.90%	19.20%	29.90%
上海周边	18.30%	24.00%	31.70%

5. 80 后和 90 后房东占比约 70%

近年来，随着"大众创业、万众创新"浪潮的兴起，共享经济领域创业蓬勃发展，成为年轻群体的创业新选择。在共享住宿领域，爱彼迎房东平均年龄为 33岁，80 后和 90 后房东数在小猪平台上的占比达 71%，在整个行业占比约 70%。

相比传统创业方式，共享住宿领域创业式就业优势明显：一是门槛较低，其主要是利用个体现有的存量资源通过互联网平台与他人进行分享，而年轻群体对于互联网的认可度和观念的开放度一般较高，因此乐于接受这种新兴的创业方式；二是年轻群体更加推崇更为自由的职业观念，期待能拥有更大的主导权和选择权来安排自己的生活。

共享住宿是一个典型的以年轻人为参与主体的行业，不仅房东以年轻人为主，房客也主要是"千禧一代"的年轻人。根据对主要平台的调查，18～35 岁的房客占全部房客的比例超过 70%。

6. 女性房东占比约 60%

从房东的性别构成来看，小猪、爱彼迎、途家等平台上女性房东占比分别为 63%、60%、55%，女性房东在整个行业占比约 60%，高于国家统计局公布的全国妇女就业人口占总人口 43.5%的比例（见图 5）。

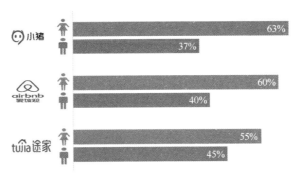

图 5　主要平台上房东性别构成比例

女性房东占比高，一方面是因为作为房东，工作时间比较灵活，能够更好地兼顾家庭与事业，因此受到越来越多女性的青睐，在爱彼迎上，2018 年中国女性房东数量是 2016 年的 3 倍；另一方面是因为女性的性格特质使其在房源设计、房客服务方面更具优势。在爱彼迎获得四星和五星优质评价的房源中，女性房东占比过半，超赞女性房东在所有房东中的比例也近 60%。

7. 住宿需求更加多元

传统的住宿需求往往以商旅、就医、核心家庭的休闲为主，随着人们收入水平的提高和生活方式的变化、人口结构的老龄化及社会化交往更加频繁，人们的住宿需求也在发生显著变化。

一是家庭成为共享住宿的重要消费单元。调查显示，选择与家人共同出行的人群越来越多，占比达到 38.6%，并且从两代人的核心家庭逐渐扩展到祖孙三代的大家庭。

二是携宠出行成为旅居新时尚。调查显示，超过四成的共享住宿用户家里拥有宠物，其中愿意携带宠物一同出行的家庭占比高达 66.7%。一般而言，相当数量的共享民宿房东不仅允许宠物入住，还会为宠物配备相关设施。在小猪平台上，可以携带宠物入住的在线房源数占比达 38%，满足了携宠出游的消费者的需求。

三是社交化住宿成为重要的新兴场景。共享民宿房源的多样性可以满足同事之间、同学之间及各种各样"圈子"的聚会和住宿需要，因此，社交化住宿成为重要的新兴场景。

四是偏远和交通不便地区的商务住宿需求显著增加。传统酒店以城镇和交通便利区域为主，空间布局相对集中，而民宿则分布于城乡各地，从大城市到偏远山寨，空间覆盖范围更广，为前往偏远地区的商务旅行者提供了便利。

8. 平台服务能力不断提升

近年来，共享住宿平台从房东和房客两端持续发力，提供的服务越来越多样化、专业化，为人们参与共享住宿活动创造了更加便捷的渠道。

从房东端来看，降低房东的运维成本、提升运营效率一直是共享住宿平台为房东服务的重点。目前来看，其服务范围涵盖注册登记、宣传推广、设计软装、智能化管理、卫生保洁、交易保障、纠纷调解等经营链条的各个环节，旨在为房东提供一站式的民宿短租经营解决方案。对房东开展教育培训以提升行业的服务标准也是共享住宿平台着力推进的一项工作。

从房客端来看，保障安全和改善服务是平台企业提升消费者体验及认可度的重要举措。一是在入住安全中广泛采用智能化技术。各平台积极探索和应用智能门锁、蓝牙技术等方式对房客身份进行核验，房客通过刷脸就可完成身份认证；平台还在积极配备智能化空气检测设备、烟感器、降噪设备、报警器等设备。二是为房客提供各种类型的增值服务，提升房客消费体验。各平台对房客的服务已经从最初的预订和入住，向餐饮、打车、导游、文化体验等服务延伸。

二、共享住宿经济社会影响的计量测度

下面我们采用经济计量方法[①]，对共享住宿发展与城市经济发展水平、旅游业发展、城市发展活力及营商环境之间的相关性和影响做定量测度。

1. 提升经济总量

一般来讲，经济发展水平较高的城市，拥有更多可共享的房源，居民对互联网、共享住宿等新兴事物的接受度也更高，会吸引更多的人去居住和体验，共享住宿发展水平也就更高。

---

① 具体计量方法可参考《中国共享住宿发展报告 2019》。

从图 6 来看，房源量、间夜量、活跃用户数与城市 GDP 总量存在高度一致性。相关分析表明，城市 GDP 与房源量的相关系数为 0.825，存在高度相关性，与间夜量和活跃用户数之间存在显著相关性（见表 3）。

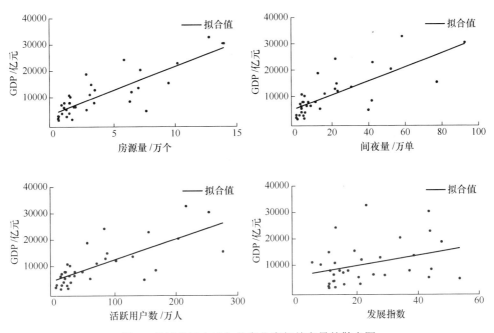

图 6　经济发展水平与共享住宿相关变量的散点图

表 3　经济发展水平与共享住宿相关变量的相关性分析

	城市 GDP	房源量	间夜量	活跃用户数	发展指数
城市 GDP	1.000				
房源量	0.825***	1.000			
间夜量	0.752***	0.944***	1.000		
活跃用户数	0.741***	0.943***	0.983***	1.000	
发展指数	0.329*	0.522***	0.489***	0.494***	1.000

注：*表示 $p<0.10$；**表示 $p<0.05$；***表示 $p<0.01$，余同。

从表 4 可以看出，由于共享住宿的总体规模目前非常小，房源量、间夜量、活跃用户数、发展指数对城市 GDP 的影响相对较小，但总体上是正向影响。

共享住宿对一个城市经济增长的贡献主要体现在两个方面：一是共享住宿对基础设施和硬件投资的拉动作用，包括对房屋建设与改造、内外装修设计、家居设施、智能设备、运营维护等投资的拉动，一定程度上也会带动对道路、绿化、给排水等公共基础设施的投资；二是共享住宿对出行、餐饮等相关服务需求的拉动作用，以及对当地特色旅游、文化体验消费的带动作用。

表4　共享住宿发展水平对城市 GDP 影响的回归结果

	模型 1b/se	模型 2b/se	模型 3b/se	模型 4b/se
房源量	0.180***(0.02)			
间夜量		0.026***(0.00)		
活跃用户数			0.008***(0.00)	
发展指数				0.020*(0.01)
_cons	0.370***(0.11)	0.523***(0.12)	0.460***(0.13)	0.585**(0.26)
N	34.000	34.000	34.000	34.000

2. 促进旅游业发展

随着人们生活水平的迅速提高和带薪假期的增加，旅游日益成为现代人类社会主要的生活方式和社会经济活动之一，旅游业以其强劲的势头成为最具活力的行业之一。共享住宿作为旅游住宿服务领域的新生力量，对激发旅游新需求、创造旅游新供给产生了积极的促进作用。

从图7和表5来看，共享住宿相关变量与旅游业发展之间存在明显的相关性。

分析结果显示，房源量、间夜量、活跃用户数、发展指数对旅游收入的影响均呈现显著的促进作用。其中，房源量、间夜量、活跃用户数的回归系数分别为0.278、0.043 和 0.012，均在 1%水平上显著（见表6）。

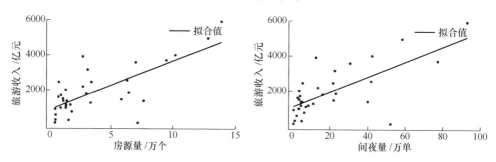

图 7　旅游收入与共享住宿相关变量的散点图

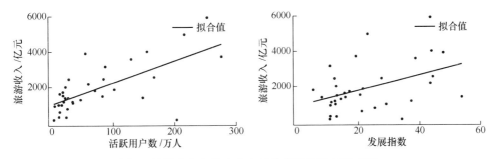

图 7　旅游收入与共享住宿相关变量的散点图（续）

表 5　旅游收入与共享住宿相关变量的相关性分析

	旅游收入	房源量	间夜量	活跃用户数	发展指数
旅游收入	1.000				
房源量	0.741***	1.000			
间夜量	0.710***	0.944***	1.000		
活跃用户数	0.679***	0.943***	0.983***	1.000	
发展指数	0.432**	0.522***	0.489***	0.494***	1.000

表 6　共享住宿发展水平对旅游收入影响的回归结果

	模型 5b/se	模型 6b/se	模型 7b/se	模型 8b/se
房源量	0.278***(0.04)			
间夜量		0.043***(0.01)		
活跃用户数			0.012***(0.00)	
发展指数				0.044**(0.02)
_cons	0.894***(0.23)	1.089***(0.22)	1.014***(0.25)	0.904**(0.43)
N	34.000	34.000	34.000	34.000

　　一般来讲，共享住宿发展与旅游业之间是互促互动的关系。一方面，旅游业的发展会刺激共享住宿的市场需求，主要的旅游目的地城市会有更多的游客，对住宿的需求会更旺盛，房源量、间夜量和活跃用户数也会相应增加；另一方面，共享住宿也有助于推动旅游业发展，既能为旅游业提供多元丰富的民宿产品，提升旅游业的接待和服务能力，也能吸引更多追求个性化体验的游客，激发和创造新的需求，增加旅游收入。

3. 提高城市活力

城市活力体现了一个城市中人口、资本、技术、资源等要素的活跃性、开放性、包容性水平。其中，人口要素作为城市构成与活动的最基本单元，其聚集和流动性是衡量一个城市活力最为关键、最有代表性的指标。考虑到我国户籍制度的特殊性，在反映城市聚集能力的时候，不仅要关注一个城市的户籍人口数，更要关注城市的常住人口数；同时，也要关注城市人口的流动状况，而城市的旅游人次是反映人口流动的重要指标。在此基础上，我们用常住人口与户籍人口的比例，以及旅游人次构建了一个复合指标①，用以衡量一个城市的活力。

从图8、表7来看，共享住宿相关变量与城市活力之间存在一定的相关性。

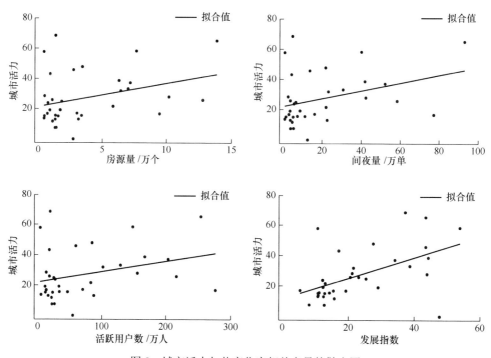

图8 城市活力与共享住宿相关变量的散点图

结果表明，房源量、间夜量、活跃用户数、发展指数对城市活力的影响均是正向的（见表8）。

---

① 具体构建方法可参考《中国共享住宿发展报告2019》。

表7 城市活力与共享住宿相关变量的相关性分析

	城市活力	房源量	间夜量	活跃用户数	发展指数
城市活力	1.000				
房源量	0.331*	1.000			
间夜量	0.348**	0.944***	1.000		
活跃用户数	0.302*	0.943***	0.983***	1.000	
发展指数	0.537***	0.522***	0.489***	0.494***	1.000

表8 共享住宿发展水平对城市活力影响的回归结果

	模型9b/se	模型10b/se	模型11b/se	模型12b/se
房源量	1.546***(0.78)			
间夜量		0.262**(0.12)		
活跃用户数			0.068*(0.04)	
发展指数				0.682***(0.19)
_cons	21.404***(4.03)	22.045***(3.70)	22.087***(3.99)	11.428**(5.03)
N	34.000	34.000	34.000	34.000

当前，我国城市之间的竞争正在从资本和基础设施的竞争，转向对人的竞争，越来越多的城市将人口聚集能力视为城市活力和竞争力的重要体现。人口流入越多，城市活力越强；人口流失越多，对城市活力的损伤越严重。

发展共享住宿，促进了本地居民与外来人口的互动交流，提高了城市的包容性，也提升了城市对人口的吸引力。外来人口的流入为城市发展注入源源不断的知识、资本、资源等新动力，进而转化成一个城市的活力和竞争力。

4. 改善营商环境

营商环境是指企业遵循开办、经营、贸易、纳税、关闭及执行合约等相关方面的政策法规所需要的时间和成本等综合性因素。新业态发展的好坏与营商环境的优劣紧密相关。共享住宿作为新业态的典型代表之一，其发展水平也是一个城市营商环境的重要表征。

从图9来看，共享住宿相关变量与营商环境之间存在显著的相关性。相关分析表明，营商环境与房源量、间夜量和活跃用户数之间显著相关，在1%水平上显著。营商环境与发展指数之间存在低相关性（见表9）。

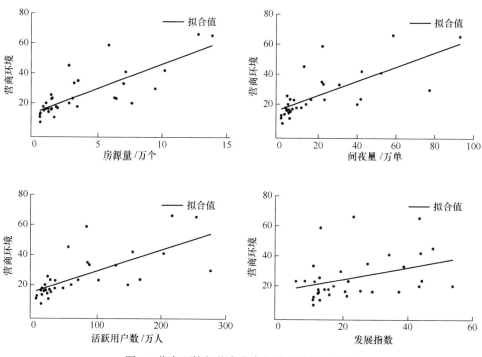

图9　营商环境与共享住宿相关变量的散点图

表9　营商环境与共享住宿相关变量的相关性分析

	营商环境	房源量	间夜量	活跃用户数	发展指数
营商环境	1.000				
房源量	0.796***	1.000			
间夜量	0.725***	0.944***	1.000		
活跃用户数	0.707***	0.943***	0.983***	1.000	
发展指数	0.358**	0.522***	0.489***	0.494***	1.000

回归分析结果显示，共享住宿房源量、间夜量及活跃用户数对营商环境的影响是正向的，在1%水平上显著；发展指数对营商环境也是正向影响，在5%水平上显著（见表10）。

从实践来看，共享住宿发展涉及城市管理中的公安、消防、工商、税务、住建、旅游、社区等多个部门、多种许可，其发展水平在很大程度上反映着一个城市营商环境的优劣。一般来说，共享住宿发展水平高的城市，市场准入门槛相对较低，行政审批程序也相对简明，效率较高，"放管服"改革深入推进，反映了这个城市对新业态的支持与包容。同时，共享住宿领域所进行的监管创新探索，也对城市的公共服务、市场监管、社会治理提供了重要借鉴，有助于推动整个城市营商环境的优化。

表 10　共享住宿发展水平对城市营商环境影响的回归结果

	模型 13b/se	模型 14b/se	模型 15b/se	模型 16b/se
房源量	3.263***(0.44)			
间夜量		0.479***(0.08)		
活跃用户数			0.140***(0.02)	
发展指数				0.398***(0.18)
_cons	13.542***(2.27)	16.317***(2.38)	15.279***(2.60)	16.379***(4.88)
N	34.000	34.000	34.000	34.000

5. 促进住宿业转型升级

当前，共享住宿成为越来越多人外出旅行的一种选择。数据显示，2018 年共享住宿市场收入占全国住宿业客房收入的 6.1%，较 2017 年提高了 1.4 个百分点，较 2015 年提高了 3.8 个百分点。这意味着继宾馆酒店、客栈民宿和租赁式公寓等传统业态发展成熟之后，基于网络平台发展起来的共享住宿业态也在逐渐成熟。

近年来，在我国居民消费水平显著提高的同时，网络信息技术的普及应用推动了人们消费方式的深刻变化，人们对共享住宿的消费也经历了从无到有、消费群体从千禧一代向社会大众变迁的过程。2018 年，共享住宿房客在网民中的占比为 9.9%，较 2015 年提高了 8.4 个百分点，共享住宿支出占人均住宿支出的 6.1%。

共享住宿消费的增长创造了新供给，刺激了传统住宿业加快升级，并带动相关服务行业更快增长。数据显示，2015—2018 年国内传统住宿业年均增速为 3.6%，包含共享住宿在内的行业整体年均增速为 5.7%，说明共享住宿的发展对传统酒店业增长的拉动作用为 2.1 个百分点。

三、存在的问题

与传统酒店业相比,共享住宿的房源区域分布高度分散、类型多样且差异大,服务个性化和多样化特征突出,提供服务的房东以个人和家庭为主,上述特征决定了共享住宿的监管不能直接沿用传统酒店业的监管方式。但是,从实践来看,用老办法管理新业态的情况比较严重,从而引发了诸多问题。

1. 多头监管问题突出

目前共享住宿平台企业和经营者的监管,涉及公安、消防、工商、税务、旅游、街道办等多个部门。由于各地监管部门对共享住宿的认识存在较大差异,有的地方将其定性为"黑旅馆",交由公安机关予以打击和查封;有的地方将其定性为"短租房",由地方住建部门授权社区,并参照传统的房屋租赁业务相关办法进行管理;有的地方将其定性为"网约房",并针对平台和房东的经营资质提出过高要求。

与多头监管并存的是,各部门往往独立开展事前、事中、事后监管及相关执法工作,缺乏有效的协同联动机制,导致平台疲于应付。上述问题对平台和房东的正常经营及运营成本都带来了较大影响。

2. 市场准入要求未能充分反映新业态特征

实践中,一些地方管理部门参照旅馆业或房屋租赁业等管理办法,要求房东申请旅馆业特种行业许可证、营业执照、消防验收报告书、卫生许可证等资质材料,并要求按照酒店旅馆业标准配备专职的保安、接待和客服人员等,这些要求与共享住宿个人和家庭化经营方式,以及分散的城市公寓式房源特点不相符。

还有一些地方沿用线下的属地化管理思路,要求平台企业在当地设立分支机构并进行注册登记,否则以违法经营为由予以禁止和处罚。这种属地化的管理规定,既与平台企业"一点运营、服务全国"的网络化特点相冲突,也导致企业合规与运营成本大幅度上升,严重制约了人们参与共享住宿新业态活动的积极性,不利于行业的长期发展。

3. 数据共享机制不畅

共享住宿涉及用户基本信息、入住行为、居住地点、出行信息等多维度的数据，无论是平台的经营活动，还是政府对平台的监管活动都离不开数据的支撑。从实践来看，政企之间尚缺乏有效的数据共享机制，不仅造成企业经营成本升高，也使得相关部门在对平台的监管过程中缺乏有效的依据。

一方面，平台企业普遍反映公共数据开放力度不够，尤其是与个人信用相关的个人身份信息、银行征信记录、电子犯罪记录等关键和权威信息基本都掌握在政府部门手中，平台企业获取公共数据的渠道少、成本高，导致企业在用户身份审核、验证及交易环节面临较大困难。

另一方面，平台掌握着大量的经营活动数据和用户行为数据，这些数据在政府监管与应急突发事件处置中是必不可少的，因此需要在平台与政府之间建立有效的共享机制。但由于存在多头监管，与共享住宿相关的公安、网安、工商、税务、旅游等许多部门和地方机构，都会根据自己的需要对平台提出不同的数据需求，无论是数据名称、字段、单位、范围、频度、时间要求等方面都缺乏统一标准，差别较大，使得平台企业不得不投入大量的人力、物力应对有关部门的数据需要，不仅给企业经营带来困扰，也加大了信息泄露的潜在风险。

4. 社区关系问题开始凸显

一方面，共享住宿尤其是城市民宿的发展，给社会居民提供了灵活的就业和创收机会，对提高房屋利用率、改善居民生活水平起到积极的促进作用；另一方面，城市民宿发展也给习惯于"熟人社会"的社区邻里关系带来了新挑战。

自2018年7月以来，成都、重庆、青岛、深圳、杭州、广州、长沙、济南、昆明等地都出现了民宿经营者、房客与业主和物业之间不同程度的冲突问题。调查数据显示，近30%的房东表示曾遇到过社区冲突的问题，接近半数的房东在经营过程中受到周边业主的阻挠，另有超过20%的房东表示和业主之间发生过语言或肢体上的冲突。

社区关系问题出现的原因较多，主要是共享住宿带来的陌生人进出、扰民、安全和消防隐患、公共资源不合理占用等问题，引发邻里不同程度的冲突。数据显示，63%的房东认为社区居民对于共享住宿这一业态了解程度较低，30%的房东认为社区居民对于民宿完全不了解，甚至将民宿与"黑旅馆"、群租房画等号。如何在提高公众对共享住宿认知水平的同时，加强对房东规范经营与房客文明入住的引导，是政府和平台企业面临的共同挑战。

5. 缺乏长效化监管机制

作为一种新业态，共享住宿尚处于发展初期，各地发展水平也不均衡，在房源分布、基础设施、服务品质及用户需求等方面都存在较大的差异性，采取一刀切式、突击式、运动式检查整改，显然不符合现实需求。从长期来看，共享住宿可持续发展更加依赖于制度化、法治化、长效化的协同监管机制。

此外，个别城市在制定共享住宿发展的相关政策过程中，也未能充分考虑平台企业和相关利益方的意见，一定程度上存在闭门造车的问题。这样的政策出台，难免在社会和公众舆论中引起广泛争议，一旦付诸实施，将会严重打击共享住宿新业态已经形成的良好发展势头。

四、发展趋势

未来几年，我国共享住宿将呈现如下发展趋势。

1. 未来三年市场交易规模将继续保持 50% 的增长速度

随着旅游消费需求的不断升级、人们对共享住宿认知水平的提升，以及国家对相关行业政策支持力度的加强，我国共享住宿市场将继续保持高速增长的态势，预计未来三年市场交易规模的年均增速在50%左右。

共享住宿市场高速增长的动力将主要来自以下三个方面：

一是旅游消费高速增长的强劲拉动。近年来，旅游消费正成为服务消费升级的重要方向。在旅游消费尤其是假日游、周末游等的强劲带动下，出行引发的住宿需求将呈现爆发式增长，而传统酒店难以适应旅游淡旺季及节假日高峰需求带来的巨大市场波动，这为共享住宿发展创造了更为广阔的市场空间。

二是认知水平提升使共享住宿用户群体持续扩大。随着各地旅游部门和平台企业宣传推广力度的加大，以及共享住宿品牌知名度的普遍提升，人们对共享住宿的认知度和接受度也将随之提高，消费群体将从年轻一代逐步向中老年群体渗透。与此同时，家庭游、萌宠游、社交化出游等新的共享住宿场景不断涌现，并被越来越多的人喜欢和接受，从而带动个性化、特色化共享住宿需求的快速增长。

三是平台房源供给将更加丰富。随着国家在乡村振兴、全域旅游、消费升级等方面政策的实施，旅游资源尤其是各种民宿资源的开发成为政策的重要着力点。除了现有的海滨度假屋、房车、树屋、蒙古包等特色房源，各地还鼓励将闲置的城镇房屋、农村宅基地、旧厂房、旧校舍、老宅院等资产盘活利用，用于民宿等旅游业发展，上述做法将带动共享住宿房源供给的大幅度提升。

2. 中高端民宿将成为平台企业竞争的焦点

随着人们收入和消费水平的持续提高，以及中产阶层人群的不断扩大，人们对中高端生活服务的需求也将相应扩大，对共享住宿的需求也将从早期阶段的经济型消费转向舒适型、品质型的中高端消费。另外，各地政府旅游部门也在不断强调旅游供给的品质化，积极推动旅游产业融合，发展融合新业态，引导商务休闲、生态观光、养生度假、乡村生活等高品质旅居要素与民宿发展的有机融合，打造更加个性化、创意化、品质化的民宿资源。

在共享住宿消费升级的上述背景下，中高端民宿将成为未来平台企业竞争的焦点。未来，各平台将把中高端房源作为市场拓展重点，在房源营销、宣传推广、管家服务、房东培训等方面对其予以倾斜；在中高端房源中加快普及智能化的门锁、报警器、烟感器、家电等硬件设施，以及物联网、区块链等新兴技术的应用。

3. 标准化建设步伐将明显加快

标准化建设是提升共享住宿整体发展质量的关键所在。随着市场规模的迅速扩大、在线房源量与房东数的大幅度提升，共享住宿服务水平参差不齐的问题将日渐突出，行业的标准化建设刻不容缓。

相比传统酒店，共享住宿的最大特色在于其非标准化的房源设计、个性化的服务模式，以及更具人文情怀的居住环境，这些特点使传统的星级酒店服务标准难以照搬到共享住宿平台。基于上述考虑，小猪、爱彼迎、途家等龙头企业积极探索，在身份认证、预定入住、预付支付、消防安全、卫生环保、隐私保护、商业保险、争议处理等重点流程和环节，初步建立了适应于共享住宿发展特点的服务标准和规范，并正在按照时间表积极推进落地实施。

在上述探索的基础上，未来共享住宿标准化体系建设将围绕以下方面展开：一是有关部门、行业组织、平台企业将合力开展共享住宿标准化研究与制定工作，在有关部门的引导和推动下，行业组织和平台企业将成为共享住宿标准化建设的主体；二是随着各地民宿管理办法的相继出台，与之相关的地方性共享住宿标准制定也将加快，并为国家性标准的制定提供参考和借鉴；三是共享住宿相关细分领域，包括隐私保护、智能硬件、用户行为和宣传推广等的标准建设也将提上日程。

4. 行业监管进一步加强

在规范发展成为社会共识的大背景下，面对共享住宿快速发展过程中出现的各种新问题，有关部门将进一步加强行业监管。

一是各地将陆续出台相关管理办法。随着共享住宿业态的不断壮大及行业规范化发展的需要，各地相关部门将围绕市场准入、标准建设、规范发展、行业自律、品牌塑造、宣传引导等方面提出明确要求。同时，各地也将在共享住宿登记备案、政策扶持、人才培训等方面提供一定的支持。由于各地共享住宿发展水平参差不齐，对新业态的认识不一，相关管理办法的政策导向可能会存在较大差异。其能否在规范发展与鼓励创新之间取得平衡，将直接影响当地共享住宿新业态的发展。

二是强化法规和政策的落实。有关部门将结合《电子商务法》及相关法规和政策的要求，在房东资质、房源审核、消防安全、卫生环保、信息安全、服务规范等方面加大监管力度，形成"经常性检查+重点突查"相结合的工作机制。同时，也将加强对平台、房东及相关从业人员的监管。

三是强化协同治理。进一步明确政府、平台、社会组织在治理中的角色与定位，政府将遵循底线规则，制定有关标准与要求；平台企业发挥技术与数据优势，利用双向评价机制，引导房东和房客行为；行业协会等社会组织将作为政府和市场的有效补充，积极推动行业自律，引导行业健康发展。

张 江

从规模理论看城市的生长、创新与奇点

张江，信息社会50人论坛成员，北京师范大学系统科学学院教授，集智俱乐部、集智学园创始人，腾讯研究院特聘顾问。

城市是人类文明的标志，其出现于六千多年前，相比于人类数百万年的历史而言要年轻得多。然而，从出现的那一刻起，它就成为科技进步、经济发展的重要引擎，一刻不停地快速推动着历史进程。如今，超过80%的财富与90%的创新都源于城市，城市成为人类活动、交互的重要舞台。

改革开放40多年以来，中国城市化发展取得显著成就，智慧城市的建设正在迅速地推进着。从前，我们受益于城市的生长，却很难客观认识这背后的规律；而今，我们逐渐有能力将城市数字化通过越来越多的数据，从不同视角感知、观察、理解，甚至重新设计城市。

随着人口规模的不断扩大，一方面，我们看到了一些超级都市的出现，北京、上海、纽约都在马不停蹄地扩张、竞争、生长；而另一方面，在资源与人力向超级都市过度集中的背后，大量的小城市和农村也在收缩、合并，甚至消亡。城市就如同生命体，有时会欣欣向荣，充满活力，而有时也会衰老和死亡。城市是一个典型的复杂系统，我们可以用城市规模理论，从复杂性科学的视角出发来观察城市的生长与演化。

一、城市中的规模法则

什么是规模？规模（Scale）在英文中并不只表达一种尺度大小的关系，更有一种拉伸、缩放的含义。当在我们使用缩放的视角从多个尺度对系统进行观察时，有很多非线性的有趣的性质将会体现出来。

人类常常有一种线性的直觉：我们会自然地认为两个 5 寸（1 寸=3.33 厘米）的比萨要比一个 9 寸的比萨更大，但实际上比萨的面积与半径成平方关系，也就是说，比萨面积的一次方与直径的二次方成正比，这就是幂律。规模法则对应的是幂律关系。规模法则能解释现实世界中的许多现象，它阐明了一种规律：从生命体到城市再到公司，它们的生长与衰败都离不开自身规模的制约，并与规模呈一定的比例关系，遵守统一的公式。当我们把这个框架放到城市科学中，就会发现在城市中也存在大量的规模法则。

学术界对城市系统的研究有很多切入点，而城市规模理论选取的两个研究切入点，即城市的规模和城市的新陈代谢非常独特。我们知道，随着城市人口的增多，城市的基础设施、经济活动、犯罪数，甚至病患人数等一系列指标也会发生变化。因此我们可以用城市的人口数量来衡量规模，用城市的一系列指标来衡量新陈代谢，这样规模法则就可以用来预测城市在扩大时会是什么样的。

我们把幂次小于 1 的规模缩放称为亚线性规模缩放，把幂次大于 1 的规模缩放称为超线性规模缩放。这些幂律关系不论是亚线性的还是超线性的，都是城市的规模法则。

那么城市的规模法则体现在哪些方面呢？举个例子，城市中加油站的数量与人口的 0.85 次方成正比，0.85 小于 1，所以加油站数量和人口数量之间呈亚线性规模缩放，也就是说，人口数量增加一倍，城市只需要增加 85% 的加油站，而不是翻一番。不仅是加油站，更多的研究表明，城市的道路总长度、煤气管道总长度也与人口的 0.85 次方成正比。总之我们可以说，城市的基础设施与人口的 0.85 次方成正比。

这是一个好消息，意味着大城市比小城市更节省基础设施，而更好的消息是，城市的产出和人口数量呈超线性规模缩放。城市产出可以用 GDP、工资总额、专利数量等指标来衡量，它们也表现为整整齐齐的幂律关系，不过这个幂指数就不是 0.85 了，而是 1.15（见图 1）。也就是说，城市产出与人口的 1.15 次方成正比，这意味着城市产出的增长速度比城市规模的扩张速度快。随着城市规模的扩大，不但城市的总财富会增长，人均的财富也会增长，因此大城市会不断吸引年轻人留下来奋斗。

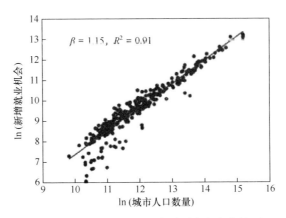

图 1　城市 1.15 次幂规模法则实例，根据 2003 年美国大都市统计区（MSAS）数据得到[①]

　　另一个很有趣的研究关注了城市的规模与城市中人均步伐速度的关系，结果发现其仍然符合规模法则。小城市的人们脚步舒缓，大城市的人们步伐紧张，这表示随着城市规模的扩大，人们变得越来越紧张和忙碌。城市的代谢在加速，而作为城市组成单元的我们就会越来越忙碌，会收到处理不完的邮件，会有大量的人和我们形成强链接，我们会给彼此施加很大的压力，融入大城市的生活会让我们越来越紧张，这些都是我们的切身体会。

　　城市的发展是一把双刃剑，我们可能会习惯于沉浸在它积极的一面中，享受科技福利，居住在高楼大厦中。但与此同时我们要知道，城市产出不仅包括财富和创新，还包括犯罪和疾病，城市越大，犯罪率和传染病率也越高。这其实是不可避免的，是规模带来的副产品，我们称之为社会熵，它代表了城市发展所带来的混乱和肮脏。城市发展程度越高，社会熵也越高，它们之间同样呈现 1.15 次幂

① Bettencourt L M, Lobo J, Helbing D, et al. Growth, innovation, scaling, and the pace of life in cities[J]. Proceedings of the National Academy of Sciences of the United States of America, 2007, 104(17): 7301-7306.

的规模法则。

科技创新、GDP、社会熵这几个变量与人口数量都遵循 1.15 次幂的规模法则。伴随着人口的增加，我们不仅迎来了更多的社会财富和更多的科技创新成果，而且还面临同等规模的社会熵的产生。这说明，从乐观的角度来看，城市的 GDP、总工资都会迎来暴涨，而与之相对的，城市的犯罪率、环境破坏与艾滋病的传播也会迎来高峰。在不久的将来，天堂将与地狱同在。

二、城市的生长和颠覆式创新

有人把城市比作一只永生的巨兽，永生，说明长生不老，那么为什么城市会长生不老呢？对城市而言，生产减去消耗，就是它的积累，即城市的生长。在城市中，生产对应于社会经济网络，而消耗对应于基础设施网络。社会经济网络的超线性增长、基础设施网络的亚线性增长，这二者共同作用，使城市发展成为一个持续积累、越长越快的过程。城市会在有限时间内快速达到无穷大的规模，即在有限时间内城市的人口将会达到无穷大。然而这样的城市在现实中并不存在，城市的人口增长曲线如图 2 所示，这说明存在某些原因阻止了城市在有限时间内的爆炸性增长。

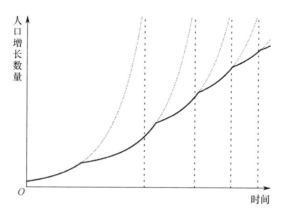

图 2　城市的人口曲线。随着时间推移，超线性增长的创新周期不断缩短，并不断推迟崩溃的时间，但不能避免崩溃奇点的到来

其实原因是，城市的生长过程是一个新陈代谢的过程，需要消耗物质能量，而城市的资源是有限的，一旦能量供应不足，规模法则下城市生长的方程就会被

破坏，如果不人为干预，城市很可能会走向崩溃。

但城市没有崩溃，因为城市中存在科技创新，每次科技创新都在创造着新的生产力，重塑着城市的运转规则，使城市趋向更高效的运转。移动互联网、电子商务、人工智能无一不是如此，这些科技创新会重塑城市的生长方程，使城市的生长过程被重启。

科技创新与城市中的社会压力有必然联系吗？这个问题的答案看似很美好，科技创新来源于人类的好奇与探索，与竞争无关，与压力无关，但很遗憾，事实恰恰相反。颠覆式创新并不是人类主动发展出来的，而是社会压力的产品，科技公司的竞争压力迫使它们进行技术储备的竞赛。

如果去计算两次科技创新的时间间隔，我们就会发现，这个时间差与初始人口数量同样服从幂律关系。科技创新周期正在被不断地缩短，互联网的普及用了大约二十年的时间，而移动互联网的普及只用了五年，今天的人工智能正在以难以想象的速度浸入人类社会的每个角落。这就解释了为什么我们看到的重大进化、重大技术突破都在越来越快地发生，以及为什么我们看到了变化本身也在加速。这就像我们不仅是在一个加速的跑步机上奔跑，而且要不断地跳跃到新的跑步机上，而跑步机的速度也会越来越快。

这就是我们面临的真实世界——科技创新超线性地依赖于人口，这与社会熵相同，于是，城市增长在导致科技创新的同时，也会导致社会熵的超指数增长，从而导致气候崩溃。由于变化本身也在加速，所以我们会看到科技创新爆发的周期越来越短，以至于最后连成一片，我们也不知道是不是在革命，反正每天都在发生天翻地覆的变化，我们对变化习以为常。

三、奇点临近

如果让这种趋势不断发展，我们必然会迎来一个无法回避的奇点。奇点来临意味着什么？笔者认为，其意味着超级人工智能的出现和环境的崩溃同时发生，而这一事件的发生地，就在城市中。

科技创新的周期接近无穷小，对环境的破坏程度接近无穷大，这就是可能的技术奇点，也是环境崩溃的时间点。当我们开发通用人工智能的时候，很可能由于智能爆炸需要不断从环境中吸取能量并排出负熵，从而导致环境崩溃。超级人工智能觉醒，它会调用一切资源来完成自己的不断升级；而与此同时，它将会以一种超指数速度向环境排放熵，从而导致全球范围内的越来越大规模的熵产生。于是，不等超级人工智能毁灭人类，其排放的二氧化碳就可能已经把地球毁了。更搞笑的是，这个超级人工智能程序很有可能正在计算的题目是"如何以更小的环境代价，完成超级人工智能的开发"。

在终极奇点这一点上，不要希冀技术变革来拯救我们。恰恰是技术的加速变革把人类推到这样一条超指数增长的不归路上。

人类远远不是我们在经济学中假设的理性人，会以理性的方式考虑无穷尽的未来，优化所谓的效用函数。实际上，几乎所有团队、公司、国家都陷在红皇后效应的陷阱中：我要比对手更强，就要强迫下一次颠覆性创新被我所掌握，至于环境破坏和竞争所带来的负面效应，就暂时搁下不管吧！我们就这样一步一步、不可挽回地走向奇点。

可竞争是没有尽头的，曾经被搁置的环境问题从未被弥补，从蒸汽机诞生的那一刻起，到我们观察到地球强烈反馈的今天，人类从未停止过推动技术进步，也从未停止过向环境排放技术进步与滥用带来的丑陋和肮脏，除非灭亡，否则人类在社会发展的这台跑步机上既无法减速，也无法暂停，更无法离开。直到现在，奇点临近的前夜，我们仍然在一边观察和讨论环境的变化，一边呼吁人类要做点什么，一边仍然马不停蹄地竞争着。

以上就是城市规模理论的关键内容。我们发现，城市同人一样，也有生老病死，也有其自身发展的规律。要做好城市建设管理工作，首先要认识、尊重、顺应城市发展规律，端正城市发展指导思想。城市科学是一门充满活力的学科，城市科学的研究也需要不同的切入视角。城市规模理论提供了一种简单的思维方式来量化和预测城市发展，关注城市的发展规律，探索颠覆式创新和奇点产生的缘由，这将有助于推进智慧城市建设，实现城市可持续发展。

张国华

有了互联网+大数据，智慧城市也不能走计划经济的道路

张国华，国家发改委城市中心总工程师、国土产业交通规划院院长、北京交通大学和北京建筑大学兼职教授、中国城市规划协会专家。

智慧城市最早来自 IBM 公司提出的智慧地球（Smart Planet）战略下的 Smart Cities，其当时只是想通过现代信息技术对供水、供电、交通等基础设施进行信息化改造，提升效率。但翻译成中文的智慧城市后，这个概念就被广义化了，智慧城市是要通过信息通信技术等现代技术的帮助提升城市整体的效率、生活质量，这逐渐成为共识。诺贝尔经济学奖获得者斯蒂格利茨说过："中国的城市化与美国的高科技发展将是影响 21 世纪人类社会发展进程的两件大事。"那么，城市化与高科技相叠加，将迎来智慧城市的大趋势。

一、智慧城市规划认知：确定性与不确定性

城市应该是市场经济的产物，而不是计划经济的产物；城市是工商业文明发展的结果，而不是农业文明发展的结果。

目前最成功的城市是伦敦和纽约，这两个城市以市场经济为指导，尊重市场经济的规律，在城市发展过程中因势利导，提供城市所需要的公共服务和社会治理，让市场经济、企业促进城市发展，这样的城市才是世界城市。

而市场经济的弊端在于自由、放任、高度不确定，这个应该用哲学的角度来认知。柏拉图曾说："我们每个人到这个世界都面临现实世界和理想世界的选择，现实世界是不完美、短暂、不和谐、多变的，我们都想追求完美、和谐的彼岸，也就是乌托邦式的世界，其实这个世界是永远不可能存在的。"

不完美意味着有空间可以改进，多变才能变成多种可能性，对不确定性的探索和试错成功了就是创新。对于互联网，李克强总理曾表示，"互联网+"未知远大于已知，未来空间无限。每一点探索积水成渊，势必深刻影响并重塑传统产业行业格局。同理，城市发展的高度不确定性，才是城市的本质，拥抱不确定性的思维才是真正的市场经济思维。

对于智慧城市的发展，该如何从对立性思维跨越到叠加性、复杂性思维呢？虽然政府主导城市发展规律这是确定的，但接下来外界条件的不断变化就是由企业、市场来创造和主导的。这个世界不是黑白分明的，而是黑白叠加的。

人民集聚到城市不是为了对立，是为了高度分工、高效合作。未来科技发展充满一系列的未知，谦卑地看，智慧城市规划不是要给出精准的智慧城市未来，而是给不确定的未来做好空间准备、基础设施环境准备，给创新、创业、创造提供更加宽松的环境。

二、信息化之于城市化："互联网+"改变了什么

有了以"互联网+"为代表的高度信息化，我们改变了什么？从前几次工业革命来看，第一次工业革命实现了机械化生产；第二次工业革命实现了电力应用、劳动分配和批量生产；第三次工业革命进一步实现了生产自动化，那么第四次工业革命可以改变什么？上升到经济学的根本理论，我们可以从以下几个关键词入手。

（1）分工。今天人类社会财富爆炸式增长的根本原因就是专业化的分工，分工程度越高，生产效率越高，创新能力越强。

（2）交易。交易存在着信息不对称，为了提高效益降低信息不对称，就需要

建立信用和定价机制。凡基于信息不对称的行业、凡基于信息不对称的环节、凡基于信息不对称的既得利益都将被互联网清剿。

（3）信用。在互联网+时代，交易、信用和定价实现了质的突破。例如，网上支付平台实现了交易的即时、远程、实名，打破了时间、空间、信息不对称的限制，解决了货物的信息不对称。用户评价系统创造了行政监管外的低成本、高效的约束产品、服务质量的信用体系。

定价网约车通过"供需"逻辑、系统算法，以及"即时运算"的实时定价实现了定价机制的突破，更高效地实现了市场供求平衡，解决了车和人的信息不对称。

中美企业之间的距离不在于创始资本的大小，而在于其对产业成长的视野和对经济理论理解的差距。

在创新时，有五个维度值得思考：一是信息；二是知识；三是理念；四是理论；五是哲学思维。

三、城市化、信息化如何协同

在复杂的世界中，我们该如何梳理出简单的法则以解构城市万物？在城市的发展过程中，产业和人口高度集聚，这是由于基础设施的共享大大降低了消耗基础设施的成本。产业集聚之后就会不断分工，越分工生产效益越高。

共享效应、匹配效应、化学效应这三大效应体现为报酬递增，在城市里体现为专业化的空间。例如，阿里巴巴和腾讯的人均产值为 300 多万元，这些轻资产的企业、平台型的企业可以直观地感受到报酬递增。在这样的情况下，有以下两个法则值得关注。一是超密集法则：城市规模每扩大一倍，人均生产效率提高15%～30%。二是亚密级法则：城市规模每扩大一倍，人均基础设施消耗成本降低15%。例如，1986 年北京市有 1028 万人，年消耗用水 36.6 亿吨，而根据北京市统计局统计，2017 年北京市人口为 2117 万人，年消耗用水 39.5 亿吨，相比之下，人口增长了一倍，用水增长了不到 10%，这对于下一步智慧城市的建设特别重要。

不同类型的产业在空间上和交通基础设施有新的对应关系，按照不同类型的集聚产业与交通运输成本敏感度的相关性，可以将产业划分为资源、资本和信息三大类。资源能源型产业的基本特点是，运输成本通常占生产成本的比例达 30% 以上，需要低成本的运输方式，因此像以钢铁、化工为代表的资源能源型产业，基本都沿海、沿江布局。资本密集型产业要求快速流通，流通的效率越高，资本利润率越高，其对产品的要求是能够快速实现从工厂门口到客户门口，所以很多工业园区、经济开发区、高新区都在高速公路沿线布局。信息密集型产业需要信息快速流通，但对信息经济来讲，仅仅有信息的快速流通是不够的，因为信息的载体主要是人，没有哪种方式能取代人和人之间面对面的交流。所以，在信息经济时代，人作为信息的载体，需要更加快捷的流通，所以信息密集型产业发展对应的运输方式就是航空和高铁。现在城市模式正在由"房地产+园区+港口/高速公路+宽马路"转变为"公共/服务业+TOD/街区+机场、高铁/轨道"，具体而言就是从重视房地产业和工业发展的城市空间扩张模式转化为促进产城融合和发展服务业的城市空间优化模式。

对于城市空间优化模式来讲，人在空间上更加高效的转移、交通网络的发展，会使高端生产性服务业在空间的服务范围大大延伸。但是这类产业的空间集聚更加重要，以互联网为基础的新经济会让城市之间的经济变得更加陡峭。

工业文明时期是"人找活干"，人跟着产业园区、工业园区走；科技文明时期是"活找人干"，资本和产业跟着人才走，人才跟着公共服务、生态环境走，哪儿更宜居，知识分子的家就选择在哪儿，人类的智慧、最终的财富也将在这儿集聚，这是美国学者乔尔·科特金的理论。

以交通网和互联网作为承载平台，整合城市数据资源，提升城市可持续发展能力，支持产业转型和空间组织优化，创建智慧、绿色、互动的城市才是我们的未来。信息化的建设会助力城市公共服务升级，中国在这方面未来的发展空间是巨大的。

在发展的过程中，政府如何进行相应的改革呢？政府需要打破行政、地域壁垒，实现互联协同发展，同样，在城市内部，政府也要进行体制改革，打破信息孤岛和壁垒，提高部门的协同性，协同性提高了，工作才能做好。

应在全球的超级版图中理解未来智慧城市的发展，在全球的超级版图中，以互联网+交通网为代表的基础设施是打破传统地理疆界的战略设施，是争夺资源、赢得竞争力的重要利器。

未来，信息化建设助力城市公共服务升级，首先要在指定区域、行业展开试点；其次建立社会化的城市数据运营体系，实现城市智能化管理的可持续发展；再次构建政府+企业合作，政府引导和监管、企业运营和实现增值的服务模式；最终建立新商业逻辑，实现大数据闭环。

让产业从绝对优势真正走向可持续的竞争优势，让生产空间集约高效，让生态空间山清水秀，让生活空间宜居适度，这才是智慧城市和信息化高效协同努力的方向。

何 霞

美国自动驾驶安全监管对我国的启示

何霞，信息社会50人论坛理事、工业和信息化部中国信息通信研究院政策与经济研究所副总工、中国信息经济学会副理事长、西安邮电大学经济管理学院客座教授。

一、美国自动驾驶安全事件回顾

近年来，自动驾驶技术已走出实验室，进入公开道路测试和商业化试运营阶段。道路测试是开展自动驾驶汽车技术研发和应用不可或缺的重要环节，是自动驾驶技术安全性的重要验证手段，得到了各国政府和研发企业的高度重视，成为自动驾驶汽车商业化应用的基石和抢占市场的重要基础。道路测试包括虚拟仿真测试、封闭园区测试、指定道路测试及公共道路测试四个阶段，美国是最早开展自动驾驶道路测试的国家，也是测试规模最大的国家。截至2019年1月，美国已经有大约33个州允许开展自动驾驶测试或商业运营，仅加州就有60多家企业的500多辆车在其境内测试。大规模路测在推动自动驾驶发展的同时，也暴露了安全问题，从而为政府、企业应对安全事件积累了宝贵经验。

1. 路测安全事件：以优步为例

在美国当地时间2018年3月18日22点左右，一辆优步自动驾驶汽车在亚利桑那州坦佩市进行公共道路测试时，撞到一位49岁的女性并致其死亡。该事故是全球首例自动驾驶汽车致行人死亡事件，相较于2016年发生的特斯拉自动驾驶系统致车主死亡事件，其第一次将自动驾驶受害方扩大到道路行人，引发全球对自动驾驶前景的质疑。根据美国国家运输安全委员会（NTSB）的初步调查报告，该事故原因如下：一是测试车辆自身虽配备了先进驾驶辅助功能，但优步禁用自动紧急制动的防撞功能；二是测试员违规操作，其视线离开了车辆行驶方向，碰撞前没有明显的减速操作，职业资格受到质疑；三是路测环境有干扰，车载环境感知系统处于检测盲区；四是行人存在过失，行人横过马路未走人行横道，未认真观察路况，没有注意到行驶的汽车，没有采取必要的躲避措施。

2. 运营安全事件：以特斯拉为例

自特斯拉 2014 年 9 月制造出拥有新一代"自动驾驶"功能的 Model S 以来，Model S 及后续升级车型因自动驾驶功能引发了多起交通事故。通过事件分析，特斯拉交通事故发生的特点如下：一是系统缺陷，Autopilot 系统的检测、识别环境能力，不足以支撑高级别自动驾驶；二是宣传夸大了系统的功能，特斯拉以"自动驾驶"为商业营销手段，夸大系统功能，使用户过分相信 Autopilot 系统的能力；三是不具备冗余系统，在极端情况下，Autopilot 系统可能发生非常规运转。

通过对以优步、特斯拉为代表的自动驾驶安全事件的梳理和回顾，可以看出，引发安全事件的原因主要包括测试车辆感知系统缺陷、测试员不当操作、公司安全管理漏洞、自动驾驶系统不完备及对消费者的夸大宣传教育等。

二、美国企业、政府应对自动驾驶安全事件的方式及政策立法影响

1. 企业积极应用

1）路测安全事件：以优步为例

优步在坦佩市发生安全事故后，积极面对此次事故的后续工作：暂停所有城市的自动驾驶测试，全力配合政府调查工作，确定事故责任；开展内部安全审查，改进安全技术，加强安全顾问委员会建设；调整测试计划，逐步恢复自动驾驶测试。2018 年 7 月，优步以手动模式在匹兹堡重新开启自动驾驶道路数据采集；同年 11 月，优步发布了《保障安全性的若干原则》报告，展现其在技术和安全方面的进步；同年 12 月，宾夕法尼亚州交通运输局批准其在匹兹堡限定范围内重新开启自动驾驶道路测试。

2）运营安全事件：以特斯拉为例

发生多起交通事故后，特斯拉采取的措施如下：一是逐步升级 Autopilot 系统，推动自动驾驶应用；二是在宣传上将"自动驾驶"改为"自动辅助驾驶"。

2. 美国政府启动调查

优步事故发生后，美国国家运输安全委员会和国家公路交通安全管理局（NHTSA）等机构联合启动调查程序。

1）政府对路测安全事件的处理：以优步为例

按照 NTSB 的调查程序，首先，成立工作组调查事故。美国交通部下属的 NHTSA 和国家运输安全委员会成立工作组对该事故展开调查。其次，发布初步报告。2018 年 5 月 25 日，NTSB 公布了初步调查报告。NTSB 继续收集有关优步自动驾驶系统、车辆界面及驾驶员个人和商务手机的信息，并与优步、沃尔沃汽车和亚利桑那州交通局合作，力争编制一份完整而准确的事故报告。

2）政府对运营安全事件的处理：以特斯拉为例

按照流程进行调查。2018 年 3 月 23 日，特斯拉 Model X 撞上高速公路护栏，导致车主死亡，NTSB 对此展开事故调查，于 2018 年 6 月发布事故调查初步报告。同时，美国交通部要求特斯拉正确宣传，加强消费者教育。德国联邦机动车交通管理局已要求特斯拉不再使用误导性的说法去描述其驾驶辅助系统。

3. 联邦自动驾驶立法进程被暂停，*AV 3.0* 政策仍出台

优步事故导致美国国会暂停了自动驾驶两大法案的立法合并。2017 年 9 月，美国众议院通过了《自动驾驶法案》，其共 13 章，从管理、标准、豁免、检测、评估、隐私等方面对自动驾驶汽车的设计、生产、测试等环节进行了规范和管理。与此同时，美国参议院提出了《通过革命性技术提高安全运输的愿景法案》（《AV START 法案》），旨在支持高度自动驾驶汽车安全技术的发展及其他相关目标的实现。《自动驾驶法案》与《AV START 法案》有不少相似之处，按照美国国会的立法排期，其曾有计划对两大法案进行合并，出台美国联邦层级统一的自动驾驶法

案。优步事故发生之后，该立法程序被暂停。

2018年10月4日，美国交通部发布新版联邦自动驾驶汽车指导文件——《准备迎接未来交通：自动驾驶汽车3.0》（*Preparing for the Future of Transportation: Automated Vehicles 3.0，AV 3.0*），以更开放、更积极的态度推动自动驾驶技术与地面多模式运输系统安全融合，迎接未来自动驾驶全面商业化的到来。*AV 3.0* 主要内容包括：一是制定六项原则、五大实施策略，力求建立权责清晰、各州高度一致的联邦机制，用以指导自动驾驶车辆管理政策的制定，助力自动驾驶发展；二是针对自动驾驶技术与多运输模式整合场景提供安全指导，进而实现自动驾驶一体化；三是确定联邦政府、州政府和私营企业在自动驾驶中的角色划分，减少政策的不确定性。除此之外，其还适时调整有关"驾驶者"和"操作者"的定义范围，首次承认二者所指不限于人类，也包括自动驾驶系统。

4. 加州仍然新开两项自动驾驶行政许可

美国加州自动驾驶监管机构——机动车管理局（DMV）开启完全无人驾驶路测许可和公共道路部署许可。2018年2月26日，加州政府立法办公室通过法律修正案，允许没有驾驶员的无人驾驶汽车在公共道路运行，加州机动车管理局局长 Jean Shiomoto 称这项举措为"自动驾驶技术在加州迈出的重要一步"。新规赋予加州机动车管理局两项新的行政许可权：一项是完全无人自动驾驶路测许可（Manufacturer's Testing Permit-Driverless Vehicles）；另一项是自动驾驶部署许可（Deployment of Autonomous Vehicles）。两项新设行政许可于2018年4月2日同期生效，加州机动车管理局正式开始对外接受申请。2018年10月30日，加州机动车管理局核发许可，Waymo 成为首个允许没有前排驾驶员进行开放道路测试的公司。加州政府的一系列举措表明，虽然优步自动驾驶测试车辆发生了道路安全事件，但加州政府仍然对自动驾驶技术的性能充满了信心，行政许可未受该安全事件的影响。

三、美国自动驾驶安全监管的启示

1．偶发性安全事件未能阻止美国联邦层面对自动驾驶的整体推动

优步事故发生后，美国自动驾驶仍在前行。在联邦层面，2016 年，其发布全球首个自动驾驶汽车政策；2017 年，其发布《自动驾驶系统 2.0：安全愿景》；2018 年，其发布《准备迎接未来交通：自动驾驶汽车 3.0》以持续促进自动驾驶技术发展。美国国会虽放缓了两个法案的合并，但未来仍将合并出台自动驾驶法规。

2．加州持续更迭法规，确保加州的领先地位

加州从 2012 年出台自动驾驶道路测试法规后，一直在不断修改。其 2017 年通过三个交通法律修正案：一是授权加州机动车管理局对自动驾驶进行行政许可；二是授予加州城堡商业中心（Castle Commerce Center）自动驾驶项目；三是海岸交通警卫队获得自动驾驶项目许可。2018 年 2 月，加州又通过了交通法律修正案，允许没有驾驶员的无人驾驶车辆在公共道路测试和行驶。加州机动车管理局自 2018 年 4 月 2 日起，新设完全无人自动驾驶测试申请许可和自动驾驶部署（公共道路）申请许可。联邦与州层面的政策法律持续更新，推动了美国自动驾驶前行。在州层面，加州作为全球最大的路测基地，率先将路测范围拓展到完全无人的自动驾驶；宾夕法尼亚州批准优步重新开启自动驾驶道路测试。这一切表明美国政府有能力直面忧患之声，展现出其对产业的信心和对创新的支持，这也使我们看到，每次事故不仅是生命的代价，也是推动技术进步和完善政策法律的重要契机。

3．明晰多主体责任，提倡主体间加强合作

美国政府认为只有联邦、地方政府、私营部门通力合作，才能提高自动驾驶技术的安全性、保障性和可获得性，更好地解决公众关注的问题。从联邦政府的职责来看，其在推动自动驾驶发展的过程中，采用市场驱动、技术中立的政策，建立标准和提供指导，规定车辆及车辆设备的安全性能，从而推动将自动驾驶车辆安全地整合在现有的交通系统中，消除自动驾驶汽车在安全集成过程中可能会遇到的监管障碍，确保州际贸易的一致性，加强宣传使公众了解自动驾驶汽车的能力和局限性。从州政府的职责来看，其确定路测规则、侵权责任和保险政策，

发放驾驶许可；审视可能阻碍自动驾驶汽车测试和上路的法律法规，调整机动车上牌和注册等政策规章，以适应自动驾驶车辆；评估标志标线等基础设施，使其有助于自动驾驶车辆的运行；提供指导、信息和培训，帮助交通行业和公众迎接自动驾驶。从私营部门的职责来看，其提供投资来源和发展动力，通过自愿性安全自我评估来验证安全性，加强公众对自动驾驶技术信心。综上，美国作为自动驾驶技术发展最快的国家，也是全球路测最开放的国家，重要原因是，其不仅明确了联邦政府、州政府、私营部门之间的职责，也能够根据技术发展及时调整相关政策，从而为促进自动驾驶技术的进步、强化美国的科技实力奠定了坚实的基础。

4. 明确责任分配，设立针对性的保险产品，构建保障屏障

美国为确保测试事故造成的侵权损害能得到有效承担和及时赔付，目前多采用测试主体预先提交保证金、购买车队保险或借助各类担保工具来为发生事故的车辆进行理赔，以保障各方利益，如加州要求测试主体提供不低于 500 万美元的保险证明或保函。近年来，特斯拉、优步发生的事故都是通过商业保险来解决赔偿问题的。中国自动驾驶路测刚刚起步，目前路测要求每辆车购买不低于 500 万元的保证金以备用于事故赔偿。我国保险业尚未普遍推出针对自动驾驶道路测试及未来量产而设计的保险产品，为此，应重视新型保险对于自动驾驶发展的作用，及时创新完善保险制度。

5. 用户宣传不当是引发事故的潜在重要因素

特斯拉事故主要是由于车厂没有正确地向消费者合理介绍特斯拉汽车自动驾驶功能的适用范围，仅使用"自动驾驶"字样来进行商业宣传，从而使车主仅凭自己理解过度信赖特斯拉 Autopilot 功能，未认清 Autopilot 系统具备的是低级别的自动驾驶功能，而驾驶主体仍然是驾驶员本身。美国交通部、德国联邦机动车交通管理局要求特斯拉不再使用误导性的说法去描述系统功能，要让车主明确 Autopilot 是驾驶辅助系统，驾驶主体仍然是驾驶员，"正确使用 Autopilot 时，启动 Autopilot 的司机比那些不启动该项功能的司机更安全"。特斯拉的多起事故提醒我们：技术的进步不能一再以生命为代价，自动驾驶必须经过严格的测试验证和客观准确的消费者教育才能上路运营。

6. 路测主体要提升技术能力，增强防御自动驾驶安全风险的能力

优步事故是自动驾驶测试进程中首发的人员伤亡事故，既为路测安全敲响了警钟，又强化了路测主体的安全责任，促使更多的测试企业加强全方位的安全保障措施。优步事故的发生，展示了优步公司在安全问题上的监管漏洞，也为今后的路测主体加强安全监管提供了方向。一是加强测试员的资质审查和责任感。优步公司对测试员缺乏审查和行为监测是导致事故发生的重要原因之一。因此，加强对测试员的审核，提升测试员的责任感，是减少测试事故的重要举措之一。二是堵住技术安全风险漏洞。在此次优步事故中，优步公司擅自设计规则，在车辆自动驾驶状态下，将沃尔沃汽车的自动紧急制动防撞功能关闭，使得系统认为该采取紧急制动时，无法启用该功能。虽然，从技术上来看，也许关闭沃尔沃汽车自身的紧急制动防撞功能造成事故的因素概率极低，但100%安全是系统应用的根本，不应该存在技术低概率问题。三是加强对测试员测试行为的监管。优步测试员在道路测试过程中，视线偏离车辆的行驶方向，而测试公司却没有采取任何的监管措施，这也是造成事故的原因之一。道路测试是自动驾驶的关键环节，对测试员的状态监管也应该引起路测主体的高度重视，以便在危险情况下随时采取必要手段消除隐患，乃至接管车辆。四是增强测试车辆的环境探测能力。在此次优步事故中，由于行人推车行进时，自行车的反光装置垂直于测试车辆的行驶方向，使得车载传感器检测出现盲区，未能及时检测到行人和自行车，从某种程度上来说，优步应该继续优化测试车辆的传感器布局，解决该盲区问题。这也是其他测试主体应该引以为鉴的地方。优化环境传感器布局，实现环境全感知是提升自动驾驶技术安全的根本保障。

我们看到，在美国政策与立法的持续推动下，在自动驾驶技术不断进步的条件下，对自动驾驶的全球投资仍在继续，该产业仍在快速发展。尽管优步在2018年发生了严重的交通事故，但这并未降低资本市场对自动驾驶技术的投资热情。2019年4月19日，日本软银公司及丰田集团的汽车零部件生产厂商电装公司正式宣布，将向优步旗下的自动驾驶技术研发部门联合投资10亿美元，用以推动共享化的自动驾驶车辆的研发和推广应用。这一举动明确表明了资本市场仍然看好

优步自动驾驶技术的商业前景，安全事件并未令其终止对自动驾驶的研发步伐。

四、推动中国自动驾驶与全球同步

当前，中国自动驾驶道路测试正在谨慎推进。2018 年 4 月 12 日，工业和信息化部、公安部、交通运输部联合发布《智能网联汽车道路测试管理规范（试行）》，对测试主体、测试驾驶人及测试车辆，测试申请及审核，测试管理，交通违法和事故处理等方面做出规定。截至 2019 年 1 月中旬，北京、上海、重庆等 14 个城市制定了智能网联汽车道路测试管理细则，给 32 家企业发了 101 张牌照。

我国自动驾驶技术研发与全球同步，并且拥有市场规模、网络基础和产业创新等战略优势，处于难得的历史机遇期。自动驾驶技术的发展，可提升我国自主技术的研发能力和汽车产业的发展水平，使我国占据全球自动驾驶生态的有利位置。因此，要推动测试验证规范有序，落实三部门制定的自动驾驶功能测试规范，指导地方有序开展封闭区域和公共道路测试，加强测试评价方面的协调统一，促进自动驾驶技术安全可靠地发展和商业应用。

创新与风险将会伴随自动驾驶发展的全过程。自动驾驶需要经历长期的技术研发、测试验证和系统创新来实现安全可靠的应用，虽然路测各方致力于预测和管理测试可能带来的风险，但场景过于复杂、风险不可预知等因素都有可能造成控制系统失误。因此，在自动驾驶测试过程中，不可避免地会出现小概率的安全事故。近年来，美国特斯拉、优步的安全事件使公众对自动驾驶技术产生怀疑，但美国政府仍坚持支持技术创新，不断加大安全监管力度，持续推动自动驾驶前行。美国优步、特斯拉的事故虽是个例事件，但随着中国自动驾驶道路测试和应用的不断推进，我们必须面对自动驾驶应用进程中的可能风险。为此，我们需要预研美国政府的处置程序、企业的应对方式，以及政府持续更新政策推动自动驾驶前行的做法，完善我国自动驾驶的政策法规与安全监管，规避道路测试安全风险，推动中国自动驾驶发展与全球主要发达国家同步。

我们应稳中有为，既为新生事物成长留足空间，又切实把握安全要求，做好风险防范，切实推进自动驾驶路测和应用进程。

大抉择 科技向善

梁春晓　王俊秀　马旗戟

从民生、经济到社会——老龄社会研究报告①

梁春晓，信息社会 50 人论坛理事、阿里研究院高级顾问、苇草智酷创始合伙人、老龄社会 30 人论坛发起人、中国红十字基金会理事、中英书院理事长。

王俊秀，信息社会 50 人论坛理事、中国信息经济学会信息社会研究所所长、苇草智酷创始合伙人、老龄社会 30 人论坛成员。

马旗戟，盘古智库老龄社会研究中心执行主任、中国商务广告协会营销研究院院长、国家广告研究院研究员、北京大学新媒体营销传播研究中心研究员、阿里研究院学术委员会委员。

　　老龄化，指的是老龄人口在总人口中所占比例不断上升的动态发展趋势。对于老龄化的出现，有人悲观地视之为洪水猛兽，对人类的未来充满担心；有人局限地视之为老年人的问题，与年轻人无关；也有人积极地视之为社会进步的成果，对随之而来的挑战思考不足。实际上，老龄化既是经济社会发展的产物，也是 21

---

① 本文摘自盘古智库老龄社会研究中心和老龄社会 30 人论坛发布的《2019 年度老龄社会研究报告》，该报告研究课题组成员：梁春晓、王俊秀、马旗戟、李佳、赵钊、王岳、唐颖。

世纪人类社会共同面临的重大课题。它事关老龄群体，更事关年轻群体；它涉及民生应对，更关乎经济发展；它发于人口年龄结构的变化，带来的将是整个社会形态的变革。其影响之广之深，遍及人口、经济、社会、文化、政治，以及城乡、区域和国际战略格局等几乎所有领域、所有层面；带来的机遇和挑战是全局的、长期的、不可逆转的，不是局部的，也不是暂时的；不仅限于养老，也不仅限于社会保障。

正是在这样的时代背景下，老龄化成为中国全社会关注的热点和焦点。老龄化对中国的冲击，已从民生到经济，再到社会各层面，影响的广度、深度、浓度和强度日益超出人们的理解和想象。人们亟待形成面向老龄社会的认知体系和行动方略。

本文就此展开探索。

一、老龄化三动力

推动老龄化的力量，主要来自长寿、少子、迁移三个方面。

1. 长寿：老龄化"发动机"

经济社会的发展、生活水平的提高和医疗技术的进步，带来了人类平均预期寿命的延长。随着活得越来越长，老龄人口自然增多，由此推动人口年龄金字塔顶部不断扩大。

从全球范围来看，人口平均预期寿命已从 2000—2005 年的 67.2 岁上升到 2010—2015 年的 70.8 岁，增长了 3.6 岁，其在 2045—2050 年，更有望达到 77 岁[①]。

从中国的情况看，中国人口平均预期寿命 1949 年约为 35 岁，2000 年升至 71.4 岁，在短短的 51 年时间里提高了一倍还多，提高的幅度远远超过发达国家和世界平均水平，越来越接近高收入国家的平均水平（见图 1）。

---

① 参考《世界人口展望》（2017 年修订版）。

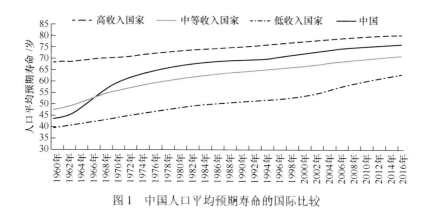

图 1　中国人口平均预期寿命的国际比较

数据来源：世界银行。

2. 少子：老龄化"加速器"

与寿命延长同步而来的，还有少子。受工作、生活、文化等多方面因素的影响，全球总和生育率持续下降。生得越来越少，使人口年龄金字塔在顶部不断扩大的同时，底部持续缩小，进一步加速了老龄化的步伐。

全球多数国家和地区的生育水平都在下降，越来越多的国家进入低生育水平。2010—2015 年，占全球人口 46% 的 83 个国家，生育率均低于更替水平（平均每个妇女生育 2.1 个），其中 26 个国家的总和生育率更是低于 1.5[①]。

中国自 20 世纪 70 年代全面实施计划生育以来，人口生育率迅速从高转低，并一直处于低生育水平。尽管 2016 年开始实施二胎政策，但生育水平仍呈现持续下滑的趋势。2018 年，中国出生人口为 1523 万人，为新中国成立以来的第三低，人口出生率为 10.94‰，为新中国成立以来的历史新低（见图 2）。

3. 迁移：老龄化"变压器"

与长寿、少子相比，人口的迁移流动不是推动老龄化的直接动力。但是大规模的人口迁移流动，特别是大量劳动年龄人口的迁移流动，能够对迁入地和迁出地人口年龄结构产生巨大影响，起到缓解或加剧当地老龄化程度的直接作用。

---

① 参考《世界人口展望》（2017 年修订版）。

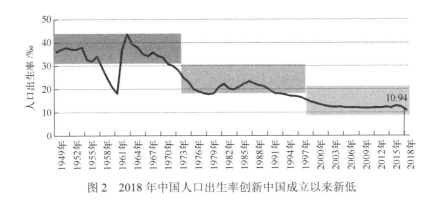

图 2　2018 年中国人口出生率创新中国成立以来新低

数据来源：国家统计局。

截至 2017 年，世界范围内的移民数量约 2.58 亿人，占全球人口的 3.4%，比 2000 年增长了 49%。这些移民 75% 处于劳动年龄，大多在 20～64 岁，占全球劳动年龄人口的 4.5%。他们对于世界多个地区的人口增长都做出了重要贡献，甚至缓解了部分国家或地区人口衰退的状况。2000—2015 年，移民对北美地区人口增长的贡献率达 42%，对大洋洲国家的贡献率为 31%。如果没有移民的人口贡献，欧洲 2000—2015 年的人口总数就已下降[①]。

自 2011 年以来，中国流动人口总量虽然有升有降，但长期在总人口中保持较大比重，2011 年为 2.30 亿人，2014 年增至 2.53 亿人，2015 年为 2.47 亿人，2016 年为 2.45 亿人，2017 年为 2.44 亿人，2018 年为 2.41 亿人。以 2016 年为例，在流动人口中，75% 以上都是劳动年龄人口[②]。北京、上海、广州等大城市，受益于流动人口的大量涌入，在相当程度上对冲了常住人口的老龄化。

总体上看，与发达国家相比，中国在改革开放、计划生育、城镇化等多重政策的共同作用下，寿命快速提高，生育率快速下降，迁移人口快速增长。这就使中国在短短的几十年里，达到了发达国家往往历经百年才能达到的老龄化水平。

二、老龄化进程：从全球到中国

关于老龄化，国际上普遍认同的标准有：对个人而言，60 岁为进入老龄；对

① 联合国经济与社会事务部. 国际移民报告（2017）[R]. 2017 年 12 月 18 日.
② 中国国家卫生和计划生育委员会流动人口司. 中国流动人口发展报告 2017[M]. 北京：中国人口出版社，2017.

一个国家或地区而言，60 岁以上的老龄人口占比超过 10%，或 65 岁以上的老龄人口占比超过 7%，即意味着这个国家或地区进入老龄社会。

老龄社会还可进一步区分为轻度、中度、重度和超重度。轻度指 65 岁以上的老龄人口占比超过 7%但低于 14%；中度指 65 岁以上的老龄人口占比超过 14%但低于 20%；重度指 65 岁以上的老龄人口占比超过 20%但低于 40%；超重度指 65 岁以上的老龄人口占比超过 40%。

1. 全球老龄化大势所趋

19 世纪中叶，以法国为首，包括瑞典、挪威等在内的欧洲国家最早进入老龄社会。1956 年，联合国发布了由法国人口学家皮撒撰写的《人口老龄化及其社会经济后果》，国际社会开始重视老龄化（见图 3）。

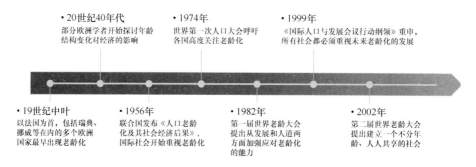

图 3　国际社会关注老龄化的历史进程

发达国家是世界上老龄化起步最早的国家和地区，老龄化的规模和速度始终遥遥领先世界平均水平，目前已经全部进入老龄社会。

与发达国家老龄化一般和经济增长同步、时间跨度长、呈渐进式发展不同，发展中国家老龄化的速度基本上是发达国家的 2 倍，老龄人口占世界老龄人口的比重持续攀升。

据联合国报告《世界人口展望》（2017 年修订版）可知：从数量上看，全球老龄人口将继续增多，2050 年将达到 21 亿人，占全球人口的 21.4%；从规模上看，越来越多的国家和地区正步入老龄社会。2050 年，全球约 3/4 的国家或地区将进入老龄社会。

2. 中国老龄化发展四阶段

1999 年末，中国 60 岁以上的老龄人口比重达到 10.3%，标志着中国进入老龄社会。以此为起点，中国开始进入为期百年的老龄化世纪。

《国家应对人口老龄化战略研究总报告》将中国这长达一个世纪的老龄化进程分为以下 4 个发展阶段[①]。

一是快速老龄化阶段（1999—2022 年）。老龄人口数量从 1.31 亿人增至 2.68 亿人，老龄化水平从 10.3%升至 18.5%。

二是急速老龄化阶段（2023—2036 年）。老龄人口数量从 2.68 亿人增至 4.23 亿人，老龄化水平从 18.5%升至 29.1%。

三是深度老龄化阶段（2037—2053 年）。老龄人口数量从 4.23 亿人达到峰值 4.87 亿人，人口老龄化水平从 29.1%升至 34.8%。

四是重度老龄化平台阶段（2054—2100 年）。老龄人口增长期结束，由 4.87 亿人减少到 3.83 亿人，人口老龄化水平始终稳定在 34%上下。

3. 中国老龄化未来"四超"格局

一是超大规模的老龄人口。由于人口基数的原因，中国老龄人口规模十分巨大。2070 年前，中国将一直是世界上老龄人口最多的国家。

二是超快速度的老龄化进程。中国老龄化水平从 1999 年的 10.3%到 2053 年的峰值 34.8%，仅用 54 年时间，是世界上除日本外老龄化速度最快的国家。

三是超高水平的老龄化程度。21 世纪中叶，中国高龄人口将占世界高龄人口总量的 1/4，相当于发达国家高龄人口的总和。21 世纪 90 年代之前，中国始终是世界上高龄人口规模最大的国家。

四是超级稳定的老龄化结构。2054 年前，中国老龄化水平呈持续增长状态，2054 年后，中国老龄化水平仍将长期稳定在 34%上下。

[①] 国家应对人口老龄化战略研究总课题组. 国家应对人口老龄化战略研究总报告[M]. 北京：华龄出版社，2014.

4．中国：边备边老、边富边老

随着国家、社会对老龄化的重视和行动，中国正从未备先老、未富先老转向边备边老、边富边老。

从国家层面看，中国应对老龄化的政策体系更加成熟健全，政策涉及领域持续拓展，政策内容更加精细化。

从社会层面看，老龄化已成为中国全社会关注的焦点和热点。

从经济层面看，中国在持续走向老龄化的同时，经济发展也非常迅速。

从服务层面看，中国已初步建立起以居家为基础、社区为依托、机构为补充的多层次养老服务体系。

三、中国老龄社会表征

所谓老龄社会，指的是人类社会在老龄化的持续推动和影响下，社会结构、关系、特征发生整体性、持久性和不可逆变化，从有史以来的年轻社会发展形成的一种新型社会形态。

相较年轻社会，老龄社会的主要特点如下：一是人口年龄结构发生重大变化，老龄人口与其他年龄人口一起构成了推动社会可持续发展的重要力量；二是经济供需两侧发生重大改变，基本的经济模式、生产方式、增长动力、核心要素、产业结构、收入分配和市场供需发生了重大调整和改变，以适应人口年龄结构变化所提出的需求；三是各个群体的世界观、人生观、价值观等通过一系列对生命、传统、伦理和家庭的具体文化表现和社会行为进行新的构建。

具体到中国而言，中国的老龄化是信息化、城镇化和农业现代化进程中的老龄化；中国老龄社会与经济崛起和文化复兴几乎同时到来；中国特定的文化传统决定了中国老龄社会有其特定的发展路径和模式。

1．人口特征

一是个体变化显著。从生命长度上看，中国人的平均预期寿命明显提高。从生命周期上看，老龄时期占生命周期的比例明显提高，正日益接近 1/4。从生活方式上看，各种需求明显增强。

二是总量先升后降。中国人口总量预计在 2029 年达到峰值 14.63 亿人，2050 年减少至 14.17 亿人，2100 年进一步减少至 11.31 亿人[①]。中国劳动年龄人口数量 2011 年达到最大值 9.40 亿人，预计 2052 年缩减到 7 亿人以下，2100 年降至 5.81 亿人[②]。中国老龄人口数量预计 2053 年升至峰值 4.87 亿人，2100 年降至 3.82 亿人[③]。

三是老少结构倒置。从传统的"橄榄形"向"倒梯形"转变，老龄人口数量将于 2022 年追平少儿人口数量，此后超过少儿人口数量，并逐渐拉大差距。2035 年，老龄人口数量将达到少儿人口数量的 1 倍以上。

四是分布不均衡现象突出。从城乡分布上看，农村老龄化水平和速度明显高于城镇。从区域分布上看，21 世纪中国所有省（直辖市、自治区）的人口都将快速老龄化，但是进度上参差不齐。从面临的老龄化形势上看，中国不同区域面临的机遇和挑战也不一样。

2. 社会关系

一是家庭变迁加剧。家庭小型化、少子化趋势明显，导致家庭养老基础日渐薄弱，养老压力日益加大。同时，高风险的独居和空巢老龄家庭持续增加。

二是代际矛盾增加。在家庭内部，老人基于财产和经验的传统优势逐渐丧失，年轻人和成年人在家庭中的地位和作用持续提升，家庭代际矛盾增加；在社会层面，传统的代际利益分配格局被改变，催生社会利益分配链条上的一系列矛盾；同时，部分老龄群体无法适应网上办公、电子支付、手机打车等新模式，代际形成新的电子鸿沟[④]。

三是参与社会生产方式多样。老龄化必然伴随劳动力绝对数量的减少，促使企业寻求技术对劳动力的替代。再加上信息化、网络化的快速发展，个体参与社

---

① 国家应对人口老龄化战略研究总课题组. 国家应对人口老龄化战略研究总报告[M]. 北京：华龄出版社，2014.
② 同①。
③ 同①。
④ 左美云. 智慧养老内涵与模式[M]. 北京：清华大学出版社，2018.

会生产方式的形式、就业渠道、工作标准、工作收入将更加多样化。

3．社会规则

一是老龄群体的社会地位提升。随着老龄化的发展，老龄人口持续增多，在总人口中的比例不断攀升，其分享社会发展成果的意识增强，对社会保障和就业、教育等基本公共服务方面的诉求增多。

二是老龄群体的社会作用增强。权利意识的增强和参与能力的提升，改变了老龄群体仅是社会管理客体的传统社会管理结构。老龄群体将既是照顾享受者，也是照顾提供者，兼具社会管理客体和社会管理主体多重身份。

三是社会管理体系重心转移。社区在社会管理体系中的重要性日益提升，担负起越来越多的社会管理和服务职能。社会组织介于政府和市场之间，凭借其灵活性、专业性特征，能够有效弥补政府兜底和市场追求利润之间的空白地带。兼具公益性和商业性的社会企业，以民办非企业和企业相结合的"双轮驱动"模式，实现快速扩展和高效运营。

4．文化心理

一是传统"孝"文化受冲击，内容和形式发生变化。在421结构下，代际赡养负担加重，加上城市化带来的迁移流动，子女往往对尽孝行为心有余而力不足。生前遗嘱、心灵呵护等观念的出现，也让很多人对传统孝文化的内容和形式有了不同的认识与理解。

二是文化形式更加多样。传统以青年为消费主体的文化市场被改变，老龄人口成为推动文化产业的新动力。传统文化持续回温，群体性文娱活动广受欢迎，老龄文化产业呈现数量多、种类全、坚持久、影响大等特点。

三是心理准备严重不足。老龄群体普遍没有为自己的老龄生活制订新的人生目标和规划；对丧偶、重大疾病等负面因素缺乏心理准备。此外，对于如何发挥老龄群体的丰富经验和能力，满足老龄群体继续参与社会发展的积极需求，社会各阶层不同程度地缺乏制度安排。

四、中国老龄社会经济发展新动能

老龄化带来的人口结构改变，是劳动力数量在全社会人口比例上的缩小。劳动力是经济发展中生产要素的重要组成部分，生产要素出现重大改变，生产方式、经济模式、增长动力、产业结构、收入分配和市场供需等都需要做出重大调整和改变，以适应老龄社会人口结构变化所提出的需求。

1. 老龄社会对经济影响深远

当前，中国面临的是人口老龄化与经济中速增长趋势交织并进的"新常态"，是老龄化机遇和挑战的关键节点。

实现老龄社会下的经济可持续发展需要从供给、需求、竞争、创新等维度出发，对传统经济理论、经济模式、生产方式、增长动力、产业结构、收入分配和市场供需等诸多方面做出重大调整和改变。从经济发展潜力看，可以深度挖掘的增长空间依然存在，在人口数量红利消退的新形势下，我们需要积极迎向老龄社会，找准我国经济增长动力源和动力转换问题。

2. 老龄社会要求提高全要素生产率

面对劳动力数量红利消退，需要大力发展并充分运用信息、数据等新的生产要素作为经济增长新的支撑，深入实施创新驱动发展战略，发挥科技创新在全面创新中的引领作用。2015 年国务院发布的《关于促进大数据发展的行动纲要》中就提出要推动大数据与云计算、物联网、移动互联网等新一代信息技术融合发展。信息技术的应用不仅可以促进传统产业转型和新兴产业发展，同时也可以通过释放技术红利、制度红利和创新红利，推动经济转型升级。

充分开发利用"大智移云"等信息技术是提升生产力效率是关键。"大智移云"时代让互联网与产业深度融合，颠覆了传统的生产方式。仅制造业领域，在波士顿咨询的《工业 4.0——未来生产力和制造业发展前景》报告中指出，以云计算、大数据分析为代表的新技术将为中国制造业的生产效率带来 15%～25%的提升，额外创造附加值 4 万亿～6 万亿元。

3. 适老化：老龄社会基础设施建设

老龄化、城镇化和信息化是影响我国未来发展的三大趋势。除了基础设施和服务配套的适老化需求，老龄社会也深度影响着城市产业演变。从目前趋势看，城市服务业在各个城市的比重都在上升。随着老龄化背景下的大城市的增多，其对老龄看护、医疗卫生健康服务、心理健康、社会养老、养老餐饮、日常生活用品、保险业、金融理财等多种老龄服务业的需求增加，相应的服务业配套设施和保障措施也要改变。未来的城市规划可能都需要面向老龄社会进行调整。

未来中国的各大城市需要大量调整或出台面向老龄化的政策体系。中国虽然已经进入老龄社会，正在迈向深度老龄社会，但中国的政策体系还停留在人口数量红利时期的工业化阶段。未来的城市政府需要面对老龄化来大量调整政策体系。

4. 老龄相关行业消费需求加大

一是需要开发老龄金融产品。银行、保险公司和投资公司等金融机构需要推出适宜的金融产品，在保值增值的同时严格管控风险，推动国民储蓄向社会投资转变，使个人客户资产配置形式更为多样化。

二是开发老龄社会真正需要的老龄用品。企业需要改变观念，真正重视老龄群体的需要，开发更适合市场的老龄用品，在这一巨大的蓝海市场抢得先机。

三是老龄服务需求旺盛，升级要求强烈。企业可以通过开发老年旅游产品、提供老年文化娱乐消费产品来满足老龄群体在精神层面的需求。

四是细化发展养老机构，满足民众需求，实现养老的真正社会化。政府需要加大资金投入和提供政策支持，通过市场机制调动更多社会资本进入，以解决养老服务需求和供给之间的矛盾，实现养老的真正社会化。

5. 创新融合：老龄社会视角下的经济新动能

老龄化对我国经济发展既是挑战也是机遇。科学和技术的创新及应用对于老龄化趋势下的经济增长具有决定性意义，我们需要尽快转变经济发展方式，强化老龄化对经济增长的正向作用。在经济发展"新常态"下，老龄社会可以赋予经济新动能。

一是"互联网+"为老龄群体赋能，提高其社会参与度。除获得知识外，互联网和社交网络开拓的新空间让老年人可以更深入地参与社会生活和公共生活，融入时代当中，降低老年人由于脱离工作单位和原有组织可能带来的隔离感。同时，社交网络能增进老年人与同辈群体、不同代际群体之间的亲密关系，这种主观福利的提升使老年人的精神世界具有一种"满足感"和"成就感"。

二是进行智慧城市战略背景下的适老化改造。随着老龄化的快速发展，日益增长的宜居环境需求与现有居住环境不适老之间的矛盾越来越突出，我国社会生活环境应从"成年型"向"全龄型"转变。这不仅要求加装适老设施，更要求在智慧城市战略的背景下全面考量。"适老化"作为城市建设组织中的重要节点，是城市社会关系、多元文化的物质基础和市民公共生活的载体，更是老龄群体最重要的社交场所和生活保障配套设施的载体。

三是通过创新创造满足助老养老需求。老龄社会的需求结构特点已经发生了变化，老龄化趋势下的科学和技术创新及应用的方向正是突破"当前"产品和产业结构下的需求饱和，以新技术产生新产品，从而刺激需求，带来新的投资，带来新的可持续的经济增长。

五、老龄社会下的中国公共政策建议

积极迎向老龄社会，政府的主导作用至关重要。为此，政府应充分发挥公共服务和管理职能，着眼全局，因地制宜，积极引导，科学制定顺应老龄社会的公共政策和法律法规，加快从年轻社会到老龄社会的制度创新。

1. 公共政策五原则

一是参与。要鼓励全社会积极看待老龄人口，充分认清老龄群体对社会发展的重要贡献，认识到老龄群体的丰富知识和经验是宝贵的社会财富。要鼓励人们积极看待老龄生活，既不一味悲观，也不盲目乐观，积极构建百岁人生规划。要构建人人参与的参与型社会，保障每个人的参与权利，尊重每个人的参与愿望，发挥每个人的参与才能。

二是包容。要立足年龄包容、能力包容、理念包容和文化包容，统筹考虑少儿人口、劳动年龄人口与老龄人口的责任分担、利益诉求和权益保障等问题。要加强社会美德教育，教育少儿孝敬父母、尊敬长辈；帮助中青年人自觉履行孝道文化，承担社会责任和家庭责任；引导老龄群体热情爱护、积极帮助年轻人。要促进不同年龄群体增强代际文化认同，共享社会资源和权利，共担社会责任和义务，形成一个和谐的社会环境。

三是融合。要充分激发不同年龄人口的积极性、主动性、创造性，推动相互融合，形成合力。要充分推进社会管理体制由年轻社会转向老龄社会，加强政府、社会、市场、家庭、个人间的融合，使其各尽所职、各施所能、各得其所，共同迎接老龄社会的机遇与挑战。

四是精准。要充分考虑当地老龄化具体情况，制定政策时因地制宜、有的放矢，避免南橘北枳。要充分结合老龄化发展大势，找准问题关键所在，确保政策从细处着眼，精准发力。要充分认清老龄化的独特性和长期性，认清政策制定既无一定之规，也非一时之功，要及时根据情况变化调整相关政策。

五是可持续。积极推动全民终身健康促进方略，鼓励个人积极构建健康计划，从孩童开始培养良好行为习惯并终身实行。探索建立以家庭为中心的基本公共服务体系，开展针对特殊家庭的帮扶服务，提高家庭发展能力。引导社会与市场切实发挥多元利益群体参与的优势，实现在老龄社会条件下保持社会活力和持续发展等社会与经济目标。

2. 公共政策四方向

一是人口政策：突出差异性。要根据各地区人口发展的具体情况，找准问题，摸清规律，分步骤、分区域、分城乡出台政策，不能搞"一刀切"。对国外延迟退休、长期照护险等做法不能照搬照抄，必须充分结合具体情况分析并进行适应性调整。对少子化要综合施策，重点分析一孩生育率下降的原因，对症下药，不能只是单纯地全面放开计划生育。

二是保障政策：突出公平性。应整合重构城镇职工基本养老保险、新型农村养老保险、城镇居民养老保险三大社会养老保险制度，逐步建立国民基本养老保险制度。推进城镇居民医保和新农合制度整合，逐步在全国范围内建立起统一的城乡居民医保制度。同时，要把解决老龄群体的问题提升到解决全体公民老龄期的问题上来，使全体公民进入老龄期后都能够享有更有尊严、更加体面的幸福生活。

三是产业政策：突出全面性。破除老龄产业等于养老产业的错误观念，充分认清老龄产业涵盖第一、第二、第三产业，涉及养老服务、卫生保健、产品制造、金融保险、文化娱乐等各个领域，潜在市场价值巨大。面对老龄化的挑战，应最大限度地激发老龄产业的积极性、主动性和创造性，进而带动整个经济社会的发展活力，谋求老龄社会的长期发展和繁荣稳定。

四是技术进步：突出创新性。在老龄社会下，中国经济发展模式面临重大拐点。传统基于劳动力持续增长的经济发展模式正走向尽头，以技术与资本替代劳动力成为未来产业发展的长期趋势。一方面，要依靠技术进步促进经济增长，最大限度地抵消人口老龄化对经济增长的负面效应；另一方面，通过推动技术进步，增加人力资本投资，带动人才培养，从而提高劳动力质量，提高劳动生产率，在总体上化解老龄化带来的多方面挑战。

参 考 文 献

[1] 国家应对人口老龄化战略研究总课题组. 国家应对人口老龄化战略研究总报告[M]. 北京：华龄出版社，2014.

[2] 联合国. 世界人口展望（2017 年修订版）[R]. 2017 年 6 月.

[3] 杜鹏，陆杰华，何文炯. 新时代积极应对人口老龄化发展报告·2018[M]. 北京：华龄出版社，2018.

[4] 党俊武. 中国城乡老年人生活状况调查报告（2018）[M]. 北京：社会科学文献出版社，2018.

[5] 党俊武. 老龄社会的革命——人类的风险与前景[M]. 北京：人民出版社，2015.

[6] 原新. 全球近百个国家已跨入老龄社会，大势不可逆转[EB/OL]. 腾讯财经，2018.

[7] 原新. 相对性视野下的老龄社会问题与机遇[EB/OL]. 老龄与未来公众号，2018.

[8] 左美云. 智慧养老内涵与模式[M]. 北京：清华大学出版社，2018.

[9] 国家卫生和计划生育委员会流动人口司. 中国流动人口发展报告[M]. 北京：中国人口出版社，2017.

[10] 蔡昉，张车伟. 中国人口与劳动问题报告16："十二五"回顾与"十三五"展望[M]. 北京：社会科学文献出版社，2015.

[11] 李军，刘龙生. 人口老龄化对经济增长的影响——理论与实证分析[M]. 北京：中国社会科学出版社，2017.

[12] 李建强，张淑翠. 老龄化影响财政与货币政策的有效性吗？[J]. 财经研究，2018(7):16-31.

[13] 聂高辉，蔡琪. 适应中国老龄化现状的产业结构调整研究——基于动态面板数据模型与面板数据联立方程模型[J]. 调研世界，2017(6):6-11.

[14] 钱婷婷. 老龄化背景下退休冲击对居民家庭消费的影响研究[M]. 上海：上海社会科学院，2017.

[15] 田艳平. 三维人口红利、人口政策与经济增长[M]. 武汉：武汉大学出版社，2016.

[16] 叶璐. 西南边疆人口老龄化经济效应研究[D]. 昆明：云南财经大学，2013.

胡　泳

在科技统治的时代，我们为什么需要人文学科

胡泳，政治学博士、北京大学新闻与传播学院教授，历任《中国日报》记者、《三联生活周刊》主笔、《互联网周刊》编委会主席、《环球管理》总编、《北大商业评论》副主编、中央电视台《经济信息联播》主编、《对话》总策划、《赢在中国》总编辑、《我们》总策划。

一、人文素养的困局

美国《大西洋月刊》报道说，一项针对大学新生进行的一年一度的长期调查发现，在过去 10 年里，学生们说自己上大学的首要原因就是为了找一份更好的工作；而在 2008 年大衰退前的 20 年里，上大学的首要原因是学习自己感兴趣的东西。

学生的这种态度直接影响到人文学科的招生。尽管大学生在过去 10 年里普遍回避人文专业，转而青睐商业、法律和健康等以职场为导向的专业，但仍然有一部分人——精英大学和文理学院的本科生固守阵地。不过这个阵地也在逐步沦陷：数据显示，在美国，人文学位传统上占据顶级文理学院学位颁发的 1/3，但现在已然下降到远低于 1/4。与此同时，在精英研究型大学，人文学位的比例从 10 年前的 17%下降到今天的 11%。

人文学科让出的阵地被谁盘踞了呢？除了商学院、法学院和医学院，理工科专业也是赢家。大学中 STEM（科学、技术、工程和数学四门学科英文首字母的缩写）的分量正不断加重，而且也为政府所大力鼓励。当然学生本身也存在从众

效应：看见同学纷纷选择学习计算机或应用数学，自己再也难以坐住人文学科的冷板凳。

平心而论，学生们涌向这些学科也是无可厚非的。数学素养和操纵大型数据集的能力在每项工作中都变得越来越重要，以往主要依靠人文社会科学训练的工作，现在都难以摆脱数据的影响。

然而，人文学科的重要性下降可能带来的长期后果，大学教育者和学生都尚不知晓。假如一整代工程师都缺乏人文素养，也不具备批判性思维，这会带来怎样的一个技术社会呢？或者，仅仅是从学生的职业生涯来看，过度以职业化教育为导向，真的对学生的职业生涯有利吗？

二、人文学科"无用"的短视

诺贝尔物理学奖得主李政道之子、香港科技大学人文社会科学学院院长李中清，在与大学生就高等教育与学生成长进行交流时表示，大学生认为人文学科"无用"是一种短视。现在很多美国学生毕业后拥有了不错的职位，但由于人文素养的欠缺，职业发展的"天花板"很快降临，而那些人文素养更高的学生，在职场上"可持续发展"的动力更强。

其实，对人文素养的认识，还有一个更加釜底抽薪式的思考路径。一些研究表明，人类社会眼下透过 STEM 学科完成的许多任务，将在不久的将来实现自动化；机器人最终可能会编写大多数程序和智能算法。因此，如果等待足够长的时间，也许人文学科将会卷土重来，因为人类会寻找那种帮助他们与技术互补而不是竞争的知识。而且，我们越是将日常工作自动化，就越容易陷入大数据的浩瀚和盲点，从而也就越需要将人类的判断带入数字生活的交叉路口。

先觉者总是行得更远。以麻省理工学院为例，它在世界范围内都以 STEM 教育的堡垒著称，然而很多人不知道的是，艺术和人文学科构成了麻省理工学院教育的基本要素。

麻省理工学院成立于 1861 年，是为了响应美国与日俱增的工业化需求成立的。威廉·巴顿·罗杰斯和麻省理工学院的其他创始人在 1860 年写成的《理工学院的办学目标和方案》中提出一种混合的教育哲学："为了商业利益，为了文化本身，也为了大众教育，真正的文化教育应该和工业研究很好地结合。"麻省理工学院的拉丁文校训"Mens et Manus"，英文意为"Mind and Hand"，讲求的是手脑并用、知行合一。这一理念在当时盛行传统古典教育的美国大学中堪称先锋。在麻省理工学院的校徽中，手拿铁锤的劳动者与手拿书本的学者并立，反映了该校人文知识与实用科学相结合的理念。

麻省理工学院艺术、人文和社会科学学院历史学教授黛博拉·菲茨杰拉德说，麻省理工学院的使命是让学生为解决世界上最具挑战性的问题做好准备，虽然这确实需要科学知识和技术技能，但"世界的问题从来都不是局限于实验室或电子表格"。贫困、气候变化和疾病等紧迫挑战"总是嵌入更广泛的人类现实中"。

为了跟上这些挑战，麻省理工学院的课程多年来不断发展，所有本科生都花时间学习文学、历史和音乐等科目，大约占课堂总时间的 1/4。学习这些科目有助于麻省理工学院的学生获得历史和文化观点，并培养沟通技巧，使他们能够倾听他人的关注，并解释自己的观点和推理。学生们也会学到，大多数的人类情况都反抗一个正确的答案，生命本身很少像数学问题那样精确，也不会像一个优雅的方程式一样清晰。

美国学院与大学联合会（AAC&U）对商业领袖的调查证实了这种教育的好处——大多数雇主更关注毕业生的创造力、团队合作能力和沟通技巧，而不是他们在具体领域内的知识。

这样看来，至少我们目前能做的，不是简单地阻止专业的转向潮，而是在商科、法科、医科和 STEM 学科中加强人文教育。换言之，不管学生在大学里选择何种专业，他们都应有机会被培育出足够的人文素养，使他们能够批判地思考，广泛地阅读，充满热情地倾听，从而对社会和人类的未来发展充满终极关怀。

这个问题之所以重要，乃是因为我们日益生活在一个被科学技术统治的世界中。正是因为科学技术如此强大，我们现在比以往任何时候都更加需要人文学科。在 STEM 课程中，学生将获得事实、答案、知识和真理。这些课程的教授以一种确凿无疑的口气说："事情就是如此。"他们给学生确定性。

而人文学科，至少我作为这方面的老师，教给学生的东西恰好相反：给他们不确定性、质疑和怀疑。

三、人文学科更多的是问题而不是答案

人文学科总是具有颠覆性。它们从根本上致力于削弱所有的权威主张，无论是政治的、宗教的还是科学的。当涉及人性时，也就是涉及我们是什么、我们来自哪里，甚至我们可以成为和应该成为什么时，这种怀疑主义尤为重要。

科学已取代宗教成为我们回答这些问题的主要源泉。科学告诉了我们很多关于我们自己、我们周围的世界的知识，我们每天都在学习更多知识。但人文学科却无时无刻不在提醒我们，人类有很大的能力欺骗自己。

人文学科还告诉我们，每个人都是独一无二的，与他人迥异，每个人都以不可预测的方式不断变化。我们生活的社会也在不断变化——部分原因正是科学和技术。

人文学科更多的是问题而不是答案，我们将在人文学科的学习中，与一些荒谬的大问题搏斗。比如，真相是什么？我们怎么知道事情是真的？为什么我们相信某些事情是真的，而其他事情却不是？对于我们个人或整个社会，我们如何判断某些事情是错误的还是正确的？

还有，生命的意义是什么？生命的重点是什么？幸福应该是我们的目标吗？归根结底，幸福到底是什么？幸福本身应该是目的，还是其他一些更重要目标的副产品？

每个人都必须找到自己对这些问题的答案。苏格拉底说，智慧意味着你知道自己知之甚少。他对智慧的说法充满了智慧。因此，人文学科教师的存在是悖谬性的：如果他很好地完成了自己的工作，在课程结束时学生会质疑所有权威，包括教师本人。学生会质疑其所被告知的现实的本质、生活的目的，以及成为一个好人意味着什么。就此而言，这才是人文学科的真正关键：它们使人不为自己对确定性的渴望所困。

邱泽奇

技术化社会治理的异步困境

邱泽奇，社会学博士、长江学者特聘教授、北京大学社会学系教授、北京大学中国社会与发展研究中心主任，高等学校科学研究优秀成果（人文社会科学）奖获得者、国家图书提名奖获得者、中国出版政府奖图书奖提名奖获得者、国务院特殊津贴获得者。

一、疑问：技术在失控吗

邓小平指出："马克思讲过科学技术是生产力，这是非常正确的，现在看来这样说可能不够，恐怕是第一生产力。"[①]的确，技术创新与应用是促进经济和社会发展的第一推动力。可进入 21 世纪以来，接连发生的"技术作恶"却让人反思：人类是否还有能力治理一个走向纵深的技术化社会？

技术本无善恶，人们把技术用于不同的目的才产生了善恶。技术善恶的本质是人类行动的善恶。在技术发展的历史进程中，不乏用技术作恶的例子。为了惩恶扬善，人类制定规则来引导行动，发挥"第一生产力"的效率，用技术服务促进人类福祉。可近些年来，技术作恶的普遍性和系统性超过以往任何时代，个人、企业和政府都有用技术作恶的行动。其中，以下三类特征性现象是依据公开数据和资料综合整理而成的。

第一，暗网（Darknets）。信息技术进入大众应用以来，人类生产的数据在以指数速度增长。在数据即资源的时代，人们应该用数据服务社会，促进平等发展，让更多的人共享数字红利（Digital Dividend）。可事实上，这些数据只有不到 10%

---

① 邓小平. 邓小平文选（第三卷）[M]. 北京：人民出版社，1993.

被合法使用，90%甚至更多没有被使用或进入了不可知用途：暗网。暗网是艾尔斯沃滋（Jill Ellsworth）提出的概念。人们正常使用的网络是公开的、可见的，可称为明网。暗网指不可见网络（Invisible Web），其在不同的语境下有不同的术语，如深网（Deep Web）、隐网（Hidden Web）、黑网（Dark Nets）等，这些都指使用常规搜索引擎无法搜索到的网络。

其实，人们很难给暗网一个直接的善恶判断。对于这样一个世界，有人为之称道，认为暗网是真正的去中心化世界，是人类理想社会的未来。可问题是，当世界上99%或以上的人在接受现世规则约束，而只有1%或更少的人可以进入不受约束的世界时，我们如何能确信他们不会对99%遵守或被强制遵守现世规则的人产生潜在威胁？何况在暗网中具有政治抱负、宣称无政府主义、倡导网络独立主义等的另类技术精英比比皆是。

第二，运用数据作恶。自移动终端应用以来，人类活动就会留下数字足迹。哪怕是碎片化的足迹，也可能被有心人运用公开技术建构完整的使用者数字画像。实验研究表明，运用4个手机位置和时点信息便可识别95%的用户。普通人对运用数据作恶的了解少之又少，即使成为作恶的对象也可能浑然不知。尽管如此，疑问却没有因无知而消失：为什么人们在花钱消费的同时却被数据平台消费，甚至被数据伤害？为什么收集数据的行动者不保护个人隐私而任由数据泄露事件呈现指数级上升？人们怎么可能对公司和政府有意无意地用数据作恶视而不见，何况，还有一个善恶难辨的暗网。

第三，计算机病毒武器化。计算机病毒是伴随计算机和互联网应用的普及而产生的恶意应用。用户无时无刻不在与计算机病毒周旋，既无法躲避，也无法根治。在计算机病毒史上具有里程碑意义的莫过于震网（Stuxnet）病毒。2010年9月，伊朗称布什尔（Bushehr）核电站部分员工的计算机感染了震网病毒。震网病毒由美国和以色列两国政府联手于2008年在美国的实验室研制，于2010年正式投放伊朗。其攻击的目的不是窃取信息，而是自杀式毁灭：利用系统漏洞夺取控制权，向工业设备传递指令，令其自我毁灭。

如果把三类特征性现象综合起来观察，就会发现一条清晰的线索：作恶都发生在既有规则约束不到的技术综合应用领域，作恶者都是技术精英行动者。三类特征性技术作恶现象暗示：当下社会时时面临暗网技术之恶的威胁；公司在有意无意中运用技术作恶或为作恶提供便利；政府可能存在技术运用不当，进而再次把技术与社会议题推到了前台。在技术渗透到生产生活细节，且人工智能的未来极不确定的时代，大量事实表明，曾经有效约束技术作恶的规则在如今失去了对某些技术行动的约束，人们不得不深深疑虑：人类还有能力治理不断迈向深入的技术化社会吗？

要回答这个问题，需要把三类特征性现象放回到技术与社会的历史发展脉络中，看一看技术如何进入人类的社会生活，成为不可或缺的要素，进而促进技术化社会的发展。过去，社会如何运用技术为人类的福祉服务，同时又避免用技术作恶？如今，为什么社会看起来失去了对技术作恶的约束？后文的分析将试图说明：技术创新和应用的迭代速度不断加快，约束技术创新和应用的规则迭代相对迟缓，形成了技术发展与治理发展之间的速度差异，进而导致了技术化社会治理因异步困境而失灵。

二、技术化、技术化社会

技术始终与人类的经济与社会生活相伴随，人类对技术的兴趣也与人类生活的历史一样悠久。遗憾的是，社会科学尤其是社会学对技术与社会的探讨，没有形成系统的知识谱系。既有的知识散落在取向差异极大的研究之中，难以整合。为让讨论具有连贯性，我们先对有关技术的知识进行简要澄清。

1. 什么是技术化社会

社会学对技术的探讨非常晚，它的知识化来源于默顿（Robert K. Merton）构造的"科学—技术—社会"（Science，Technology and Society，STS）分析框架。不过，默顿的目的是把近代科学技术的产生与发展作为一种独特社会体制，探讨科学技术发展与社会的关系，涉及科学家群体产生与发展的社会机制，科技发展与产业、军事及文化之间的关系[①]，却完全没有涉及技术与社会的关系。

[①] 默顿·罗伯特·金. 十七世纪英格兰的科学、技术与社会[M]. 范岱年，译. 北京：商务印书馆，2000.

其积极的一面在于，在职业社会学家"关注青少年罪犯、流浪汉、售货女郎、职业窃贼和职业乞丐"[①]等社会热点问题时，默顿把科学技术现象带入社会学学科视野，让社会学家看到科学技术不仅为社会带来了工具性便利，也产生了科技人员职业群体，且他们的努力直接影响着人类的政治、军事、经济与社会生活，是社会发展的重要组成部分。不仅如此，他还整合了之前其他学科尤其是科学史如萨顿（George Sarton）的研究，为社会学对科学技术的探讨树起了一面跨学科的旗帜。这是社会学史上做出的第一次整合众多学科的努力，非常成功。

不能忽视的是，其负面影响同样深远。默顿把科学与技术两类分野极大的社会现象混为一谈，使得专业学术探讨无法运用科学与技术各自的中程特征，而不得不始终停留在科技哲学的思辨层次，除了形成各种决定论式的理论范式[②]，在知识积累的意义上几乎没有形成具有实证接口的命题与理论，无法推进以社会事实为基础的研究与对话。具有讽刺意味的是，中程研究范式正是默顿自己创立的。此外，过于宽泛的学科范畴让针对科学技术的社会科学知识分散在不同领域且无法集聚。历史地看，科学与技术从来没有必然地联系在一起。

好在法国社会学家埃吕尔（Jacques Ellul）注意到了科学与技术的差异，专题探讨了技术与社会的关系，提出了"技术化社会"（Technological Society）命题[③]，让社会学对技术的研究有根可循。在中国，出身于自然辩证法传统的学者们更愿意在 STS 框架中寻找技术社会学的正统性，试图依据既有文献区分老技术社会学和新技术社会学[④]，可对技术社会学而言，STS 既没有系统探索，也难说知识体系。随着技术应用的社会化使科学与技术的分野越来越大，专门探讨技术与社会的关系也变得越来越紧迫。

其实，在埃吕尔之前，另一位法国社会学家莫斯（Marcel Mauss）也讨论过

---

① 默顿·罗伯特·金. 十七世纪英格兰的科学、技术与社会[M]. 范岱年, 译. 北京：商务印书馆，2000.
② 可参见 Bijker 等人的著作 The Social Construction of Technological Systems: New Directions in the Sociology and History of Technology、Oudshoorn 等人的著作 How Users Matter: The Co-Construction of Users and Technologies，以及邱泽奇的文章《技术与组织：多学科研究格局与社会学关注》。
③ Ellul J. The Technological Society[M]. New York: Vintage Books, 1964.
④ 张成岗, 黄晓伟. 技术社会学的学科史反思：技术与现代性的互构论视角[C]. 南京：中国社会学会 2018 年年会，2018.

技术。不过莫斯更感兴趣的是技术本身。钟情于 STS 传统的中国学者们更愿意把法国技术社会学传统溯源到莫斯，甚至塔尔德（G. Tarde）和涂尔干（E. Durkheim）[①]。事实是，塔尔德和涂尔干未曾专题讨论过技术社会学，甚至没有专题讨论过技术。埃吕尔则不同，他在厘清科学与技术、技术与组织关系的基础上，广泛且系统地梳理了从作家（如 Jean Fourastié）到学者（如莫斯）对技术的讨论，从社会视角提出了对技术的认识。他认为，技术不只意味着工具，而是指向层次性嵌套的技术体系：经济技术、组织技术、人类技术。其中，经济技术指提高劳动生产效率的工具性技术，包括个体与组织使用的工具。组织技术则指人类组织涉及的具有实体和概念意义的技术，包括从商业活动到国家行政运用的工具。人类技术覆盖了最广的范围，从医疗、遗传到传播、宣传等，涉及几乎所有工具性技术。与前两类技术不同，在人类技术中，人变成了技术的客体[②]，是技术提高效率的对象。三类技术的关系：经济技术处于底层，组织技术处于中层，人类技术处于上层，其中，下层技术嵌套在上一层技术之中。

在探讨技术与社会的关系时，埃吕尔运用法国年鉴学派擅长的大历史方法，试图在社会意义上形成对技术的认识。他系统地考察了从初级（Primitive）技术到工业化（Industrial）技术的演化，探讨了从传统社会到现代社会的技术与社会关系的特征。他把运用技术达成目标的活动称为技术化（Technological），指出从古希腊到 20 世纪中叶，技术与社会关系特征的变化在于，技术曾经只是依据民间传统的工具，用以延伸人类的肢体，而在迭代与发展中，逐渐形成了技术的自主性（Autonomy of Technique），技术也逐渐跳出传统，进入组织，进入国家机器，成为商业活动和政府行政的工具；进一步，技术进入人类的社会生活，成为无处不在的工具（Means），即技术泛在化（Technical Universalism），成为与自然环境、社会环境具有同等意义的技术环境[③]，这就是技术化社会——一个处处渗透着技术且以技术为工具的社会。

把技术与自然并列的不只有埃吕尔，还有哈贝马斯。在讨论技术进步与社会

① 参见夏保华于 2015 发表的文章《简论早期技术社会学的法国学派》及于 2016 年发表的文章《简论莫斯的技术社会学思想》。
② Ellul J. The Technological Society[M]. New York: Vintage Books, 1964.
③ 刘电光，王前. 埃吕尔的技术环境观探析[J]. 自然辩证法研究，2009（9）.

生活世界时，哈贝马斯同样把技术与自然并列，指出："技术对人行为的影响，并不亚于自然（对人行为）的控制。"①可是，哈贝马斯并没有像埃吕尔那样运用历史事实证明自己的判断，只是逻辑地演绎出："严格的经验科学信息，只有通过把它使用在技术上，只有作为技术知识，才能进入社会的生活世界。在社会的生活世界中，严格的经验科学信息是用来扩大我们支配技术的力量的。"②在哈贝马斯那里，"技术进步有自身固有规律性的论点是不正确的"。而埃吕尔则用事实证明，哈贝马斯的论断是错误的，他认为技术的自主性推动了技术创新和迭代，从依靠人类传统的技术到工业化技术，这正是技术自主性的发展。埃吕尔的这一观点在阿瑟（W. Brian Arthur）对技术本质的探讨中得到了系统的检验③。遗憾的是，埃吕尔并没有说明一项自在的技术如何自为地演化为工业化技术，从而进入哈贝马斯意义的生活世界。

我们认为，技术从来不曾自动进入人类的社会生活，是人类对效率的追求把技术带入需求的场景，促成了技术在人类社会生活中的应用，且在应用中展现出技术的价值。正是在这个过程中，我们观察到了技术与社会的关系特征，也就是技术化社会的特征。为理解技术化社会的现实，可以看下面这个例子。公共交通（以下简称公交）是现代社会公共产品的代表，公交企业提供公交服务和乘客采用公交出行，构成了公交生活的基本图景。公交技术从经济技术、组织技术到人类技术的发展变化，典型地呈现了从追求效率的工具到以乘客为对象的技术化社会的变化。

2. 案例：公交生活的技术化案例

北京市的公交始于 1921 年，当时北洋政府组建了北京电车公司，开辟了第一条有轨电车线路，开启了北京市的公交生活。到 2006 年，公交车辆经历了多次更新：在经济技术上，从有轨电车到无轨电车，从公交汽车到地铁；从柴油机到汽油机，从油电混合动力到纯电动力。在组织技术上，从有乘务员到无乘务员，再

---

① 哈贝马斯. 作为"意识形态"的技术与科学[M]. 李黎，郭官义，译. 上海：学林出版社，1999.
② 同①.
③ 阿瑟·布莱恩. 技术的本质：技术是什么，它是如何进化的[M]. 曹东溟，王健，译. 杭州：浙江人民出版社，2014.

到乘务员加安全员；从人工报站到模拟报站，再到自动报站。总之，涉及公交效率、安全、环保、便捷、友好的技术在不断迭代。

可在此期间，司乘关系并无变化：乘客用现金购买车票，提出服务需求；乘务员或站台票务员代表公交公司发售车票，承诺为乘客服务。无论是单程车票还是月票，一纸车票便是公交公司与乘客之间的契约。每位乘坐公交的人，无论男女老幼、来自何地，都熟悉乘车规则：拿钱买票。"拿钱买票"不是公交独有的规则，而是人类沿用了几千年的社会规则在公交中的应用，是人类技术。

刷卡乘车则彻底改变了"拿钱买票"的传统，让司乘关系经历了一次革命。纸质车票沿用了85年，从纸质月票到电子月票的转换花了5年，从电子月票到电子车票的转换花了1年，从纸质发票到电子发票的转换则只花了3个月。从纸质车票到电子车票、从纸质发票到电子发票，技术以加速度迭代着，可带来的影响却不仅体现为效率。

从"可以"到"必须"，与车票技术化相伴随的是社会关系的技术化革命。其中，乘车不再只是司乘之间的双边关系，它还涉及市政交通、市政一卡通应用服务、支付系统、支付转移和结算系统、支付监管系统、移动终端设备、国家税务等众多利益相关行动者；在一些系统如支付中，还涉及更加复杂的行动者。刷卡乘车的纸卡之变，把司乘之间"拿钱买票"的直接双边互动变成了乘客与围绕车票的一系列行动者之间的复杂网络关系，这就是技术从效率工具到人类技术环境的转换。正是在这个转换中，司乘之间的直接交易迭代为间接交易，让既有社会规则不再适用新的场景。

3. 技术化社会3.0版：从工具到社会关系技术化

重新品味埃吕尔的讨论可以发现，从基于传统的技术到自主化的技术，在技术发展中，技术化社会实际经历了两个版本的迭代。以历史演化为序，早期政府对技术的创新与应用是技术化社会的1.0版，权力垄断了技术创新和技术应用；商业公司介入并逐渐成为技术创新和应用的主体则是技术化社会的2.0版，资本逐渐垄断了技术创新和技术应用。如今，埃吕尔不曾观察到的数字化，使技术进入社会化创新和应用的阶段，我们称之为技术化社会的3.0版。

在这一阶段，权力和资本依然是技术创新的主体，不同的是技术创新与应用的分化。在 1.0 版和 2.0 版阶段，技术应用的主体是组织，个体作为组织成员参与了技术创新和应用，不具有进行技术创新和应用的独立性。在 3.0 版阶段，技术作为环境让社会成员在技术创新和应用中具有了独立性，在场景化应用、利益相关行动者和技术关系网络中具有了高度的连通性（Connectivity）。对社会而言，技术不再只是效率工具，也是利益相关行动者和技术关系网络的依据。公交生活的技术化不仅是经济技术和组织技术的迭代，也是从经济技术、组织技术到人类技术的技术化演化：从技术的组织创新到技术的社会创新，从技术的组织应用到技术的社会应用。

从纸质车票到电子车票，既是技术走出组织应用、迈向社会应用的过程，也是组织技术向人类技术迈进的过程。电子车票技术在带来一系列社会收益的同时，至少产生了两个直接社会效应：第一，直接制造着数字鸿沟；第二，直接参与社会规则调整。如果说技术的组织应用通过调整利益分配，间接地影响了社会成员的社会经济地位，那么，技术的社会应用则直接参与了人群的社会分化，电子车票把乘客区分为数字乘客和非数字乘客，把非数字乘客隔离在数字红利之外，制造了公共服务的数字鸿沟。不仅如此，电子车票还让"拿钱买票"的规则不再适用于新的司乘关系。在数字化司乘关系中，司机不再关心乘客是否买过票，而只关心乘客的刷卡数据是否正确。乘客不仅要知道如何购卡、充值、刷卡，还要关注自己的卡里是否有足够的储值。公交系统凭借乘客数字账户的数据获取其乘车资格证据，乘客也凭借自己数字账户的数据提供乘客资格证据。证明司乘关系合法有效的不再是车上乘客"有目共睹"，而需要依赖公交车辆或站台刷卡机显示的数据。技术就这样进入社会关系之中，改变了适用很多年的社会规则，也改变了社会规则对司乘关系的治理。从人际互动到人机互动，正是司乘关系的革命。技术依然是效率工具，更本质的且更重要的是，技术（刷卡机）还是证明司乘关系的依赖。

技术，从效率工具到关系证据的变化不仅发生在公交生活中，也发生在从国家治理到日常生活的一系列社会生活中，且正在渗透进每个细节。人类一方面不断创新技术，另一方面也不断创新规则，用规则约束技术创新与应用的人性之恶。

从禁用无端夺人性命的技术到禁用带给人情感伤害的技术，规则的发展始终与技术的发展相伴随。为何唯独如今，规则滞后了呢？

三、治理：社会规则与技术迭代的异步困境

"治理"是近些年的热词，从各类媒体到国家制度都在使用治理，可人们对治理含义的理解并非不言而喻，甚至缺乏基本共识。为了讨论技术为什么会失控，我们也需要建立对治理的基本共识。

1. 治理与社会治理

学术领域流行的治理，指控制、引导和操纵。至今，学术界对治理的理解依然歧义众多。

综观中西文献对治理和社会治理的运用，我们认为，治理指向秩序的建构与维系，社会治理是社会秩序的建构与维系。治理，既是动词，即达成社会秩序的手段与过程；也是名词，即社会秩序的状态。我们还认为，与埃吕尔对技术的理解一样，治理也指向一组秩序的嵌套，从关系治理、组织治理到国家治理。

关系治理指对基本社会关系的治理。组织治理指在基本社会关系之上，对以组织为范围、因组织而生成的社会关系的治理。国家治理指在前两类规则之上，对以主权国家为范围的、整体社会关系的治理。

与埃吕尔的人类技术一样，在国家治理中，人也变成了治理的客体。与技术化社会进程中人的地位反转一样，治理的复杂性也在于从基本社会关系、组织关系到整体社会关系治理的嵌套推进中，人的地位从主体反转为客体，使发生在地方的、组织的治理有效与规则合法之间的互动在上升到主权国家层次时直接危及社会整体秩序，进而让人从治理的主体成为治理的客体。既然技术的社会创新与应用也是治理的客体，怎么会失控呢？直接的答案是，既有的规则无法约束诸多对技术的创新和应用，尤其无法约束甚至不能理解技术精英行动者的创新与应用。一个近期影响深远的例子是滴滴顺风车命案带来的争议。为理解这一点，我们还得回到治理在技术与社会关系中的特征上来。

2. 技术化社会的治理

在技术化社会 1.0 版阶段，技术既被用于开疆拓土，也被用于地方性秩序的建构与维系。技术始终被置于政府的控制之中，只要政府不用技术作恶，其他行动者便没有机会用技术作恶。在技术化社会 2.0 版阶段，组织是技术创新与应用的主要力量，也是治理的重要组成部分。组织与家庭、地方性社会的分离让地方规则不再有机会约束个体行动者的组织行动，让治理面对严峻挑战。在公交生活的技术化中，公交公司通过创新与应用新技术实现技术迭代，改进组织效率，调整和改善组织成员的利益。不过，组织对技术的创新与应用始终处在国家法律和行业规则的约束之下。

除了对技术的治理，在组织治理中还有对社会的治理。技术的组织应用触发组织岗位结构的变化①，而岗位是组织进行利益分配的依据，在组织即社会的时代②，它也是人们社会经济地位的来源。岗位调整既是组织内部利益分配格局的调整，也是组织成员社会经济地位的调整。技术的组织应用不仅触发组织内部的利益调整③，也在组织之间触发利益格局调整。组织并非自我封闭的体系，对组织之外秩序的建构与维系，除了组织的参与，还有赖于国家层次的规则和政府的作为。任何破坏社会规则的或不符合社会期待的组织行动，政府都会以国家代表的身份对组织进行规制，针对组织的各种规则便是例子。面对组织作恶，政府如果不作为，也会遭受社会的谴责甚至不同形式和手段的罢黜。

与村庄治、天下治类似的是，在技术化社会 2.0 版阶段，只要治理好组织、治理好基本社会关系，就基本上实现了整体社会关系的治理，建构了从关系治理、组织治理到国家治理的完美治理体系。

3. 社会规则与技术迭代的异步发展

无论是关系治理还是组织治理，在技术化社会 2.0 版阶段及之前，治理始终

---

① Barley S R. Technology as an Occasion for Structuring: Evidence from Observations of CT Scanners and the Social Order of Radiology Departments[J]. Administrative Science Quarterly, 1986, 31(1): 78-108.

② Perrow C. A Society of Organizations[J]. Theory and Society, 1991, 20(6): 725-762.

③ 刘振业. 组织化的信息技术系统与组织结构的互动机制——来自青岛啤酒公司的案例[D]. 北京：北京大学，2004.

是通过"属地"原则实现的。鉴于属地的多样性和复杂性，在长期实践中，国家通常只制定原则性规则，具体规则的制定与执行则留给了地方和组织。在这个格局中，在中国，制定规则的权限划分便成为中央–地方关系和政府–组织关系的核心。尽管有"一管就死、一放就乱"的沉疴，无论如何，属地治理是有效的。

在技术化社会 3.0 版阶段，治理面对的格局变了。第一个重要变局是行动者不再只属于一个地方或一个组织，技术赋能让行动者同时属于多个地方和多个组织；个体化的潮流让个体成为独立行动者，个体属于自己，进而使得属地治理对行动者的个体行动不再具有完整覆盖性。个体化是现代性理论语境的术语①，指个体行动必须接受的社会羁绊越来越少，迈向独立行动者的趋势越来越强。

技术的社会化创新与应用则为个体行动的独立性提供了技术支持，譬如信息技术支持在场行动与不在场行动在可识别和不可识别的个体身上汇集。曾经，身体的物理性和行动的在场性决定了个体行动的物理时空性与可识别性，这为不同层级的治理对个体行动的约束提供了自然基础。如今，信息技术支撑的高度互联社会为行动者（包括个体行动者）提供了不在场行动的无穷空间②。

不仅个体行动者如此，组织行动者如今也汇集了在场和不在场、可识别和不可识别行动。给治理带来挑战的正是不在场和（或）不可识别行动。面对遍布地球村的几乎趋于无穷的不在场空间，对其具有约束力的规则少之又少，无论是关系治理、组织治理，还是主权国家治理，都缺少针对不在场和（或）不可识别行动的且保护大多数行动者利益的规则。归纳来说，个体化叠加技术对行动的支持，使得行动尤其是不在场和（或）不可识别行动空间趋于无穷大。值得强调的是，支持行动空间趋于无穷大的是技术的快速迭代。技术迭代与规则迭代的速度差异正是个体化行动进入无规则之境的现实基础；组织行动亦然。

第二个重要变局是场景也不再只属于地方或组织，非物理空间正在成为场景

---

① 可参见吉登斯的著作《现代性的后果》、Beck 等人的著作 Risk Society: Towards a New Modernity 和 Individualization: Institutionalized Individualism and Its Social and Political Consequences，以及李荣山的文章《现代性的变奏与个体化社会的兴起——乌尔里希·贝克"制度化的个体主义"理论述评》。

② 卡斯特尔. 信息化城市[M]. 崔保国，等，译. 南京：江苏人民出版社，2001.

化潮流的主场，属地治理对场景化行动也不再具有完整覆盖性。简单地说，场景化指意义赋予和行动存在均依场景而触发，运用情景（Scene，Situation，Context，Scenario，Field）触发行动者特定情绪或行动的时空设置已经成为社会的普遍现象。在技术化社会 3.0 版阶段，场景化赋予了个体化行动以意义和空间。

物理空间的场景化行动随处可见，是属地治理的内容，如在关系治理中的拿钱买票、"无酒不成宴"等；也如在组织治理中的工作着装、上下级行为、同事关系等。不过，这些都属于行动者在场的场景化（见图 1 第一象限）行动。不仅如此，还有行动者不在场的却可识别非物理空间的行动，其场景化行动也进入了属地治理，如乘客刷卡牵涉的复杂利益关系。其实，大众的"智慧生活"（如缴费、衣食住行的诸多线上互动等）大多属于行动者不在场的场景化行动（见图 1 第二象限）。技术化社会 3.0 版的挑战是发生在非物理空间的不可识别行动者的不在场行动（见图 1 第三象限），核心是行动者的不可识别性。严谨地说，即使在物理空间，给属地治理带来挑战的也是不可识别行动者的行动（见图 1 第四象限）。

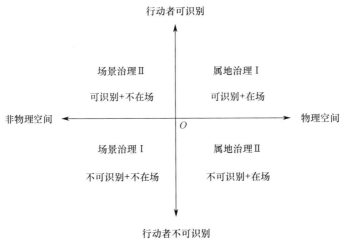

图 1　异步困境下的治理类型

不仅如此，规则与技术迭代速度的差异还带来了人们对场景化理解的失能。一个近期的例子是滴滴顺风车。滴滴平台试图把顺风车场景化为社交，监管部门和绝大多数乘客却没有理解交通行动的场景化社交，依然把顺风车仅理解为交通。

个体化行动的无穷性、场景化行动的无限性，使技术与规则迭代的异步性（Desynchronization）成为治理和社会治理面对的真正困境：在科学逻辑的意义上，无论善恶，几乎不可能用属地治理的逻辑来治理技术化社会 3.0 版阶段无穷变化的、不可识别行动者的人类行动。

4. 异步困境的本质：技术失范

异步困境并不是当今才出现的社会现象。在讨论社会变迁时，早在 20 世纪20 年代，奥格本便提出了文化滞后（Cultural Lag）假设。他认为，在社会变迁中，社会各部分的变迁速度并不一致，"在许多时候，物质条件已经改变，但与旧的物质条件相适应的文化却远远地落在了后面"[①]。

可是在我们看来，异质性[②]才是现代社会的基本特征。在承认社会异质性的前提下，异步困境并不是社会整体意义上的部分之间的变迁速度差异，而是部分之间制衡意义上制衡机制的失灵。曾经针对组织的治理规则，如今无法有效覆盖组织和社会共同的在场和不在场的、可识别和不可识别行动者的、个体化和场景化的技术创新和应用，规则与技术之间的平衡就此被打破，导致技术失范。需要特别说明的是，规则与技术之间的平衡是一个社会中两个部分之间的制衡，而不是奥格本意义上社会整体变迁中的文化滞后。

因此，速度差异带来真正的困境是，一方面，技术迭代速度不断加快，为社会提供了一个阈值极宽的技术创新和应用域，其前沿部分早已进入没有规则可以约束的领域；另一方面，在技术创新中，小公司逐渐取代大公司成为颠覆式技术创新的核心推动者，大公司则在渐进式、积累式创新和应用中仍保有重要作用。在技术应用中，行动者对技术的应用不再只是按照技术手册操作，更多的是创造性地应用，带有强烈的行动者特征。在规则约束不到的部分，技术创新与应用的方向则完全取决于技术精英行动者的自我规则，这就是技术失范发生的场景。因此，与技术善恶密切关联是技术精英行动者在某一类场景的自我规制。

在给定个体化和场景化的前提下，治理与社会治理面对的格局发生了历史

---

① 奥格本. 社会变迁：关于文化和先天的本质[M]. 王晓毅，陈育国，译. 杭州：浙江人民出版社，1989.
② 布劳. 不平等和异质性[M]. 王春光，谢圣赞，译. 北京：中国社会科学出版社，1991.

性转折，这个转折点是行动者不在场和不可识别行动的空间与类型的无穷迭代及发展。

其实，在属地治理时代，也存在技术迭代速度与社会规则速度之间的差异。属地治理的有效性在于行动者的可识别性和行动空间的物理性，对人的治理约束了技术精英行动者的作恶行动。换一个说法就是，属地规则对行动者的约束，约束了技术精英行动者的作恶行动。一旦行动者不可识别、行动空间非物理化和场景趋于无穷，技术精英行动者的行动便具有了高度不确定性，属地治理只会迈向失灵。这是因为在阈值极宽的技术域中，技术精英行动者的自我规制差异在不受约束的空间和场景会急剧放大，呈现出规模×效应和差异化规模×效应[1]，不顾规则的技术迭代也会像脱缰野马，很快进入无规则之境且无论善恶。

个体化为技术精英行动者的特征性技术创新和应用提供条件，场景化则给技术精英行动者秉持规则差异的显现赋予了现实意义。在暗网中，技术精英行动者可以为警方和情报机构提供系统、设施、设备的安全漏洞以保护大多数行动者的利益，也可以利用安全漏洞从事其他任何活动，如攫取不当利益。在数据利用中，技术精英行动者可以像波拉数据挖掘小组或墨尔本大学研究小组那样为隐私保护和数据公共安全提供策略与措施，也可以像剑桥分析公司那样为小群体利益而操纵选举和投票。在病毒利用中，技术精英行动者可以像美国政府那样将其武器化以损害他国甚至平民利益，也可以像大多数反病毒企业那样为大多数设备的安全运行提供保障。不同的行动，可能是同一行动者，也可能是不同行动者。总之，技术精英行动者的自我规则决定了技术创新与应用的社会后果，其中之一便是技术作恶。

在不在场行动、不可识别行动者行动和场景化行动趋于无穷大的前提下，理论上，技术精英行动者的特征行动差异也趋于无穷大。它意味着：第一，技术精英行动者的行动特征差异正如人类的身体特征差异一样已经成为社会的基本特征。第二，任何技术精英行动者的行动特征都不可能覆盖趋于无穷大的技术集。

---

① 邱泽奇，张樹沁，刘世定，等. 从数字鸿沟到红利差异——互联网资本的视角[J]. 中国社会科学，2016（10）：93-116.

第三，也是最重要的，没有规则可以完美覆盖趋于无穷大的技术集。

罗莎和特罗-马蒂斯在社会理论层次把社会群体面对技术快速迭代而显现的差异归纳为社会加速化（Social Acceleration）。他们认为，社会加速化是时间结构现代性的体现：第一，技术加速；第二，生命节奏加速；第三，社会和文化变化加速①。更加重要的是，在这些加速中，不同人群的速度是差异化的，尤其是在代际，其归纳起来可以被称为技术与生活的异步②。我们则认为，社会加速化带来的社会异步化（Social Desynchronization）不仅出现在代际，也不仅是罗莎和特罗-马蒂斯认为的父辈的经验、实践、知识在子辈看来显得老旧甚至毫无意义③，更加重要的是，技术精英行动者秉持的自我规则差异，无论是父代还是子代，包括组织，既可能为社会带来福祉，也可能是社会福祉的最大威胁。

假设人类完全被暗网控制，假设技术精英企业随意利用数据资源，假设技术精英政府在行动者不可识别的非物理空间为所欲为，我们会生活在一个怎样的世界？技术发展就像历史的飞轮一样不可阻挡，我们不可能通过限制技术的发展来实现治理和社会治理，而属地治理逻辑已不再能完全覆盖技术化社会 3.0 版的数字时代，人类何以保证大多数行动者的安全和利益？这，正是技术化社会治理的困境，与这个困境密切相连的是没有规则可以约束的技术精英行动者的行动。

四、结论：治理的十字路口

人类处在规则与技术异步的十字路口：回到过去的路已经消失，面向未来的路尚未清晰。我们知道，技术化社会已经进入新的阶段，技术真正地成为与自然环境并存且具有同等重要性的技术环境。技术创新与应用的前沿已进入无规则之境，技术精英行动者已经拥有了属于他们的不可识别和不在场空间，人类的未来甚至都掌握在他们手中，可人类社会 99%或更多的成员还要以现实为伴，问题是我们并没有发展出鼓励技术为善、防止技术作恶的多重规则。

---

① Rosa H, Jonathan T. Social Acceleration: A New Theory of Modernity[M]. New York: Columbia University Press，2013.
② 同①。
③ 同①。

我们也知道属地治理逻辑在行动者不可识别和不在场的非物理空间失灵，个体化和场景化行动已经成为治理与社会治理的最大挑战。面对挑战，从个体到政府都在尝试，却并没有发展出新的、有效的治理逻辑。人们凭借直觉，把多主体参与的治理推上前台，希望变传统的科层主体治理为多元主体治理。可对多元主体治理的逻辑却没有清晰有效的思路。

在治理的十字路口，尽管我们不宜像埃吕尔那样悲观，却的确需要探讨面向未来的治理逻辑。哈贝马斯认为，"技术进步的方向，今天在很大程度上取决于公众社会的投资"①。从社会出发，哈贝马斯的观点无疑是正确的，可他依据的事实已然消失。不过，有一点哈贝马斯是对的，"技术（向人类提出的）挑战是不可能仅仅用技术来对付的。确切地讲，必须进行一种政治上有效的、能够把社会在技术知识和技术能力上所拥有的潜能同我们的实践知识与意愿合理地联系起来的讨论"②。

如今，私营部门的力量在快速上升，主权国家政府的权力不再是一个常量；公共性曾经是政府独有的属性，如今，企业的公共性也在快速上升。探讨技术化社会治理异步困境的出路，还需要回到技术与社会的逻辑中来，正如哈贝马斯说的，"只有当我们用政治意识来判断和解决这种辩证关系时，我们才能把握住迄今在自然史上已经确立下来的技术进步同社会的生活实践之间的联系"③。

本文的目的不在于提出解决方案，而在于对面对的困局进行理论分析。坦率地说，对困境的梳理已经蕴含了可能的多种解决方案，譬如，行动者在非物理空间的不可识别性仅在于其与物理身体之间的映射关系，或许解决了映射的识别性也就找到了突破困局的钥匙，这也是前述哈贝马斯原则的意义所在。对技术化社会 3.0 版或更新版本阶段治理内容、形式和途径的讨论，或需要另文阐述与讨论。

---

① 哈贝马斯. 作为"意识形态"的技术与科学[M]. 李黎，郭官义，译. 上海：学林出版社，1999.
② 同①。
③ 同①。

左美云

智慧养老 让梦想走进现实

左美云，中国人民大学信息学院副院长，中国人民大学智慧养老研究所所长、教授、博士生导师，中国信息经济学会副理事长，中国老年学和老年医学学会智慧医养分会会长，智慧养老50人论坛发起人，教育部新世纪优秀人才。

　　我们在调研过程中访谈过一位38岁的女性民政科长，其夫妻二人均为独生子女，组成了双独家庭，有两个孩子，一个9岁，一个6岁，还有65岁到70岁的四个健康状态一般的老人。也许是我们的访谈击中了她内心柔软的部分，她在访谈过程中情不自禁地流泪，说接下来的十年是"时不我待，与时间赛跑的十年"，十年后四位老人是75岁到80岁，肯定要轮流患病；孩子是19岁、16岁，正值青春叛逆；她48岁可能正面临更年期。她不敢想十年后在更年期要同时面临老人的久病期和孩子的叛逆期，不知道要管老还是管小，十分迫切地想知道未来的解决方案是什么，现在只是走一步看一步。她有一个梦想，就是有一个呼叫中心，后面有一个智慧医养平台，平台整合了可支付的有地位的照料护理人员。"可支付""有地位"这两个定语很关键，现在照料护理人员普遍社会地位较低，没有多少人愿意去做，这种刻板印象需要改变。此外还需要很好的制度设计，使平均收入水平下的普通家庭也有能力支付护理人员的费用。因此，有必要发展智慧养老。

　　那么，什么是智慧养老？智慧养老是指利用信息技术等现代科技（如互联网、社交网、物联网、移动计算、云计算、大数据技术等），围绕老年人的生活起居、安全保障、保健康复、医疗卫生、娱乐休闲、学习分享等各方面支持老年人的生活服务和管理，对涉老信息自动监测、预警，甚至主动处置，实现这些技术与老年人的友好、自主式、个性化智能交互，这样一方面可以提升老年人的生活质量，另一方面可以利用老年人的经验智慧，使智慧科技与智慧老人相得益彰。智慧养老的目的是使老年人过得更幸福、过得更有尊严、过得更有价值，现阶段表现为"互联网+养老"，突出了互联网在养老中的作用。

一、智慧养老的理想

智慧养老不是一种独特的养老模式，而是与社区养老、居家养老、机构养老结合存在的。如果养老是实体，那么智慧技术就是为养老这个实体做支撑的，其为养老现有的各种模式增值。智慧养老有三个特征，分别是人性的温暖、技术的精度和思想的光芒。

1．人性的温暖

智慧养老一定要有人性的温暖，要以老年人为中心，努力让老年人感觉不到技术的存在。

在信息技术等科技手段支撑养老的发展历程中，最早我们考虑的是养老信息化，后来提出智能化养老，现在提出智慧养老。这三者的区别在于，养老信息化和智能化养老更多地强调技术的作用和支撑，强调技术在居家、社区和机构养老中的运用，更多地需要老年人适应技术。

这种做法效果并不理想，比如老年人用的可穿戴设备，当其每天的数据都差不多时，老年人就觉得继续佩戴没什么意义。

养老产品要以老年人视角的体验感为中心，这是未来智慧养老必须要遵循的。目前来看，效果比较好的做法是让老年人感知不到技术的存在。

2．技术的精度

智慧养老要有技术的精度，机器人养老、大数据养老、区块链养老等现在在这方面都有很多尝试和探索。

比如大数据养老，我们可以做个性化推荐，做精准的需求和服务匹配。很多地方都想做养老服务平台或医养结合平台，但建好平台后，如何做好服务与老年人需求的匹配呢？我们认为未来是两个阶段的匹配：第一个阶段是老年人提出需求后，平台匹配提供相应服务的公司；第二个阶段是服务公司内部匹配对应的服务人员。这里可以运用一些算法，针对老年人个人的一些体征数据、行为数据和需求数据做精准推荐。

再如区块链养老，现在很多地方在做"时间银行"。"时间银行"里存储了服务者为老年人服务的时间，特别是低龄老年人为高龄老年人服务的时间。低龄老年人把现在服务的时间存在"时间银行"里，等自己进入高龄时，可以免费享受其他低龄老年人同等的服务时间。但是，在"时间银行"中如何确认服务者登记的服务是真实的、服务时间有没有被篡改等是区块链技术可以考虑的问题。

3. 思想的光芒

智慧养老还要有思想的光芒。智慧养老应该有一些养老模式的创新，还可以实现"第二次人口红利"等。智慧养老不完全是科学技术在养老领域的应用，也涉及人性和思想。

我们认为智慧养老包括三个维度：第一个是智慧助老；第二个是智慧用老；第三个是智慧孝老。现在很多公司做的是"智慧助老"，通过一些预警、检测等帮助老年人。虽然我国现在有很多设施不错的养老院，但从全国的平均水平来看，我国在助老领域和西方国家可能还存在 10～20 年的差距。

在智慧用老方面，我们跟国外差距不大，都刚刚开始。比如北京朝阳区团结湖街道做了个网上虚拟博物馆，为有才艺的老年人在其中专门开设以他们名字命名的虚拟展览室，里面挂了很多老年人的书画作品。这样做，一方面老年人很有成就感，因为其可以把新画上传到虚拟展览室；另一方面这些书画作品很好看，可以出售，其价格比知名书画家的便宜，从而让老年人有收益。

智慧孝老是中国的机会，因为孝文化是中华文明的特色。孝老包括很多内容，如顺老。例如，在某城市公交车上，一位老人在车上生闷气引发高血压，进而发生脑出血去世。假设老人带着有语音提示功能的健康监测手环，其在老人血压上升超过临界值的时候发出语音预警提示信号，可能周围的人就会提供帮助。如果手环同时还有传输定位功能，把老人的健康监测信息和定位实时发到其子女手机上，可能其子女也会很快赶过来。实际上，信息技术可以在智慧养老的很多地方发挥作用，但需要我们去设想一些实际的应用场景。

二、智慧养老的现实

智慧养老的现实是怎样的？现在智慧养老在北京市推广力度比较大，各个区基本上都建立了各种智慧养老平台，如智慧养老服务平台、智慧养老移动系统、养老驿站系统、养老大数据分析系统等。

对于智慧养老来说，我们觉得适用的模式就好，不要去追求那些高大上的东西。有一些地方用电话模式用得非常好。有的地方用电视云模式：老年人跟电视说话，它会识别老年人的语音然后进行操作。对于大家都知道的 PC 网页模式，有的公司可以做到像携程的网站那样，可以让用户在上面选择养老院。现在微信群模式也是用得很多的，其可以进行老年人之间的互动、老年人和管理者之间的互动。还有手机 App 模式现在也非常多，但有的 App 字体比较小，需要在适老化和人机交互方面进行改进。

现在我们已经能够采集到很多老年人的数据，所以有人认为，智慧养老难的不是线上，而是线下。智慧养老的现实是，我们有很多的模块化的应用，但是在其集成、互联互通、互相认可、服务资源等方面还有待努力。

智慧养老对解决现在的人才困境也有很大的帮助，包括破解无人养老等困局。比如通过"解放人"来改善无人养老的困局，原来没有监控的时候，服务人员晚上值班的时候要去各房间查看，现在有了监控，服务人员可以从巡视中解放出来。可以用技术手段"规范人"，例如，假如服务人员在帮老人翻身的过程中老人骨折了，如果没有记录和监控很难说是谁的责任，有了监控就可以记录服务人员是如何操作的、其行为是否合乎规范，可以通过技术监控来规范服务流程。这样可以知道服务人员是不是真的为老年人提供善意的服务。当很多服务和功能可以通过机器人或智慧养老手段实现时，需要考虑"用好人"的问题，让人去做更多的情感服务和个性化服务等深层次服务，还可以设计实现"人帮人"，让低龄帮高龄、退休帮在职等。

医养结合是国家现在非常重视的内容，医养结合不是表面的"结"，而是实质内容上的"合"。怎么合？健康档案、用药记录、护理记录、运动方案、营养套餐、心理慰藉、服务方案等都需要合。现在医养结合谈得更多的是就医问题，但这只是第一步，距离真正的合还有很远的路。

我们的信息技术一定要怀有善意。在信息时代，我们不能落下老年人。在我们看来，高科技给生活带来了便利，但老年人会感觉社会规则改变了。再过几十年，我们也老了，那个时候也有新技术出来，我们能保证那个时候的新技术我们就一定会用吗？技术发展是很快的。国家也开始重视科技伦理。2019 年 7 月 24 日下午，中央全面深化改革委员会审议通过了《国家科技伦理委员会组建方案》，体现了国家对构建科技伦理治理体系前所未有的重视。智慧养老要求做工程和技术的人去研究如何才能在信息时代不落下老年人。

现在我们很多平台考虑的都是采用人机交互模式，然而让老年人直接去跟平台进行交流是很难的。现在相对成功的应用都采用了人人交互模式，就是老年人给呼叫中心打电话，呼叫中心去派单，然后去做回访。当然，随着 20 世纪 50 年代、60 年代出生的人慢慢退休，人机交互模式会用得更多，现在两种模式都是要考虑的。

如果我们要做养老、做智慧养老产品、做智慧养老服务平台或系统，要让理想走进现实，让现实落地应用的话，要特别关注以下几点：第一是有用，要了解老年人的需求；第二是好用，操作要方便；第三是让老年人用得起；第四是让老年人持续用，让老年人有黏性；第五是让老年人爱用，让他们感觉用得好玩、有趣。

邬 焜　答凯艳

人的全面本质与人的新进化①

邬焜，西安交通大学国际信息哲学研究中心主任、西安交通大学人文社会科学学院二级教授、国际信息研究学会（IS4SI）副主席及其中国分会（IS4SI-CC）副主席、中国自然辩证法研究会常务理事及其复杂性与系统科学专业委员会副理事长、陕西省自然辩证法研究会理事长。

答凯艳，西安交通大学人文社会科学学院博士生、西安交通大学国际信息哲学研究中心成员。

　　20 世纪中叶以来爆发的信息科技革命、信息经济与信息社会的崛起极大地改变了人类社会的组织方式、生产方式和发展模式。进入 21 世纪之后，人类信息社会的发展更是进入了智能化发展的全新阶段。随着社会发展的智能化程度的提高，人类的必要劳动时间大幅度缩短将会是一个不可逆转的必然趋势，并且，由此导致的失业大军的快速增长则是社会进步的集中体现。与此相应，也应当对传统的以生产劳动作为人的本质集中体现的相关理论和学说进行重新反思。这其中就涉及什么是人的本质、人的本质形成的方式和特点，以及人的本质的新进化等一系列问题。

---

① 邬焜，等. 智能社会的体制诉求和人的本质的新进化[J]. 自然辩证法研究，2019，35（1）：123-128.

一、人的本质的具体性、相对性和发展性

人，不是一个抽象的神物，它是处在一定历史阶段上，并不断进化着自身的具体的、历史的人的存在本身。人的本质不是别的，它只能是这种人的历史具体性存在。马克思就曾在其著名著作《哲学的贫困》中明确地强调过：人类的"整个历史也无非是人类本性的不断改变而已"①。

人和动物不同，动物一生下来就具有它的本质，而人自身的本质出生时还不能完全确定，它必须在后天环境的多维互动因素中创造自己的本质。相应的维度包括：自然的、社会的；生理的、心理的、行为的。一个明显的事实是，被野兽养大的小孩儿并不具有人的本质，他们一般都和其养父母的行为方式雷同；在不同社会环境中成长起来的人所表现的具体的本质也千差万别。人的本质是开放的，"人较动物而言，在本质上是非决定的，此即人的生命并没有遵循事先决定的路线，事实上自然只使人走完了一半，另一半尚待人自身去完成"②。

从人类历史发展的过程、人的个体特性和存在方式的建构这两个方面都可以看出：人没有绝对、固定的本质。人的本质是自然和社会、历史和现实、先天基质和后天创造的结合，是决定论和非决定论、确定性和不确定性的统一。

二、作为人的现实本质的劳动的历史具体性

劳动，作为人的现实本质的集中形式，同样也是一个历史的、具体的现象。劳动的这种历史具体性应该包括两个方面的内容：一是，在不同的人类历史阶段上，劳动具有自己的具体的、与那个特定历史阶段相一致的不同的存在形式；二是，劳动的历史具体性终将导致这样一个趋势——随着社会生产力的不断提高，在人类发展的一定阶段上，劳动也必将改变自己在人的整个活动中的主导地位，到那时，集中体现着人的现实本质的活动形式将不再是劳动，而是其他的人的活动了。

---

① 中央编译局. 马克思恩格斯选集（第1卷）[M]. 北京：人民出版社，1995：172.
② [德]蓝德曼. 哲学人类学[M]. 李富春，译. 北京：工人出版社，1988：8.

马克思在《1844 年经济学哲学手稿》中把人类劳动自身的发展阶段规定为原始劳动、异化劳动和劳动的复归。

原始劳动是和社会分工形成之前的原始社会相一致的。原始社会是人类刚从动物界脱胎形成的时期，在这一阶段，劳动本身长期停留在极其低下的水平上。劳动自身结构的种种矛盾关系，还仅处在不断形成和完善的阶段。在这一阶段，劳动自身的种种关系都只能本能地、原始地、天然地统一着，或者说，还只能潜在地、自发地规定着劳动本身。

当劳动得以发展，但又没很发展的时候，当劳动产品在局部范围内产生剩余，但对全社会来说仍然十分不足的时候，劳动的结构便在自身的发展中产生了一个质的变化，当初在原始劳动中潜在统一的劳动结构的各个环节、要素，便逐渐呈现差异，最终走向分离和对立。劳动本身从最初的原始劳动的肯定阶段过渡到了异化劳动的否定阶段。分工、交换、私有制；体脑劳动的对立、人和物的对立、人和人的对立，这都是劳动结构的内在矛盾性的自我展示。

劳动的异化既然是由劳动结构的自我分裂产生的，那么，异化劳动的消除也便必然是劳动结构的重新统一。这就是劳动的复归。劳动的复归仍然是劳动内在矛盾的合乎规律的发展。当劳动结构的分裂在工业文明的大生产中达到极端的时候，这个劳动分裂的极端形式本身的发展就创造了劳动自身复归的条件：①社会化大生产向劳动者提出了全面发展的要求，劳动技术、手段、工具的现代化，要求每个劳动者自身必须知识化，这就为体脑劳动的重新统一提供了物质的前提；②劳动技术、手段、工具的不断提高和更新，导致劳动种类、范围相互渗透、变换，其结果必然是劳动者的全面流动性，打破了分工将个人限定在特定范围的固定化状态；③劳动现代化的发展，最终使人们看到劳动产品无限涌出的可能性，这就必然打破劳动结构分裂的自然前提，使劳动产品的剩余不仅在局部范围、对某些人，而且在整个社会、对所有的人都具有可能；④劳动的社会化的进步，又要求劳动占有形式的社会化统一，即要求消灭私有制，消灭劳动者、劳动资料、劳动对象、劳动产品的分离；⑤劳动的信息化、自动化、智能化程度的提高最终又可能将劳动过程中诸多分裂的环节再度统一起来，无论是体力还是脑力，无论是物质资料的生产还是精神文化的生产，无论是人的教育还是人的医疗，无论是人与人关系的调节还是社会体制的管理和运作……都可以在高度自动化和智能化的水平上达到某种程度的统一。

上述劳动自身复归的条件虽然是在工业文明大生产的发展过程中逐步发展出来的，但是，这些条件的真正现实性的实现却依赖于人类文明的又一次新的转型，这就是信息化、自动化、智能化文明时代的到来。正是信息化、智能化发展极大地提高了人类创造物质财富和精神财富的能力。而其发展的一个已经看到现实端倪的未来情景便是智能系统和智能机器人的普遍采用，以及其能够在极大程度和规模上替代甚至在某些方面超越人的体力与脑力劳动，使人类成为通过自己创制的智能机实现自己目的的一个全新的族类。

劳动的复归，即异化劳动的消除仍然是一个过程。从工业文明的大生产所带来的异化劳动的极端化到信息智能化文明的异化劳动的消除，必然会经历一系列的过渡性阶段。在这些不同的阶段中，虽然劳动自身的结构仍然可能处于不同程度的分裂状态，但是，劳动的异化与工业文明时代的情景又有着质和量的区别。在工业文明的体制下，异化劳动的各种结构的环节、要素，处于普遍的对立状态之中，而在新的文明体制下，劳动异化的各种结构的环节、要素已经失去了绝对对立的性质。它是一种消亡中的矛盾运动，正如当初劳动的结构从差异过渡到对立一样，它是一个反向的运动过程。这个过程本身既是异化劳动还存在，也是异化劳动正在消除；既是劳动结构处在分裂中，又是劳动结构在走向自身的统一。

三、智能化与人的本质的全面展示

辩证法不承认永驻不变的事物和现象。人的本质也是这样，它是一个不断改变着自身的历史的人的自我规定。表现这个历史的人的自我规定的具体形式也不是一成不变的。劳动作为人的一种活动，不能永远都以同样的程度集中体现人的本质。在原始社会，由于生产力十分低下，人的各种活动形式都必然从属于维持生存的物质资料的生产劳动，而其他形式的生产劳动活动都依附于物质资料的生产劳动形式。所以，在那时，物质资料的生产劳动就成了人的本质的集中体现形式。

在之后发展起来的更高文明的社会阶段中，由于劳动生产力发展有限，人们虽然仍然必须以创造自身需要的物质资料产品为自己活动的基本目的，但是，同时又发展出了独立的精神生产（文化产品的创造）、人本身生产（教育、医疗和优生优育体制）、人的交往关系生产（法律、制度、国家）等形式，并且，如上各种劳动形式的展开过程又会日益更多地通过信息化、虚拟化、智能化的方式来实现。一个明显的事实是，随着劳动的发展，人的其他活动形式，如自主学习、游戏、娱乐等也必然逐步增大在人类活动中的比重。

当信息化、自动化、智能化的新的生产过程所创造的巨大生产力，使得社会全体成员有可能只以较少时间从事相应生产活动就可以满足自己的物质和精神需要时，当劳动已经消灭了自身的异化，已经能够在全社会按需分配自己的产品时，当劳动真正在更高的层级上复归时，劳动本身也必然会改变自己在人的整个活动中的作用和地位。到那时，人们不仅消灭了对于某一特定范围、特定种类、特定工序的劳动的奴役性服从，而且也消灭了对整个劳动的奴役性服从。到那时，劳动便不再是一种为饥饿、为衣着所迫的人的活动了，它成了人们的一种真正的享受，一种真正的为实现人自身的自由创造本性的活动。到那时，人们会有更多充裕的闲暇来从事其他各种活动。

劳动的复归在某种意义上也是劳动从人的本质的集中形式向非集中形式的转化。人在自身发展的过程中，随着信息化、自动化和智能化程度的不断提高，人也在不断改变、创造着自身的本质，也不断地从对某种单一性旧的本质的束缚中得到解放，使自身本质的更为丰富、多样的方面创生出来并得以展现。

四、人的进化的新方式

文化人类学家早就提出了一般生物和人类在进化方式上的不同，这就是关于人类社会的"双轨进化"和"体外进化"理论。"双轨进化"指的是生物进化和人文进化。前者是遗传基因的进化，是体内进化；后者则是文化传统和模式的进化，是体外进化。

有学者提出："人的进化，已经不是单纯的生物进化，而是生物进化和人文进化的双轨协同进化……而且，在人类之'生物进化和人文进化的双轨协同进化'中，'人文进化'已经成为主导的进化方式。"① "人的新进化的特点表现在：既有体内进化又有体外进化……思维方法的进步发生在肉体器官之内。交往工具的演化则发生在体外。体内进化和体外进化共同构成人的新进化。"②"最初还是在体内进行的心理活动过程，随着科学技术的发展，便日益更多地借助体外的活动来完成。这不仅是指人的感知、记忆的体外工具的发展，而且是指人的思维的体外工具的发展。人的心理活动方式对体外工具的依赖性的加强，标志着人的心理进化的新方式。"③

然而，上述的关于人的进化的新方式的讨论还是有些落伍了。一个最新的人类科学技术发展趋势提出了人的新进化的更为革命性的方式，即人工智能和生物工程领域的新融合所导致的重塑与再造生命体本身的新的生命进化方式④。这种新的进化方式将会导致传统意义上的"双轨进化"融合在一起，使原本相对割裂的两条进化路径在一定程度上融合为一条，从而以人文进化的方式直接作用于基因型的变化，改变基因进化的模式。

尤瓦尔·赫拉利认为有三种方式可能让智慧设计取代自然选择：生物工程、仿生工程和无机生命工程。生物工程指的是人类刻意在生物层次上进行的干预行为，目的在于改变生物体的外形、能力、需求或欲望，以实现某些预设的文化概念，如科学家在老鼠的背上植入牛软骨组织，就能让它长出类似人类耳朵形状的组织。仿生工程结合有机和无机组织，便能创造出"生化人"，如芝加哥复健研究中心就能利用仿生技术为截肢人群安装"生化手臂"。无机生命工程则能创造出完全无机的生命，最明显的例子就是能够自行独立演化的计算机程序和计算机病毒⑤。

面对人类科学技术发展所出现的新端倪，不同领域、层次和性质的人们开始提出了各种各样的遐想：心怀善意的人们想到了根除顽疾、增强体能和智能、延

---

① 牛龙菲. 人文进化学[M]. 兰州：甘肃科学技术出版社，1988.
② 舒炜光. 论人的新进化——从科学技术的发展看人[J]. 哲学研究，1987（12）：31-35.
③ 邬焜. 信息世界的进化[M]西安：西北大学出版社，1994：300.
④ [以色列]尤瓦尔·赫拉利. 今日简史[M]. 林俊宏. 译. 北京：中信出版集团，2018：序 IX，251.
⑤ [以色列]尤瓦尔·赫拉利. 人类简史[M]. 林俊宏. 译. 北京：中信出版集团，2017：377-385.

长寿命，甚至实现个体永生；专政主义者则看到了可以利用相关技术手段实行对个人的无限控制，从行为和思想的监控、专项体能的强化，到思想的清除、定制和灌输；具有战争偏好的人们则看到了无人战机、无人战车和机器人士兵的无限潜力；关注社会公平的人们则看到了人类增强技术与金钱定制之间的关系，深深忧虑人类的阶层分化，极端的设想直接指向了新的贵族统治社会的出现，那时人类增强技术的受益者们将会成为某种新的生命族群，像对待猴子一样去对待因为贫困而无缘享用此类技术的人们。一个极端化悲观主义的未来社会模式是新型智能机器、超人对人类的统治和奴役。

德国哲学家和社会学家哈贝马斯认为，生物技术和遗传研究的最新发展正在引发关于遗传干预的合法范围与限制的复杂伦理问题。当我们开始考虑干预人类基因组以预防疾病的可能性时，我们不禁感到人类物种很快就能够掌握其生物进化。"扮演上帝"是这种物种自我转化常用的隐喻，它似乎很快就会在我们的掌握之中①。

我们不是预言家，但是，我们完全可以从现有和可预期的人类科学技术发展的趋势出发，呼吁人们理性地对未来做出选择。为了避免灾难，为了人类的福祉，应合理选择人类自身进化的方式，采取合理的政策和措施，建立合理的社会制度。这是人类整体的事业，应当超越阶级、国家、民族和地区的利益。

---

① Jurgen Habermas. The Future of Human Nature[M]. Cambridge: Polity Press, 2003.

信息社会共识

　　人类正在迈入一个潜力巨大的时代——信息社会的新时代。"在这个新兴社会中，信息和知识可以通过世界上所有的网络存在、交流、共享和传播。"中国《2006—2020年国家信息化发展战略》也提出了"为迈向信息社会奠定坚实基础"的战略目标。今天，我们相聚在这里，共同表达对这个时代的认知与期待。

　　我们看到，一个新的时代已经来临。正如农业革命诞生了农业社会、工业革命缔造了工业社会一样，信息革命正在推动人类进入信息社会。在信息社会建设的过程中，经济与社会发展的模式发生了重大变化，信息技术的广泛普及与深化应用不仅让城市生活更美好，也大大改变了农村居民的生存与发展环境，使人民生活品质得到了全面提升。

　　我们看到，信息社会不是工业社会的简单延伸。以通信、计算机、互联网等为代表的现代信息技术飞速发展、广泛渗透，不仅改变了人类社会原有的生产力结构，还深刻改变着人们的生产生活方式；知识型经济、网络化社会、服务型政府、数字化生活是信息社会的基本特征；以人为本、开放包容、全面协调与可持续发展是信息社会的基本要求。

　　我们看到，世界各国都在努力为信息社会做准备。发达国家希望保持领先优势，新兴经济体力争寻求新的突破，发展中国家致力于发挥后发优势实现跨越式发展，世界各国纷纷制定了一系列信息化发展战略，都希望在信息革命中成为最大受益者。

　　我们认为，信息社会是人类需求变化与信息革命发展相耦合的必然结果。在工业社会后期，生产极度扩张，同时出现了环境破坏、生态恶化、资源紧张、贫富分化等一系列问题，迫使人类转而寻求新的发展方式，信息革命适应了这种需求，成为引领变革的世界性潮流。

我们认为，信息社会建设对所有国家来讲都既是机遇又是挑战。信息革命为打造新产业、培育新业态、重塑动力机制、转变发展方式提供了难得的历史机遇，尤其对于经济发展相对落后的国家和地区而言，如能抓住机遇，应对得当，其完全有可能发挥后发优势实现跨越式发展。但世界各国都会面临全球性生产力布局调整、信息安全隐患凸显、数字鸿沟扩大等方面的挑战，丧失发展机遇将成为其中最大的风险。

我们认为，从工业社会到信息社会必然经历"转型期阵痛"。在转型过程中，三类基本矛盾不可回避：一是经济增长内在冲动与资源环境支撑能力不足之间的矛盾；二是经济快速增长与社会发展滞后之间的矛盾；三是传统生产关系不适应信息生产力发展的矛盾。工业社会的经济基础、体制机制、手段方法、思维惯性与信息社会的发展要求不相适应。

我们认为，信息化是化解各类现实矛盾、推动社会转型的关键。必须充分发挥信息化在助力经济成长、转变发展方式、解决现实问题、促进社会和谐、创新竞争优势方面的作用，在信息基础设施建设、信息产业发展、信息技术深化应用、信息资源开发利用、信息人才培养、信息化环境完善和社会转型等方面不断取得新的突破。

我们希望，人人成为信息社会建设的实践者、受益者。

我们希望，诚信、负责、合作、共赢成为信息社会企业生存与发展的基本守则。

我们希望，科学决策、公开透明、高效治理、广泛参与的服务型政府在信息社会建设中发挥更好的作用。

我们希望，一个"以人为本、开放包容、全面协调与可持续发展"的信息社会的来临，能够促进智慧中国的崛起，为人类创造更美好的未来。

我们希望，我们的后代将因我们现在的选择而受益，为我们现在的行动而自豪。

延伸阅读

1.《信息经济：智能化与社会化》

本书是信息社会50人论坛的多位重量级专家学者的成果，他们尝试从复杂经济学、信息社会的智能化与社会化，以及互联网治理等不同视角，探讨经济学中的新理念、现实经济中的新事物、社会生活中的新现象、社会管理中的新课题，期望从中探索出以往没有认识到的切入点、新规律，寻找解决问题的新方法和新思路。

2.《互联网经济治理手册》

本书围绕产权归属、责任归属、实践与法规的次序、线上与线下的标准这四个互联网治理的核心问题展开讨论，共四大部分：第一部分指出了互联网治理的四个核心问题；第二部分从各平台，如淘宝、滴滴、考拉、微信等的治理实践中提取经验；第三部分讨论了各平台面临的共同问题，包括市场准入、消费者保护、数据安全、知识产权、竞争政策、食药安全问题和税收政策问题等；第四部分展望了互联网经济治理的前景。

3.《重新定义一切：如何看待信息革命的影响》

本书从信息社会与理念创新、分享经济与模式创新、科技进步与实践创新、互联网治理与制度创新 4 个维度研判了信息革命对经济社会发展理念、模式、技术与制度创新的深远影响。

4.《拥抱未来：新经济的成长与烦恼》

自 2016 年 3 月"新经济"首次被写入《政府工作报告》之后，新经济焕发出勃勃生机，也越来越释放出经济发展的新动能，越来越朝着经济主旋律的道路前行。因此，在一定意义上说，新经济代表着未来经济，而本书的主题正是新经济。本书从理论认识、经济测量、平台治理、互联网发展等多个维度进行阐述，试图为新经济的成长指明方向。

5.《未来已来："互联网+"的重构与创新》

本书集中反映了信息社会 50 人论坛专家们关于信息社会的新思考。他们就信息社会发展过程中涌现出来的表层和深层问题，做了深入而有创新的分析与研究，对"就在身边，就在当下"的未来，分别展示了自己描绘的图景。

6.《读懂未来：信息社会北大讲堂》

2015 年，信息社会 50 人论坛与北京大学合作，联合主办了"信息社会·北大讲堂"，并邀请了位于信息社会发展最前沿的 8 位信息领域著名专家、学者及实践者们，以最凝练的主题，用最细腻的感知，将各自领域中最纤细的变化、最宏大的前景带给听众，使听众及早感受到了未来席卷世界的风潮。

本书原汁原味地呈现了"信息社会·北大讲堂"的全部内容。

7.《信息经济：中国转型新思维》

本书汇集了来自政府、学术界及行业内信息社会研究前沿的专家，从不同角度审视信息社会发展的现状与未来，为读者提供了一套关于我国发展信息社会的立体思考。

8.《边缘革命2.0：中国信息社会发展报告》

信息社会50人论坛的专家们将自己的智慧与探索，凝结成本书，期待为读者提供一个关于信息社会的新思维魔方。本书中的每一篇文章都可以看作从不同侧面对这些变革及演变趋势的诠释，揭示中国信息社会大变革时期的大思路与新思维！